A ARTE DO COMEÇO 2.0

GUY KAWASAKI

A ARTE DO COMEÇO

Tradução de
CARLA GOUVEIA

2ª edição

best.
business
RIO DE JANEIRO – 2021

CIP-BRASIL. CATALOGAÇÃO NA PUBLICAÇÃO
SINDICATO NACIONAL DOS EDITORES DE LIVROS, RJ

K32a Kawasaki, Guy
2ª ed. A arte do começo 2.0 / Guy Kawasaki; tradução Carla Gouveia. –
2ª ed. – Rio de Janeiro: Best Business, 2021.
480 p.; 14 × 21 cm.

Tradução de: The Art of the Start 2.0
Inclui índice
ISBN 978-85-68905-32-6

1. Empreendedorismo. 2. Liderança. 3. Negócios. I. Gouveia, Carla.
II. Título.

CDD: 658.42
17-45258 CDU: 658.42

A arte do começo 2.0, de autoria de Guy Kawasaki.
Texto revisado conforme o Acordo Ortográfico da Língua Portuguesa.
Segunda edição impressa em fevereiro de 2021.
Título original norte-americano:
THE ART OF THE START 2.0

Copyright © 2004, 2015 Guy Kawasaki.
Copyright da tradução © 2016 Best Business/Editora Best Seller Ltda.
Edição publicada em acordo com Portfolio, marca do Penguin Publishing Group,
uma divisão da Penguin Random House LLC.
Publicado originalmente em 2006 com o título de *A arte do começo* e traduzido
por Celina Cavalcante Falck-Cook. A edição de 2018 é uma nova tradução a
partir do original revisto e atualizado pelo autor em 2015.

Proibida a reprodução, no todo ou em parte, sem autorização prévia por escrito
da editora, sejam quais forem os meios empregados.

Design de capa: Elmo Rosa.

Nota do editor: Imagens das páginas 429-444 adaptadas da edição original
ilustrada por Lindsey Filby.

Todos os direitos reservados, inclusive o direito de reprodução em todo ou em
parte, em qualquer forma.

Direitos exclusivos de publicação em língua portuguesa para o Brasil adquiridos
pela Best Business, um selo da Editora Best Seller Ltda. Rua Argentina, 171 –
20921-380 – Rio de Janeiro, RJ – Tel.: 2585-2000 que se reserva a propriedade
literária desta tradução.

Impresso no Brasil

ISBN 978-85-68905-32-6

Seja um leitor preferencial Record.
Cadastre-se e receba informações sobre nossos lançamentos e nossas promoções.

Atendimento e venda direta ao leitor: sac@record.com.br ou (21) 2585-2002.
Escreva para o editor: bestbusiness@record.com.br

Para meus filhos: Nic, Noah, Nohemi e Gustavo.

Filhos são o empreendimento máximo da vida,
e eu tenho quatro.

Há muitos anos, Rudyard Kipling discursou na Universidade McGill, em Montreal. Ele disse algo extraordinário, que merece ser registrado. Ao alertar os alunos sobre a supervalorização do dinheiro, do status e do sucesso, assegurou: "Algum dia, vocês conhecerão um homem que não se importa com nada disso. Então compreenderão o quanto são pobres."

— Halford E. Luccock

Ao dar conselhos, procure ajudar, não agradar.

— Sólon

Versão 2.0

Agradeço aos leitores dos meus rascunhos. Todos eles sugeriram centenas de mudanças que tornaram este livro bem mais relevante e útil: Ankit Agarwal, Biji Anchery, Christopher Batts, Mark Bavisotto, Stephen Brand, Dra. Julie Connor, Gergely Csapó, David Eyes, David Giacomini, Oskar Glauser, Allan Isfan, David F. Leopold, Eligio Merino, David Newberger, Greta Newborn, Mike Sax, Derek Sivers, Dale Sizemore, Eleanor Starr, Steven Stralser, Leslie Tiongco, Julius Vincze e Maruf Yusupov.

Um agradecimento especial àqueles que foram além do próprio dever: Raymond Camden, Mark Coopersmith, Andy Dahlen, Peg Fitzpatrick, Michael Hall, Chelsea Hunersen, Mohanjit Jolly, Bill Joos, Doug Leone, Bill Reichert, Beryl Reid, Peter Relan, Mike Scanlin, Ian Sobieski, Stacy Teet e Hung Tran.

Também sou grato à equipe da Portfolio: Rick Kot, Will Weisser, Adrian Zackheim, Diego Núñez, Stefanie Rosenblum, Victoria Miller e Tara Gilbride. É sempre muito bom trabalhar com essa equipe de alto nível. Foi ótimo contar de novo com a colaboração de cada um. Espero não ter enlouquecido vocês. E, por fim, meu muito obrigado a Sloan Harris por não permitir que ninguém me "detonasse". Fico feliz por tê-lo a meu lado.

Sumário

Escreva o que sabe. Isso deve dar a você bastante tempo livre.

— Howard Nemerov

Antes de qualquer coisa, leia isto • 15

Concepção

1. A arte de começar • 21

Ativação

2. A arte de lançar • 57
3. A arte de liderar • 105
4. A arte de fazer *bootstrapping* • 133
5. A arte de levantar capital • 157
6. A arte de fazer um bom pitch • 209

Proliferação

7. A arte de montar uma equipe • 257
8. A arte de evangelizar • 281
9. A arte de socializar • 313

10. A arte de "fazer chover" • 353

11. A arte de estabelecer parcerias • 375

12. A arte de perdurar • 391

Obrigação

13. A arte de ser *mensch* • 417

Posfácio • 423

O que os empreendedores fazem? • 427

Pós-posfácio • 445

Índice remissivo • 453

Antes de qualquer coisa, leia isto

Nunca pensei em compor por reputação e reconhecimento. O que tenho no coração tem de ser revelado; é por isso que componho.

— Ludwig van Beethoven

"Se soubesse naquela época o que sei agora..." É o que a maioria dos empreendedores afirma em algum momento. Meu intuito é que você não tenha de fazer o mesmo após ler este livro.

Fundei três empresas, investi em dez e aconselhei tanto organizações pequenas, de apenas dois indivíduos, quanto grandes, como a Google. Trabalhei na Apple em duas ocasiões e sou o mentor de uma startup chamada Canva. Centenas de empreendedores fizeram pitches para mim — a ponto de sentir um zumbido constante no ouvido direito.

Quando se trata de startups, já passei por tais situações inúmeras vezes. Agora estou fazendo o que os fanáticos por tecnologia chamam de *"core dump"* (descarga de memória), ou seja, registrando o que está arquivado na minha memória. O conhecimento advém de cicatrizes — ou seja, você irá se beneficiar desta retrospectiva.

O objetivo é simples e puro: tornar o empreendedorismo bem fácil para você. Quando eu morrer, quero que digam:

16 | GUY KAWASAKI

"O Guy me capacitou." Desejo que *inúmeras* pessoas declarem isso; portanto, este livro se destina a um público extenso:

1. Garotos e garotas em garagens, dormitórios e escritórios criando o mais novo gigante do mercado;

2. Pessoas de garra, em empresas já estabelecidas, trazendo novos produtos para o mercado;

3. Empreendedores sociais, em organizações sem fins lucrativos, fazendo do mundo um lugar melhor

Empresas incríveis. Departamentos incríveis. Escolas incríveis. Igrejas incríveis. Organizações sem fins lucrativos incríveis. Empreendedores incríveis. Esse é o plano. Alguns detalhes antes de começarmos:

- O objetivo original era apenas atualizar o livro. No entanto, eu não parava de incluir, alterar e apagar. Logo, esta não é uma revisão do tipo 1.1. Trata-se de uma revisão 2.0, completa, verdadeira. Quando o editor na Penguin orientou que eu ativasse a ferramenta "Controlar alterações" no Word, de modo a facilitar a edição do texto, dei gargalhadas. A versão 2.0 é 64% maior do que a 1.0.

- Visando ser breve, e como os empreendedores apresentam mais semelhanças do que diferenças, utilizo a palavra "startup" para me referir a toda organização recém-criada — com ou sem fins lucrativos — e a palavra "produto" para me reportar a qualquer novo produto, serviço ou ideia. É possível aplicar as lições deste livro para dar início a quase qualquer coisa, então não se prenda a questões semânticas.

- Para cada recomendação, há uma exceção, e também posso estar errado. Aprender ouvindo relatos de casos é algo arriscado, assim como esperar por uma comprovação científica. Lembre-se: poucas coisas podem ser classificadas como certas ou erradas no empreendedorismo — mas é possível distinguir o que funciona e o que não funciona.

Presumo que sua meta seja mudar o mundo — não o estudar. O empreendedorismo consiste em fazer, não em aprender a fazer. Se você é do tipo que diz: "Chega de enrolação — vamos ao que interessa", está lendo o livro certo, escrito pelo autor certo. Sigamos adiante...

Guy Kawasaki
Vale do Silício, Califórnia
GuyKawasaki@gmail.com

Concepção

1. A arte de começar

A mais empolgante exclamação na ciência, a que proclama novas descobertas, não é "Eureca!", mas "Que estranho..."

— Isaac Asimov

Grandes ideias para um começo

É muito mais fácil fazer as coisas da maneira correta desde o início do que as corrigir depois. Nessa fase, você está formando o DNA de sua startup, e esse código genético é permanente. Ao prestar atenção a algumas questões fundamentais, é possível construir a base certa e se manter livre para se concentrar nos grandes desafios. Este capítulo explica como começar uma startup.

RESPONDA A PERGUNTAS SIMPLES

Existe o mito de que empresas bem-sucedidas surgem de ambições grandiosas. Subentende-se que os empreendedores devam começar com metas megalomaníacas de modo a obterem êxito. Tenho uma opinião diferente. Acredito que empresas notáveis nascem de perguntas simples:

- **E DAÍ?*** Essa pergunta surge quando você identifica ou prevê uma tendência e se questiona sobre as consequências. Funciona assim: "Todos terão um smartphone com câmera e acesso à internet." E daí? "Poderão tirar fotos e compartilhá-las." E daí? "Devemos criar um aplicativo que permita às pessoas fazer o upload das próprias fotos, avaliar as dos outros e postar comentários." E, *voilà*, eis o Instagram.

- **NÃO É INTERESSANTE?** A curiosidade intelectual e a descoberta acidental potencializam esse método. Spencer Silver estava tentando produzir cola, mas acabou criando uma substância que mal conseguia juntar duas folhas de papel. Tal esquisitice levou aos blocos adesivos Post-it®. Ray Kroc era um vendedor de eletrodomésticos. Ao perceber que um pequeno restaurante, localizado no meio do nada, encomendara oito mixers, ficou curioso e visitou o estabelecimento. Impressionado com tanto sucesso, apresentou para Dick e Mac McDonald a ideia de criar restaurantes semelhantes, e o resto é história.

- **EXISTE UMA MANEIRA MELHOR?** Frustração com o cenário atual é a base desse caminho. Uma vez, Ferdinand Porsche declarou: "No início, olhei ao redor e, como não encontrei o automóvel dos meus sonhos, resolvi construí-lo eu mesmo."** Steve Wozniak criou

---

*Inspirado na obra *A arte do lucro: 23 estratégias focadas no consumidor*, de Adrian Slywotzky. (*N. do A.*)
**Forbes FYI (inverno de 2003): 21. (*N. do A.*)

o Apple I por acreditar que existia um meio melhor de acessar computadores do que ter de trabalhar para o governo, uma universidade ou uma empresa de grande porte. Larry Page e Sergey Brin pensaram que mensurar o número de links de acesso era uma forma melhor de priorizar os resultados de busca e, por conseguinte, deram início ao Google.

- **POR QUE NOSSA EMPRESA NÃO FAZ ISSO?** A frustração com o empregador é a força catalisadora nesse caso. Familiarizado com os clientes de um mercado e as necessidades deles, você relata à gerência que a empresa deveria criar um produto, pois os clientes precisam dele; contudo, ninguém o escuta. Por fim, você desiste e resolve fazer por conta própria.

- **SE É POSSÍVEL, POR QUE NÃO PRODUZIR?** Quando se trata de grandes inovações, é difícil conseguir fazer previamente um estudo de mercado. Assim, esse caminho se caracteriza por uma atitude do tipo "dane-se, vamos em frente". Por exemplo, um telefone portátil era algo praticamente inimaginável quando, na década de 1970, a Motorola o inventou. Naquela época, os telefones estavam associados a lugares, e não a pessoas. No entanto, Martin Cooper e os engenheiros da Motorola seguiram adiante e o criaram, e o resto é história. Não deixe ninguém lhe dizer que não funciona a teoria "Se o construirmos, eles virão".

"Grandes empresas nascem da resposta a perguntas simples que mudam o mundo, não do desejo de enriquecer."

- **ONDE ESTÁ O PONTO FRACO DO LÍDER DO MERCADO?** Três circunstâncias tornam um líder de mercado vulnerável. Primeira: quando o líder se atém a um modelo de negócio. A IBM, por exemplo, trabalhava com revendedores, então a Dell inovou com a venda direta. Segunda circunstância: quando os clientes do líder se mostram insatisfeitos. A necessidade de ir até as lojas da Blockbuster para pegar e devolver filmes "abriu as portas" à Netflix. A última diz respeito a quando o líder do mercado explora ao máximo uma "vaca leiteira", ou seja, uma máquina de fazer dinheiro, e não inova mais. Foi isso que tornou o Microsoft Office vulnerável ao Google Docs.

"Como ganhar rios de dinheiro?" não é uma das perguntas. Considere-me um idealista, mas grandes empresas nascem da resposta a perguntas simples que mudam o mundo, não do desejo de enriquecer.

EXERCÍCIO

Complete esta frase: Se sua startup nunca tivesse existido, o mundo seria pior porque _____.

DESCUBRA O PONTO CERTO

Se você tiver a resposta para uma pergunta simples, o próximo passo é encontrar um ponto certo viável no mercado. Mark Coopersmith, coautor de *The Other "F" Word: Failure — Wise Lessons for Breakthrough Innovation and Growth* [A outra palavra com "F": falha — sábias lições para inovação de ponta e crescimento, em tradução livre], e pesquisador sênior da Haas School of Business, ajuda empreendedores a fazer isso por meio de um diagrama de Venn com três fatores:

- **EXPERTISE.** É o somatório de tudo o que você e os co-fundadores são capazes de fazer. Embora ainda não disponha de uma equipe completa, deve contar com um núcleo de conhecimentos básicos e a capacidade de criar algo a fim de iniciar uma startup.

- **OPORTUNIDADE.** Há dois tipos de oportunidade: um mercado efetivo e um em potencial. Qualquer um dos dois é bom, contudo verifique as reais dimensões do mercado nos próximos anos. Existe um motivo pelo qual as pessoas assaltam bancos, e não brechós. Em certas ocasiões, porém, não há como provar a existência de uma oportunidade, restando apenas acreditar.

- **PAIXÃO.** Esse é um fator complicado, pois não está claro se é a paixão que causa o sucesso ou se é o sucesso que causa a paixão. Todos presumem que a primeira opção esteja correta, mas sejamos honestos: é fácil nos entusiasmarmos com um negócio que "decola", então pode ser que a última opção esteja certa também. Ainda assim, é possível que demore bastante até que se obtenha êxito. Portanto, é melhor, pelo menos, não odiar o que estiver fazendo.

Não fique com a impressão de que todos os três fatores são necessários ou mesmo óbvios no começo. Em geral, se tiver pelo menos dois deles, você consegue desenvolver o terceiro desde que se esforce o suficiente.

ENCONTRE ALMAS GÊMEAS

O passo seguinte é encontrar algumas almas gêmeas para embarcar na aventura — pense em Bilbo Bolseiro em *A sociedade do anel*, da trilogia *O senhor dos anéis*. No entanto, as pessoas adoram a ideia do inovador solitário: Thomas Edison (lâmpada), Steve Jobs (Macintosh), Henry Ford (Modelo T, automóvel), Anita Roddick (The Body Shop, empresa de cosméticos) e Richard Branson (Virgin Airlines). Trata-se de uma ideia errada.

Empresas de sucesso costumam começar, e se tornam prósperas, com as contribuições de, ao menos, duas almas gêmeas, ou seja, parceiros com objetivos comuns. Mais tarde, um dos fundadores pode chegar a ser reconhecido como o inovador, todavia é necessária uma boa equipe para qualquer empreendimento de risco funcionar.

"É o primeiro seguidor que transforma o maluco solitário em líder."

Visando ilustrar esse conceito, Derek Sivers, o fundador da CD Baby, exibiu um vídeo durante a conferência TED2010, que começa com uma pessoa dançando sozinha em um campo. Uma segunda se junta à primeira, e depois uma terceira, e a multidão "vira" um típico festival de dança.

Segundo Sivers, o primeiro seguidor desempenha um papel indispensável por dar credibilidade ao líder. Os seguidores subsequentes imitam o primeiro, não apenas o líder. Nas palavras dele: "É o primeiro seguidor que transforma o maluco solitário em líder." Em uma startup, o primeiro seguidor costuma ser um cofundador.

Almas gêmeas cofundadoras precisam ter semelhanças e diferenças. As principais semelhanças desejáveis são:

- **VISÃO.** Embora tenha se tornado um clichê proferido por aspirantes a visionários, no contexto de almas gêmeas indica que os fundadores compartilham uma intuição sobre como a startup e o mercado evoluirão. Por exemplo, caso um fundador acredite que os computadores permanecerão sendo uma ferramenta de negócios para grandes empresas, e o outro creia que o futuro conta com computadores pessoais pequenos, de baixo custo e de uso fácil, então não constituem uma boa dupla.

- **DIMENSÃO.** Nem todos almejam construir um império. Nem desejam um negócio como estilo de vida. Não há expectativas certas e erradas; apenas expectativas que combinam ou não. Isso não significa que os fundadores devam saber o que querem desde o começo, mas, no mínimo, têm de estar em sintonia.

- **COMPROMETIMENTO.** Os fundadores devem partilhar o mesmo nível de comprometimento. O que vem primeiro: a startup, a família ou uma vida equilibrada? É difícil fazer uma startup funcionar quando os fundadores têm prioridades distintas. Problemas surgirão se um fundador pretender trabalhar durante dois anos, direcionando a startup para uma venda rápida, e o outro quiser criar uma empresa para gerenciá-la por décadas. O ideal é que os fundadores concordem em se comprometer por, pelo menos, dez anos.

Entre as diferenças consideradas desejáveis estão:

- **EXPERTISE.** Para começar, é preciso ter uma pessoa para fazer o produto (Steve Wozniak) e outra para vendê-lo (Steve Jobs). Os fundadores precisam se complementar de modo a construir uma empresa excepcional.

- **ORIENTAÇÃO.** Certas pessoas gostam de esmiuçar os detalhes. Outras preferem ignorá-los e se preocupam com questões maiores. Para dar certo, uma startup requer ambos os tipos de fundadores.

- **PERSPECTIVA.** Quanto mais pontos de vista, melhor. Isso pode incluir jovens e idosos, ricos e pobres, homens e mulheres, moradores da cidade e do campo, profissionais de engenharia e de vendas, pessoas racionais e emotivas, muçulmanos e cristãos, heterossexuais e homossexuais.

Por fim, algumas palavrinhas sábias a respeito de cofundadores:

- **NÃO SE APRESSE.** É possível que os fundadores tenham de trabalhar juntos por décadas, logo reúna-os como se fosse escolher seu cônjuge — admitindo que você não é um viciado em divórcio. É melhor ter fundadores de menos do que de mais. Romper com os fundadores é tão complicado quanto qualquer término de casamento.

- **NÃO JUNTE FUNDADORES SOMENTE PARA AUMENTAR OS FUNDOS.** O motivo de captar mais fundadores — e quaisquer outros colaboradores, mas sobretudo fundadores — é fortalecer a startup e ampliar a chance de sucesso. Pergunte a si mesmo: "Contrataria este sujeito caso não precisássemos de financiamento?" Se a resposta for não, seria uma insanidade contratá-lo.

- **IMAGINE O MELHOR, MAS PREPARE-SE PARA O PIOR.** Equipes fundadoras se desfazem com frequência. Sua startup talvez seja uma exceção. Por via das dúvidas, garanta que todos (incluindo você) adquiram ações ao longo do tempo para evitar que quem saia em menos de quatro anos detenha boa parte do patrimônio líquido.

FAÇA DIFERENÇA

Agora, leve a resposta a uma pergunta simples, ao ponto certo e às almas gêmeas, e presuma que terá êxito. Depois, submeta-se a mais um teste: sua startup faz diferença? Fazer diferença não tem a ver com dinheiro, poder ou prestígio. Nem com a criação de um ambiente de trabalho agradável, com comida grátis, pingue-pongue, vôlei e cachorros. Fazer diferença consiste em fazer do mundo um lugar melhor.

"Se fizer diferença, é provável que também ganhe dinheiro."

Essa é uma pergunta difícil de responder quando se trata de apenas dois jovens em uma garagem criando um software ou engenhocas à mão. Porém, também é difícil entender como uma bolota consegue crescer e se transformar em um carvalho. Se, nos sonhos mais loucos, você não é capaz de imaginar que sua startup tornará o mundo um lugar melhor, talvez não esteja dando início a uma empresa revolucionária.

Sem problemas; não há muitas empresas revolucionárias. E há um número menor ainda daquelas dispostas a sê-lo. Mas, droga, quero que você sonhe *grande*. Quando as empresas gigantescas de hoje tinham somente um ano de existência, pouca gente previu o sucesso que teriam ou a diferença que fariam. Pode acreditar, se fizer diferença, é provável que também ganhe dinheiro.

CRIE UM MANTRA

O próximo passo é criar um mantra, de três ou quatro palavras, explicando a diferença que sua startup pretende fazer. No que diz respeito a startups, a definição de "mantra"

A ARTE DO COMEÇO 2.0 | 31

encontrada no *American Heritage Dictionary of the English Language* é perfeita:

> *Uma fórmula verbal sagrada repetida como prece, meditação ou encantamento, tal qual uma invocação a um deus, um feitiço, ou uma sílaba ou parte de uma escritura contendo potencialidades místicas.*

Seguem cinco exemplos (alguns hipotéticos) que ilustram o poder de um bom mantra para comunicar a diferença que as empresas esperam fazer:

- Autêntico desempenho atlético (Nike)*
- Divertimento familiar de verdade (Disney)*
- Recompensando os momentos cotidianos (Starbucks)*
- Democratizar o comércio (eBay)
- Empoderar os artesãos (Etsy)

Os exemplos anteriores ilustram as três características de maior relevância de um mantra:

- **CONCISÃO.** Os mantras são curtos, melodiosos e de fácil memorização. (O mantra mais curto é a palavra *"Om"*, em sânscrito, antiga língua hindu.) Declarações de missão são longas, sem graça e fáceis de esquecer. Desde o CEO até a recepcionista, todos devem saber de cor o mantra da empresa. Compare a eficácia do

---

*Scott Bedbury, *O novo mundo das marcas: 8 princípios para a sua marca conquistar a liderança* (Rio de Janeiro: Campus, 2002). (*N. do A.*)

mantra da Starbucks, "Recompensando os momentos cotidianos", à declaração da respectiva missão: "Fazer da Starbucks a maior fornecedora do melhor café no mundo e, ao mesmo tempo, manter princípios íntegros ao se desenvolver." E tenho dito.

"'Autêntico desempenho atlético' é mais adequado do que 'Vender muitos sapatos produzidos na China'."

- **POSITIVIDADE.** Os mantras são inspiradores e explicam como sua startup faz do mundo um lugar melhor. "Autêntico desempenho atlético" é mais adequado do que "Vender muitos sapatos produzidos na China".

- **FOCO EXTERNO.** Os mantras expressam o que se faz pelos clientes e pela sociedade. Não são egoístas, tampouco interesseiros. "Ficar rico" é a antítese de um mantra. Os clientes querem a "democratização do comércio", porém não se importam se estão enriquecendo você e os acionistas.

EXERCÍCIO:

Escreva o mantra de sua startup neste espaço:

_____.

EXERCÍCIO:

Pense em como atende as necessidades dos clientes. Que diferença faz a sua startup?

> **EXERCÍCIO:**
>
> Se perguntassem a seus pais ou à recepcionista de sua startup o que você faz, o que eles diriam?

DEFINA UM MODELO DE NEGÓCIOS

Há grandes chances de que modifique o modelo de negócios diversas vezes, então não é preciso tomar a decisão certa logo no início. No entanto, começar um debate sobre o tema é de suma importância; afinal, conduz o pensamento de todos para o modo de ganhar dinheiro. Os colaboradores devem entender que uma startup ou ganha dinheiro ou "morre".

Um bom modelo de negócios o obriga a responder a duas perguntas:

- Quem está com seu dinheiro no bolso?

- Como vai trazer esse dinheiro para *seu* bolso?

Talvez falte sutileza às perguntas, porém ganhar dinheiro não é um processo sutil. Visando apresentar o assunto com certa elegância, a primeira pergunta consiste em identificar o cliente e sua necessidade. A segunda pergunta cria um mecanismo de vendas a fim de garantir que a receita exceda os custos.

A melhor lista de modelos de negócios que já vi está no livro *A arte do lucro*, de Adrian Slywotzky. Aqui estão os meus favoritos:

- **SOLUÇÃO INDIVIDUALIZADA.** Requer analisar os problemas dos clientes e fazer o possível no intuito de deixá-los satisfeitos. Com o passar do tempo, uma startup consegue aprofundar suas relações com outras instituições e ampliar, de forma considerável, o total de vendas. Mas cada novo cliente demanda um combate corpo a corpo. (Slywotzky chama isso de solução do cliente.)

- **MULTICOMPONENTE.** Segundo Slywotzky, a Coca-Cola adota esse modelo, vendendo em supermercados, lojas de conveniência, restaurantes e máquinas automáticas. O mesmo produto é vendido em diversos ambientes de negócios, e os preços diferem por unidade.

- **LÍDER DE MERCADO.** A Apple personifica o modelo de negócios de líder de mercado. Os produtos mais inovadores e interessantes são criados por um líder de mercado. Em tal posição, uma startup pode cobrar mais pelos produtos, porém é preciso trabalhar muito para atingi-la e mantê-la.

"Uma vez, minha filha comprou US$2 mil de 'tesouros' para um jogo de iPhone. Portanto, sei que pode dar certo."

- **COMPONENTE VALIOSO.** A Intel e a Dolby não vendem diretamente aos consumidores, porém seus produtos são componentes valiosos de aparelhos utilizados por todos. A Intel fornece chips de computadores a várias empresas de hardware. Já a Dolby oferece tecnologia de compressão de áudio e de

A ARTE DO COMEÇO 2.0 | 35

redução de ruído a diversos fabricantes de equipamentos de áudio e vídeo.

- **CENTRAL DE CONTROLE.** Slywotzky aplica esse termo ao descrever uma empresa como a De Beers, que regulava o fornecimento de diamantes. Tal modelo de negócios envolve inúmeros desafios: atingir o controle da oferta, além de convencer as pessoas de que o controle é desejável e não sujeito a questões antitruste.

- **IMPRESSORA E TONER.** Esse modelo de negócios implica em vender um produto que demande recargas. Seja uma impressora HP ou uma cafeteira Keurig (de cápsulas), ou uma máquina de fazer refrigerantes SodaStream, a venda não é um evento único, mas o surgimento de um fluxo de receita ao longo do ciclo de vida do produto. Tal fluxo de receita pode se aplicar ainda a uma startup que venda software e, depois, cobre por atualizações, serviços e suporte técnico. De acordo com Slywotzky, trata-se de um modelo pós-venda.

Há outros modelos de negócios interessantes:

- **FREEMIUM.** O modelo *freemium* (junção das palavras *free* e *premium*) consiste em prestar serviços até certo ponto: quando os clientes querem mais funcionalidades ou capacidade, ou desejam retirar a propaganda, têm de pagar. O aplicativo Evernote, por exemplo, permite que as pessoas armazenem informação na nuvem de forma gratuita. No entanto, caso pretendam ampliar o espaço de armazenamento e as funcionalidades, a taxa é de US$45 ao ano.

- **AUDIÊNCIA.** O modelo de negócios com base em audiência, isto é, em número de visitas, consiste em fornecer uma plataforma para criar ou compartilhar conteúdos que atraiam visitantes. O conceito aqui é que certas marcas gostariam de atingir essa mesma audiência; logo, as empresas podem vender espaço publicitário e patrocínios na plataforma. O Facebook e o *Huffington Post* são exemplos do modelo de negócios em questão.

- **BENS VIRTUAIS.** Imagine vender códigos digitais para artigos a custo quase zero, incluindo o de manutenção de estoque — coisas como flores virtuais, espadas, e emblemas direcionados a integrantes de uma comunidade. São os negócios de bens digitais. Uma vez, minha filha comprou US$2 mil de "tesouros" para um jogo de iPhone. Portanto, sei que pode dar certo.

- **FABRICAÇÃO ARTESANAL.** A Thomas Moser é um exemplo de modelo de negócios de fabricação artesanal de móveis. É o tipo de startup que prioriza a qualidade e a manufatura. Talvez nunca chegue a ser uma empresa de grande porte, todavia é a melhor do setor... apesar de que, com um mercado como o Etsy, nunca dá para saber exatamente.

Você ajustará o modelo de negócios com frequência — não ajustar o modelo ou fizer mudanças relevantes ao longo do caminho é algo preocupante. Aqui estão mais algumas dicas a fim de auxiliá-lo durante o processo:

- **APONTE PARA UM NICHO ESPECÍFICO.** Quanto maior a precisão ao descrever os clientes, melhor. Inúmeros empreendedores sentem medo de se restringir a um foco específico demais, até que morrem sem conseguir atingir o domínio mundial. Entretanto, a maioria das empresas de sucesso começou com um ou dois mercados como meta e cresceu (muitas vezes de forma inesperada), adquirindo grande porte ao atingir outros mercados.

- **SIMPLIFIQUE.** Não conseguir descrever seu modelo de negócios em dez palavras ou menos é sinal de que não há nenhum. Evite qualquer jargão de negócios da moda (estratégico, crítico para a missão, classe internacional, sinergismo, pioneirismo, escalável, classe empresarial etc.).* Não basta adotar a linguagem típica da área para ter um modelo de negócios. Lembre-se do modelo do eBay: cobre uma taxa de anúncio, além de uma comissão. Fim da discussão.

- **COPIE ALGUÉM.** O comércio existe há milênios, e até agora já inventaram todos os tipos de modelos de negócios possíveis. Você é capaz de inovar em termos de tecnologia, marketing e distribuição, mas tentar inventar um novo modelo de negócios é uma péssima aposta. Procure correlacionar seu modelo ao de alguém que já faça sucesso e que você entenda. Você já tem outras batalhas para vencer.

- **SEJA EXPANSIVO.** Os modelos de negócios visando "fazer o bolo crescer, em vez de tirar uma fatia cada vez

---

*Inspirado em Michael Shermer, *Por que as pessoas acreditam em coisas estranhas? — Pseudociência, superstição e outras confusões dos nossos tempos* (São Paulo: VSN Editora, 2011). (*N. do A.*)

maior do próprio bolo", dão mais certo com startups. Isso se deve ao fato de os clientes desejarem descobrir produtos inovadores, incríveis, e estarem menos interessados em imitações, a mesmice de sempre, vindas de startups.

EXERCÍCIO:

ETAPA 1: Calcule o custo mensal de funcionamento de sua empresa.

ETAPA 2: Calcule o lucro bruto de cada unidade do produto.

ETAPA 3: Divida os resultados da etapa 1 pelos da etapa 2.

FINALIZE COM UM MATT
(MARCOS, ALEGAÇÕES, TESTES, TAREFAS)

De acordo com o *American Heritage Dictionary of the English Language*, a palavra *mat*, que na língua inglesa quer dizer tapete ou capacho, é "uma rede pesada tecida com corda ou cabo metálico, disposta sobre uma área de explosões, para impedir a dispersão dos escombros". É imprescindível evitar dispersões em startups; afinal, os empreendedores precisam fazer muitas coisas ao mesmo tempo. Logo, para se manter no controle, é preciso tecer um MATT que, aqui, representa marcos, alegações, testes e tarefas.*

---

*Inspirado no conceito de Rita Gunther McGrath e Ian C. MacMillan em "Discovery-Driven Planning", *Harvard Business Review* (julho-agosto de 1995). (*N. do A.*)

- **MARCOS.** Atingir um número expressivo de metas é indispensável a toda startup. No entanto, certas metas se destacam em relação a outras por assinalarem um progresso significativo ao longo do caminho, em busca do sucesso. Os cinco marcos primordiais são:

  - Protótipo funcional
  - Capital inicial
  - Versão para teste de mercado
  - Cliente pagante
  - Equilíbrio do fluxo de caixa

Há outros fatores que afetam a sobrevivência da empresa, contudo nenhum é tão relevante quanto esses marcos. O *timing* de tais marcos determinará o *timing* de quase todo o resto, portanto você deve concentrar 80% de seu esforço neles.

- **ALEGAÇÕES.** Esta é uma lista das principais alegações em que você talvez acredite a respeito do próprio negócio:

  - Tamanho do mercado
  - Margem de lucro bruto
  - Contatos de vendas por vendedor
  - Custo de captação de clientes
  - Taxa de conversão de potenciais clientes em clientes
  - Duração do ciclo de vendas
  - Retorno sobre o investimento para o cliente
  - Contatos com o suporte técnico por unidade despachada
  - Ciclo de pagamento para entrada e saída

Debater e documentar essas alegações, em uma fase inicial, é indispensável por ser uma forma de verificar a realidade de mercado e, por consequência, a viabilidade de uma startup. Por exemplo, ocorrerão problemas de fluxo de caixa se você presumir que a extensão do ciclo de vendas é de quatro semanas e, por fim, constatar que se trata de um ano.

- **TESTES.** Você pode apresentar uma lista sólida de alegações, mas todas são teóricas até serem testadas:

  - O custo de captação de clientes promove uma operação lucrativa?
  - As pessoas utilizarão seu produto?
  - Você detém os meios ou recursos para dar suporte aos clientes?
  - O produto é capaz de resistir ao uso no mundo real?

- **TAREFAS.** Por fim, existem tarefas que precisam ser executadas para se atingir os marcos e testar as alegações. Quaisquer atividades que não contribuam para alcançar tais objetivos não são cruciais e apresentam baixa prioridade. As tarefas essenciais incluem:

  - Recrutar colaboradores
  - Encontrar fornecedores
  - Montar sistemas de contabilidade e folha de pagamentos
  - Arquivar documentos legais

A lista de tarefas visa compreender e avaliar a totalidade do que a startup tem a fazer, além de evitar que algo passe despercebido nos primeiros dias, que costumam ser bem animados.

A ARTE DO COMEÇO 2.0 | 41

Definidas as etapas do MATT, os próximos passos consistem em comunicá-las à empresa inteira, fazer revisões, iniciar a implementação e monitorar os resultados. Acima de tudo, a compilação do MATT não é algo para se criar e ser deixado de lado. Trata-se do epítome de um documento a ser adotado e alterado, sempre que necessário.

MANTENHA AS COISAS CLARAS E SIMPLES

Você enfrentará centenas de decisões durante o processo de implementação da startup, e, com frequência, surge a tentação de otimizar cada uma delas — às vezes, desbravando novos caminhos. No entanto, é melhor voltar sua energia e atenção a questões pertinentes aos marcos a serem atingidos. No que diz respeito ao restante, siga o fluxo e cumpra as etapas do MATT, mantendo as coisas claras e simples. Minha experiência e minha expertise estão relacionadas às empresas norte-americanas, mas, em geral, as práticas empresariais aceitas são estas:

"Nos Estados Unidos, se a meta for criar a próxima Google, você quer fundar uma empresa do tipo 'C Corporation' em Delaware."

- **ESTRUTURA SOCIETÁRIA.** Cada país conta com diferentes entidades comerciais, tais como sociedades anônimas, parcerias, sociedades de responsabilidade limitada e cooperativas. O ideal é uma estrutura societária com três características: conhecida, ainda que não confortável, para os investidores; vendável a outras empresas ou na bolsa de valores; e capaz de oferecer incentivos financeiros aos colaboradores.

Nos Estados Unidos, se a meta for criar a próxima Google, isso significa que você quer fundar uma empresa do tipo "C Corporation" em Delaware. Trata-se de pessoa jurídica separada e independente, que pode aceitar investimento externo e emitir classes múltiplas de ações. Os proprietários não são pessoalmente responsáveis por débitos e obrigações, e as perdas não são transferidas a eles.

Por outro lado, se o objetivo for criar um pequeno negócio, sem procurar capital de risco nem aspirar a abrir o capital, considere uma empresa do tipo "S Corporation", sociedade de responsabilidade limitada ou sociedade unipessoal.

- **PROPRIEDADE INTELECTUAL.** Uma startup deve, de modo inequívoco, possuir ou ter licenciada sua propriedade intelectual. Isso garante que não haja qualquer risco de ações judiciais por parte de antigos empregadores nem acusações de que a propriedade intelectual infringe as patentes de outra empresa.

Além do mais, a propriedade intelectual e as licenças devem pertencer à startup, não aos fundadores. É preciso evitar que, ao deixar a startup, um fundador insatisfeito leve com ele a propriedade intelectual e prejudique o negócio.

- **ESTRUTURA DE CAPITAL.** Refere-se à propriedade da startup. Há quatro sinais de alerta; todos pertinentes ao Hall da Fama do Se-eu-soubesse-o-que-sei-agora:

- Poucos fundadores possuem a maior parte da startup e não se mostram dispostos a estender a posse a outros colaboradores.

- Um grupo reduzido de investidores, que não quer a diluição de propriedade, possui o controle majoritário da empresa.

- Vários pequenos investidores convertem a gestão acionária em uma tarefa árdua e lenta.

- As rodadas anteriores de financiamento superfaturado tornam o investimento pouco atraente para novos investidores.

- **HISTÓRICO DOS COLABORADORES.** As preocupações incluem casamentos e relacionamentos entre os próprios executivos; amigos sem a qualificação necessária em posições de destaque; e colaboradores de alto nível com condenações penais. Questões como essas talvez sinalizem que a startup não se baseia em meritocracia.

- ***COMPLIANCE.*** Refere-se a questões alusivas a leis e regulamentos estaduais ou federais, ao não pagamento de impostos e a solicitações de investidores não qualificados. Em geral, questões ligadas à *compliance* indicam uma gestão "sem noção" ou desonesta — características inaceitáveis e que limitam o progresso da empresa.

Especialistas já escreveram livros inteiros a respeito desses cinco tópicos, portanto não tome decisões com base apenas em minha breve explicação sobre questões tão complexas. Em áreas assim, você somente tem de descobrir o que não sabe fazer para, então, buscar um especialista no assunto.

FAÇA ALGO CONSTRANGEDOR

Se não sentir vergonha da primeira versão de seu produto, você o lançou tarde demais.

— Reid Hoffman

Ao reler o primeiro livro que escrevi, *O jeito Macintosh: a arte da guerrilha no gerenciamento*, chego a me encolher de tanta vergonha, por ser uma obra rudimentar. Quando me lembro do primeiro Macintosh, fico constrangido, pois não tinha software, RAM, ou espaço de armazenamento suficientes, além de ser lento. Quando olhar para a primeira versão de seu produto, é provável que também se sinta envergonhado.

Tudo bem. Isso acontece com todo mundo. A primeira versão de um produto sempre contém falhas, porém o modo como ele se desenvolve é tão importante quanto o modo como inicia. As startups promissoras são as que perduram por terem acertado em termos de produto e modelo de negócios. Então tente relaxar um pouco.

Adendo

Minicapítulo: Como distinguir concorrentes de pretendentes

Era uma vez uma dupla de doutores em engenharia sem a menor noção de como começar uma empresa. Tudo o que sabiam era fazer código. O desespero por dinheiro e pela supervisão de alguém experiente era tanto que, quando um veterano no mundo dos negócios mostrou interesse e se ofereceu para ajudá-los a levantar fundos, segundo palavras de ambos, os dois "foram atrás dele como cachorrinhos".

Porém, o tal veterano não sabia muito sobre startups tecnológicas e acabou contribuindo para que a dupla cometesse erros em questões legais e financeiras. Eles se separaram, mas somente após muitos aborrecimentos e custos legais expressivos ao longo do processo de reverter as decisões incorretas.

"Existem vários executivos experientes, bem-sucedidos e familiarizados com o mundo dos negócios que não entendem as particularidades das startups e do capital de risco."

---

46 | GUY KAWASAKI

A história não é tão incomum, é até compreensível. Empreendedores de primeira viagem buscam qualquer tipo de feedback positivo, apoio e aconselhamento, aventurando-se diante do primeiro sinal de interesse. A demanda por supervisão experiente, sob a forma de conselheiros, membros da diretoria e investidores, excede de longe a oferta. Logo, talvez seja preciso arriscar com pessoas que ainda não desempenharam tais funções. Se ninguém quer dançar com você, a tentação é dançar com quem convidá-lo primeiro.

Há grandes chances de que gente que começou a própria empresa, ou trabalhou em uma antes de uma oferta pública *inicial* de ações (*IPO,* na sigla em inglês), consiga oferecer bons conselhos. Já quem nunca abriu uma empresa, ou somente se juntou a alguma depois da abertura de capital, provavelmente não será capaz de aconselhar. Existem vários executivos experientes, bem-sucedidos e familiarizados com o mundo dos negócios que não entendem as particularidades das startups e do capital de risco.

Por exemplo, quanto você acha que um vice-presidente sênior da Microsoft, vindo da empresa de consultoria McKinsey, sabe a respeito de começar uma empresa? Aqui está um teste de QE (quociente de empreendedor) a fim de diferenciar concorrentes de pretendentes. As seguintes perguntas vão auxiliá-lo a identificar bons conselheiros, membros da diretoria e investidores (caso possa se dar ao luxo de selecionar investidores).

1. Que tipo de sociedade deve ser formada? Resposta desejada: "Uma sociedade do tipo 'C Corporation'", presumindo que a meta seja criar a próxima Google.

2. Em qual estado deve ser formada a sociedade? Resposta desejada: "Delaware."*

3. Os investidores têm de ser qualificados? Resposta desejada: "Sim." Resposta assustadora: "Não."

4. Dois fundadores devem dividir a empresa ao meio? Resposta desejada: "Não, é preciso alocar 25% a futuros colaboradores e 35% às duas primeiras rodadas de investimentos. Restam, então, 40% para os fundadores ratearem entre si."

5. O ideal é vender ações ordinárias ou preferenciais aos investidores? Resposta desejada: "Preferenciais."

6. Todos os colaboradores, incluindo os fundadores, devem participar de um contrato de *vesting*? Resposta desejada: "Sim, cada um necessita ter assegurado o direito às *stock options*, ou seja, à opção de compra de ações, afinal, ninguém deseja que, após poucos meses, um dos fundadores saia levando um percentual expressivo da empresa."

7. Pode-se pagar os consultores com a opção de compra de ações? Resposta desejada: "Não, a opção de compra de ações é para colaboradores efetivos, não para consultores com contrato de curta duração. Caso não tenha condições de pagar aos consultores, faça você o trabalho."

8. É possível pedir um empréstimo bancário no intuito de começar a própria empresa? Resposta desejada:

---

*O autor se refere ao empreendedorismo nos Estados Unidos. (*N. da T.*)

48 | GUY KAWASAKI

"Não", supondo tratar-se de uma empresa da área de tecnologia. Em geral, empresas dessa área não possuem ativos líquidos para utilizar como garantia.

9. Deve-se recorrer a um banco de investimento, corretor ou intermediário para levantar o capital "semente"? Resposta desejada: "Não, os investidores-anjo e os de risco consideram que empreendedores em estágio inicial, que recorrem a um banqueiro, corretor ou intermediário, não têm a menor noção do que estão fazendo."

10. Visando atrair investidores, como a projeção de receita tem de se mostrar nos próximos cinco anos? Resposta desejada: "Nenhum investidor acreditará nessa projeção, seja qual for. No entanto, deve ser tão boa quanto a de uma empresa próspera que possa ser comparada à sua e que tenha aberto o capital." Além do mais, investidores que acreditem em projeções não servem, pois não entendem nada do assunto.

11. Qual o prazo ideal do plano de negócios? Resposta desejada: "Você não deve redigir um plano de negócios, e sim conseguir clientes."

12. Há algum bom conselheiro que possa recomendar? Resposta desejada: "Claro, não tenho tanta expertise assim, porém vou lhe dar uma lista de outras possibilidades." Resposta indesejada: "Não, não é preciso mais ninguém; sei tudo o que você precisa saber."

A ARTE DO COMEÇO 2.0 | 49

13. Acredita ser primordial contar com um CEO? Resposta desejada: "Talvez um dia. Mas provavelmente não no momento. Na verdade, agora, você necessita mesmo é de um ótimo produto."

14. Deve-se recorrer a um *headhunter* a fim de recrutar pessoas? Resposta desejada: "Não, nesta fase você não dispõe do dinheiro necessário nem está em condições de gastar o pouco que tem em comissões para *headhunters*."

15. O que dizer aos investidores quando solicitarem uma avaliação da empresa? Resposta desejada: "Descubra o que três ou quatro investidores pensam ser justo e, depois, ganhe tração no mercado de modo a impulsionar o valor." Respostas erradas: "Eleve o preço e, ao negociar, abaixe-o", "Abaixe o preço e, ao negociar, eleve-o."

16. Quais os KPIs (indicadores-chave de desempenho) para este negócio? Resposta desejada: "Depende do setor e do tipo de negócio." Resposta indesejada: "O que é um KPI?"

17. Como criar buzz marketing? Resposta desejada: "Crie algo excepcional e use as mídias sociais."

18. De quanto deve ser o orçamento publicitário? Resposta desejada: "Zero — use as mídias sociais."

Volto a salientar que as perguntas anteriores são relevantes para empresas norte-americanas com ambições similares às da Google, mas o mesmo tipo de questionamento se aplica a outros cenários. Fuja de qualquer um que pretenda dar

50 | GUY KAWASAKI

conselhos, mas que não tenha capacidade de responder à maioria destas perguntas.

PERGUNTAS EVITADAS COM FREQUÊNCIA

P: **Admito: estou apavorado. Não tenho condições de largar meu emprego atual. É sinal de que não tenho o necessário para obter sucesso?**

R: Não significa nada. Você deve estar apavorado, sim. Se não estiver, há algo errado com você. Esses medos não são sinais de que não tem o que é necessário para obter sucesso. No início, todos os empreendedores sentem pavor. A questão é que alguns se enganam com relação a isso, outros, não.

É possível superar os medos de duas maneiras. Uma delas é o método camicase, que consiste em mergulhar no negócio e tentar progredir um pouco a cada dia. Então chegará um momento em que, ao acordar, você não estará mais apreensivo — ou, pelo menos, terá medos bem distintos.

Na segunda maneira, pode começar trabalhando no produto à noite, aos fins de semana e durante as férias. Faça progressos, o máximo que conseguir, tente achar algum meio de comprovar a funcionalidade do conceito e, depois, arrisque-se. Pergunte a si mesmo qual a pior coisa que pode acontecer. Provavelmente não é tão ruim.

P: **Devo compartilhar minhas ideias secretas com alguém, além de meu cachorro?**

R: A única coisa pior do que um empreendedor paranoico é um empreendedor paranoico que conversa com o cachorro. Há muito mais a ganhar — feedback, contatos, oportunidades de venda — debatendo sua ideia com várias pessoas do que a perder.

Além disso, se sua ideia se tornar indefensável pelo simples fato de ser discutida, isso significa que ela não é genial. Ter ideias é fácil; difícil é implementá-las. Tenho uma hipótese: quanto mais um empreendedor insistir em um acordo de confidencialidade, menos viável será a ideia. Após décadas de trabalho com startups no Vale do Silício, nunca ouvi falar de uma empresa que tivesse roubado e implementado bem uma ideia.

P: **Em que etapa do projeto devo começar a conversar com os outros sobre o que estou fazendo?**

R: Comece o quanto antes. Ao fazer isso, você estará refletindo constantemente sobre a ideia — tanto como tarefa de primeiro plano como de fundo. Quanto mais falar a respeito, mais os pensamentos irão se aprimorar e se tonar férteis. Mantendo o olhar fixo no próprio umbigo, a única coisa que você verá será a poeira se acumulando ali.

P: **Acho que tenho uma ideia genial, porém nenhuma experiência com negócios. O que devo fazer?**

R: Se apenas teve uma ideia genial — por exemplo, "um novo sistema operacional para computadores, rápido, elegante e sem bugs" — e não é capaz de implementá-la, você não tem nada. É por esse motivo que você precisa de um cofundador — até conseguir convencer outras pessoas sobre sua ideia, é possível que o considerem maluco.

52 | GUY KAWASAKI

P: Quando devo me preocupar em fazer com que meu negócio tenha a aparência de uma empresa de verdade, com cartões de visita, papel timbrado e um escritório?

R: Suas prioridades estão erradas. A preocupação agora deve ser a criação de um protótipo funcional. Uma empresa de verdade é aquela com algo para vender — não apenas com cartões de visita e papéis timbrados.

P: Preciso de um MBA para começar uma empresa?

R: De modo algum — e eu tenho. Um MBA é válido para satisfazer as expectativas do empregador. No caso de uma startup, você é o empregador. É melhor passar dois anos nas "trincheiras", "levando uma surra", do que fazer um MBA em Gestão Empresarial.

LEITURAS RECOMENDADAS

Berger, Warren. *A More Beautiful Question: The Power of Inquiry to Spark Breakthrough Ideas*. Nova York: Bloomsbury, 2014. [Uma pergunta mais bonita: O poder do questionamento para despertar ideias inovadoras, em tradução livre.]

Hargadon, Andrew. *How Breakthroughs Happen: The Surprising Truth About How Companies Innovate*. Boston: Harvard Business School Press, 2003. [Como avanços ocorrem: As verdades surpreendentes sobre como empresas inovam, em tradução livre.]

Livingston, Jessica. *Startup: fundadores da Apple, do Yahoo!, Hotmail, Firefox e Lycos contam como nasceram suas empresas milionárias*. Rio de Janeiro: Agir, 2009.

May, Matthew. *In Pursuit of Elegance: Why the Best Ideas Have Something Missing*. Nova York: Crown Business, 2009. [Em busca de elegância: Por que as melhores ideias têm algo a menos, em tradução livre.]

Shekerjian, Denise. *Uncommon Genius: How Great Ideas Are Born*. Nova York: Penguin Books, 1990. [Gênio incomum: Como nascem as grandes ideias, em tradução livre.]

Slywotzki, Adrian. *A arte do lucro: 23 estratégias focadas no consumidor*. Rio de Janeiro: Elsevier, 2002.

Ueland, Brenda. *If You Want to Write*. St. Paul, MN: Graywolf Press, 1987. [Se você quer escrever, em tradução livre.]

Utterback, James M. *Dominando a dinâmica da inovação*. Rio de Janeiro: Qualitymark, 1996.

Ativação

2. A arte de lançar

As melhores marcas nunca começam com o intuito de ser grande. Focam em construir um produto ou serviço excelente — e rentável — e uma empresa que possa sustentá-lo.

— Scott Bedbury

Grandes ideias para se começar algo

Lançar um produto é empolgante. Os únicos eventos que o superam são o nascimento de um filho ou a concretização de um processo de adoção. Consigo me lembrar do Macintosh sendo lançado em 1984 como se fosse ontem. Ninguém jamais obteve sucesso por *planejar* ouro, então não insista em testar, testar, testar — isso compete às grandes empresas. Não espere perfeição. Bom o suficiente já é bom o suficiente. Haverá tempo para o refinamento depois. Agora, o que importa não é como começar muito bem — é como obter ótimos resultados. Este capítulo explica como lançar um produto.

"SALTE PARA A PRÓXIMA CURVA"
("SALTOS DE INOVAÇÃO")

No fim dos anos 1800 e início dos anos 1900, a extração de gelo era um negócio próspero na Nova Inglaterra. Envolvia pessoas cortando blocos de gelo em lagoas e lagos congelados, além de cavalos e trenós. Vamos chamar essa fase de Gelo 1.0.

Trinta anos depois, as pessoas passaram a congelar água em fábricas de gelo, e os homens do gelo o entregavam em caminhões. Esses empreendedores não tinham de esperar pelo inverno ou viver em uma cidade fria. Eram capazes de fornecer gelo a qualquer hora, em qualquer lugar. Vamos batizar essa outra fase de Gelo 2.0.

Os empreendedores criaram a geladeira trinta anos mais tarde. Em vez de comprar gelo de uma fábrica, as pessoas tinham a própria fábrica de gelo — a primeira geladeira doméstica. Vamos denominar essa nova fase de Gelo 3.0.

"O empreendedorismo atinge o ápice ao modificar o futuro, e modifica o futuro ao 'saltar para a próxima curva'."

Nenhum dos que trabalhavam na extração de gelo deu início às fábricas de gelo, e nenhuma das fábricas de gelo se tornou uma empresa de refrigeração. O negócio era definido pelo que *fazia* — cortar blocos de gelo de lagos congelados, congelar água via um sistema central ou fabricar dispositivos para congelar água — em vez de pelo que *significava* — conveniência e limpeza. Se tivessem adotado essa perspectiva, provavelmente teriam se tornado um ponto fora da curva, ou melhor, "saltado para a próxima curva" — isto é, da extração à fábrica e, então, à geladeira.

O conceito de "saltar para a próxima curva", de buscar a próxima novidade que fará o produto evoluir, é um modelo excelente para os empreendedores. Afinal, o empreendedorismo atinge o ápice ao modificar o futuro, e modifica o futuro ao "saltar para a próxima curva":

- Da máquina de escrever à impressora margarida, depois à impressora a laser e, então, à impressora 3D;

- Do telégrafo ao telefone, depois ao celular e, então, ao smartphone;

- Do reprodutor de fita cassete ao walkman e, então, ao iPod.

EXERCÍCIO

Seu produto oferece "uma mesmice melhorada" ou "salta para a próxima curva"?

Um plano tático é bastante útil ao "saltar para a próxima curva". Costumo recorrer ao acrônimo DICEE — *Deep, Intelligent, Complete, Empowering, Elegant** (Profundo, Inteligente, Completo, Potencializador, Elegante) — com o objetivo de responder a uma pergunta fundamental: Quais são as qualidades dos produtos "fora da curva"?

---

*O acrônimo DICEE é um trocadilho com o termo *dice*, também em inglês, que significa "dados". (*N. da T.*)

- **PROFUNDOS.** Produtos "fora da curva", ou seja, com "saltos de qualidade", proporcionam recursos e funcionalidades que os consumidores talvez não apreciem ou compreendam à primeira vista. Os clientes não esgotam nem se cansam de produtos "fora da curva". A Google é uma empresa "profunda". Oferece pesquisa, propaganda, sistema operacional, loja digital, mídias sociais, ferramentas de análise, aplicativos, computadores, tablets, telefones, entrega em domicílio, armazenamento on-line, hospedagem, acesso à internet, mapas e carros que dirigem sozinhos. Você poderia utilizar apenas produtos da Google e ter tudo de que precisa em termos de computação.

- **INTELIGENTES.** Produtos "fora da curva" mostram às pessoas que a empresa que os criou entendia sua dor ou problema. A Ford, por exemplo, vende uma opção de chave reserva programável chamada MyKey. Os pais podem programar a chave com a velocidade máxima do carro e o volume mais alto do som para quando os filhos ou manobristas o dirigirem. É um produto inteligente.

- **COMPLETOS.** Produtos "fora da curva" não são engenhocas isoladas, downloads on-line ou serviços da web. Incluem suporte no pré e no pós-venda, documentação, melhorias, produtos complementares. Exemplificando: a Kindle Direct Publishing, um conjunto de serviços de autopublicação oferecido pela Amazon a autores independentes, dispõe de quase tudo de que um escritor precisa. Isso inclui a distribuição no formato e-book, formatos de impressão sob demanda e de gravação de áudio, serviços de produção e assistência de marketing.

A ARTE DO COMEÇO 2.0 | 61

- **POTENCIALIZADORES.** Produtos "fora da curva" fazem com que as pessoas se aprimorem, aumentando a produtividade e a criatividade. Não se cria oposição a ótimos produtos — você e os produtos se fundem. É assim que me sinto em relação ao Macintosh desde 1983 — foi um incentivo para eu escrever, falar e aconselhar, potencializou meus talentos. Não seria quem sou sem o Macintosh.

- **ELEGANTES.** Elegância é a combinação de poder e simplicidade. É o que não está presente, não o que está. Vai direto ao assunto, capta a atenção e conquista o coração. Empresas que criam produtos "fora da curva" têm obsessão por design e interface de usuário. Tais produtos resultam de um trabalho artesanal, de nível elevado, e de amor.

EXERCÍCIO

Está criando um produto profundo, inteligente, completo, potencializador e elegante?

ESCOLHA UM BOM NOME

Um bom nome para uma startup e um produto é como pornografia: difícil de definir, porém você reconhece assim que vê. Se quiser uma boa amostra do que não fazer, dê uma olhada nos nomes dos produtos japoneses. Se o propósito era confundir os clientes, nada melhor do que nomear as câmeras de Nikon D4S, Df, D3x, D810, D7000 e D5100.

62 | GUY KAWASAKI

Eis como selecionar um bom nome:

- **VERIFIQUE OUTROS USOS.** Dois sites na internet são os melhores amigos no processo de dar nome às empresas: o U.S. Patent and Trademark Office e o Network Solutions WHOIS Database. O primeiro ajuda a descobrir se o nome já é usado. O segundo auxilia a esclarecer se os nomes dos domínios estão disponíveis. Um terceiro site para verificar é a página de Busca Avançada do Twitter a fim de ver se o nome no Twitter está disponível. Você também deve fazer essas pesquisas no Facebook, Google+, Pinterest, Instagram e LinkedIn.*

- **OPTE POR UM NOME COM "POTENCIAL VERBAL".** Em um mundo perfeito, o nome entra no vernáculo do dia a dia e se torna verbo. As pessoas "googlam" palavras em vez de "procurá-las na internet". Nomes que funcionam como verbos são curtos (não mais de duas ou três sílabas) e simples. Não vejo a hora de todos passarem a "canvar" um gráfico em vez de "projetá-lo".

EXERCÍCIO

Veja se os nomes que está pensando em dar à sua empresa soam bem nesta frase: "_____isso."

---

*No Brasil, é preciso acessar o sistema de busca de marcas e a lista de marcas de alto renome, ambos no site do Instituto Nacional da Propriedade Industrial (INPI) — http://www.inpi.gov.br/. Quanto aos nomes dos domínios, é fundamental acessar o site Registro.br — https://registro.br/. (*N. da T.*)

A ARTE DO COMEÇO 2.0 | 63

- **TESTE O NOME COM PESSOAS DE OUTROS PAÍSES.** Use sites de tradução on-line para verificar o significado do possível nome em outras línguas. Muito melhor, uma vez que esteja certo de ter o domínio, pergunte aos seguidores de suas mídias sociais o que o nome expressa no idioma deles. Ao utilizar recursos humanos dessa forma, a probabilidade de flagrar gírias e palavras de conotação negativa é bem maior.

- **ESCOLHA UMA PALAVRA QUE COMECE COM UMA DAS PRIMEIRAS LETRAS DO ALFABETO.** Algum dia, o nome de sua empresa ou produto aparecerá em uma lista em ordem alfabética. Quando isso acontecer, é melhor constar no princípio da lista do que no fim. Imagine, por exemplo, um catálogo para um evento com mil expositores. Onde gostaria de estar listado?

- **EVITE NOMES QUE COMECEM COM NÚMEROS OU COM AS LETRAS X E Z.** Nomes com números são uma péssima ideia, pois as pessoas não saberão se devem usar numerais (1, 2, 3) ou escrever os números por extenso (Um, Dois, Três). As letras X e Z produzem nomes difíceis de soletrar mesmo após ouvi-los, além de constarem do final do alfabeto.

- **SELECIONE UM NOME QUE SOE DIFERENTE.** Um nome deve soar diferente de qualquer outro. Exemplo negativo: reflita sobre Clarins, Claritin e Claria. Qual nome se refere ao marketing on-line? E aos cosméticos? E ao anti-histamínico? Mesmo que se lembre, há chances de associar as três palavras a uma só categoria.

64 | GUY KAWASAKI

- **FUJA DE NOMES COM VÁRIAS PALAVRAS, A MENOS QUE A PRIMEIRA TENHA POTENCIAL VERBAL OU O ACRÔNIMO RESULTE EM ALGO GENIAL.** Ilustrando: "Google Technology Corporation" teria sido bom. O nome Hawaiian Islands Ministries, organização paraeclesiástica que treina pastores e ministros, passa a ser "HIM" — um homônimo brilhante de "hino" (*hymn*) e um trocadilho com "*Him*" (Ele), isto é, Deus.

- **COLOQUE A PRIMEIRA LETRA EM CAIXA-ALTA.** Errei ao dar o nome garage.com à empresa da qual fui um dos cofundadores. Era difícil distinguir o nome em blocos de texto, visto que o "g" estava em caixa baixa. Não existia nenhuma indicação visual de que a palavra fosse um nome próprio — era de se esperar que um sujeito chamado *guy* (sic)* notasse tal problema.

NÃO SE PREOCUPE, "SEJA TOSCO"

O primeiro passo para lançar uma empresa não é ligar o computador e recorrer ao Word, ao PowerPoint ou ao Excel. Chegará a hora de usar esses programas, mas não agora. Em vez disso, o próximo passo é construir um protótipo do produto e apresentá-lo aos clientes.

Denomino tal fase de "Não se preocupe, 'seja tosco'"** — lema inspirado na canção "Don't Worry, Be Happy" ["Não se preocupe, seja feliz", em tradução livre], de Bobby McFerrin.

---

*Também comumente usado como nome próprio, o termo inglês *guy* quer dizer "cara, sujeito". (*N. da T.*)

**Tradução da expressão usada pelo autor: *Don't worry, be crappy.* (*N. da T.*)

Eric Ries, autor de *A startup enxuta*, chama isso de "produto viável mínimo" (MVP, *minimum viable product*, em inglês). Ries explica o conceito do MVP desta forma:

> *Não se trata do menor produto imaginável; é somente o modo de percorrer o ciclo de feedback construir-medir-aprender com o mínimo de esforço e maior rapidez... O objetivo do MVP é iniciar o processo, não o terminar.*

Acrescentaria duas palavras ao MVP e o transformaria em MVVVP: "produto viável valioso válido mínimo". Em primeiro lugar, o produto pode ser *viável* — capaz de atravessar o ciclo de feedback e gerar dinheiro — mas apenas isso não é suficiente. Também deve ser *valioso*, ou seja, ter valor agregado e ser algo "fora da curva", ser significativo e mudar o mundo. Vamos apostar alto!

Além disso, o produto deve *validar* a visão da startup. Do contrário, talvez você tenha um produto viável e valioso (o que é bom), mas não, de fato, um que valide tudo o que está tentando alcançar.

O primeiro iPod, por exemplo, não apenas era um produto viável (inovador para o mercado e rentável), como também era *valioso* (a primeira forma de se comprar música de modo legal e conveniente para um dispositivo móvel) e *validado* (as pessoas queriam dispositivos elegantes, e a Apple podia transcender vendendo apenas computadores e periféricos).

NOTE BEM: não se trata de permissão para despachar uma porcaria. Eis um bom teste: imagine que o produto é um carro novo. Você deixaria que seus filhos o dirigissem? Se não tiver filhos, então seu cachorro, um golden retriever.

PREOCUPE-SE COM A ADESÃO, NÃO COM A ESCALABILIDADE

Nos primórdios de um negócio, a capacidade de escalar é superestimada. Caso o termo não lhe seja familiar, "escalar" está relacionado com a adoção de processos rápidos, baratos e replicáveis, que possam atender a milhões de clientes, gerando bilhões de dólares de receita.

Se Pierre Omidyar tivesse de testar cada impressora usada oferecida para venda no eBay, ele não conseguiria escalar a empresa. Se Marc Benioff precisasse fazer cada contato de venda, o processo de escalabilidade da empresa de software Salesforce.com não seria possível. Se Steve Wozniak tivesse de produzir cada Apple I, seria inviável escalar a Apple.

"Nunca vi uma startup 'morrer' por não ser capaz de escalar rápido o suficiente."

Prender-se a testes constantes no início é um erro — é "colocar o carro à frente dos bois", como afirma o provérbio. É como se você questionasse a opção de abrir uma cadeia de restaurantes, por talvez ser impossível escalar o perfeccionismo de um chef executivo para múltiplos locais.

Que tal garantir primeiro que as pessoas num raio de uns trinta quilômetros gostem da comida, antes de se preocupar com a escalabilidade do restaurante? Quer dizer, veja se o negócio funcionará de fato. Ilustrando: a Tutor Universe, empresa para a qual presto consultoria, oferece aulas via smartphones. Pense nela como o Uber para aulas particulares.

Em longo prazo, o plano era que os alunos pudessem fazer perguntas sobre qualquer assunto e recebessem ajuda em até 15 minutos. No entanto, no início, ainda não havia uma massa crítica de tutores para todos os assuntos. Várias startups encaram algo como o desafio do ovo ou da galinha: se tivessem tutores suficientes, atrairiam muitos alunos. Se tivessem alunos suficientes, atrairiam muitos tutores.

E o que você faz ao se deparar com esse tipo de desafio? A resposta é simples: trapaceia! Usa os próprios colaboradores para responder às perguntas, além de contratar tutores filipinos (com alto grau de instrução, que falem inglês e sejam de baixo custo) até conquistar uma boa fatia do mercado. Céticos e empreendedores inexperientes talvez façam objeção: "Você não poderá escalar se tiver de recorrer a colaboradores ou contratar tutores, pois são muito caros."

Isso pode até ser verdade, mas não interessa. O importante é estabelecer três pontos-chave: você poderá divulgar, os alunos estarão ávidos para instalar o aplicativo e pagarão pelo auxílio. Em resumo, a prioridade é disponibilizar o produto aos usuários. Se não o adotarem, não haverá problema caso não consiga escalar. Se o usarem, você terá de descobrir um meio de promover a escalabilidade. Nunca vi uma startup "morrer" por não ser capaz de escalar rápido o suficiente. Já vi centenas de startups "morrerem" apenas por se recusarem a "abraçar" o produto.

CRIE UM POSICIONAMENTO

Permita que me apresente. Meu nome é Wile E. Coiote, gênio. Não estou vendendo nada nem "me virando" para pagar a faculdade.

68 | GUY KAWASAKI

Então, vamos ao que interessa: você é um coelho e vou comê-lo na ceia.

Não tente fugir de mim! Sou mais musculoso, astuto, rápido e maior que você, e sou um gênio. Afinal, você não conseguiria passar nem no vestibular para o jardim da infância.

— *Operação coelho* (1952)

A maioria das pessoas vê o posicionamento como algo artificial, imposto por marqueteiros imbecis ou consultores sem noção do assunto e muito bem pagos. Na verdade, o posicionamento vai muito além de um exercício de marketing, da gestão externa ou da retenção de consultores. Quando feito de forma adequada, expõe o coração e a alma de uma nova empresa, explicando:

- Por que os fundadores deram início à empresa;

- Por que os clientes devem adquirir seus produtos;

- Por que pessoas qualificadas devem trabalhar nela.

Wile E. Coiote compreende o que é posicionamento melhor do que a maioria dos empreendedores: é um coiote e come coelhos. Startups devem se posicionar de forma clara, comparável à do coiote, respondendo a uma simples pergunta: O que fazem?

Desenvolver uma boa resposta à pergunta em questão consiste em situar bem a sua startup e mostrar como ela

A ARTE DO COMEÇO 2.0 | 69

se destaca da concorrência. Além disso, é indispensável comunicar essa mensagem ao mercado.

- **CRIE UMA MENSAGEM.** Embora seja difícil o bastante criar e comunicar uma mensagem, muitas startups erram ao tentar estabelecer mais de uma, temendo se restringir a um só nicho e, de fato, visam ao mercado inteiro. "Nosso computador é para departamentos do SIG (Sistema de Informação Gerencial) das empresas da Fortune 500 e também para ser usado em casa." Volvos são seguros e sensuais. Toyotas são econômicos e luxuosos. Defina uma mensagem e adote-a por seis meses, no mínimo, para ver o que acontece.

"Você costuma descrever o seu produto de maneira oposta à da concorrência?"

- **EVITE JARGÕES.** Caso a marca adote um jargão extenso, é provável que (a) a maioria das pessoas não entenda a marca e (b) a marca não dure muito. Por exemplo, "o melhor decodificador MP3" presume que, em 2004, as pessoas compreendessem o significado de "MP3" e "decodificador". E o que aconteceria quando o MP3 deixasse de ser o formato de codificação padrão?

- **FAÇA O TESTE DO OPOSTO.** Quase todas as empresas empregam os mesmos termos para descrever seu produto. É como se acreditassem que os clientes nunca ouviram falar de um produto descrito como "de alta qualidade", "robusto", "fácil de usar", "rápido" ou "seguro". Para entender melhor o que estou relatando, faça o teste do oposto: você costuma descrever seu produto de maneira oposta à da concorrência? Se estiver fazendo isso, sua mensagem se diferencia das demais. Se não, seu posicionamento é inútil.

- **PROPAGUE A MENSAGEM.** Os departamentos de marketing tendem a acreditar que, uma vez que tenham enviado o comunicado à imprensa ou publicado o anúncio, o mundo inteiro compreenderá a mensagem. Se tiver criado o que acredita ser a mensagem de marca perfeita, primeiro, divulgue-a para todos os colaboradores da empresa, propague essa mensagem. Comece com o conselho de administração e chegue às recepcionistas, garantindo que cada colaborador entenda o posicionamento da marca.

- **ENTENDA COMO A MENSAGEM É APREENDIDA.** Você conhece as mensagens que envia, porém não como elas são recebidas, interpretadas. Eis um conceito: peça que as pessoas reproduzam, com as palavras delas, a mensagem enviada de modo que possa aprender como a interpretam. No fim das contas, não se trata do que é dito, mas de como é ouvido e entendido.

- **FOQUE EM MÍDIAS SOCIAIS, NÃO EM PUBLICIDADE.** Várias empresas desperdiçam milhões de dólares com publicidade tentando estabelecer uma marca. Hoje, as marcas se constroem com base no que é dito a seu respeito nas mídias sociais — não no que as empresas dizem sobre si mesmas.

- **DEIXE-SE LEVAR PELO FLUXO DOS ACONTECIMENTOS.** Embora não deva deixar o mercado posicioná-lo, você também não consegue controlar seu posicionamento.

Você faz o melhor possível a fim de elaborar uma boa mensagem e propagá-la a colaboradores, clientes e parceiros. Então, o mercado faz algo estranho, forte, às vezes frustrante, mas que costuma ser maravilhoso: decide por conta própria. Isso pode ocorrer porque clientes inesperados estão utilizando o produto de forma imprevista. Por exemplo, mães compraram para seus filhos o Skin So Soft, da Avon, mas não como creme para pele, e sim como repelente de insetos. Agora, a Avon vende o produto com esse propósito também.

- Quando algo assim acontece, (a) não se desespere e (b) escute o que o mercado está lhe dizendo. Talvez ele lhe tenha feito um favor e descoberto um posicionamento natural. Você consegue assumir esse novo posicionamento? Afinal, é melhor se deixar levar pelo fluxo dos acontecimentos do que tentar sustentar algo que não condiz com a realidade.

EXERCÍCIO

ETAPA 1: Descreva, em um parágrafo, a experiência de um cliente ao utilizar seu produto.

ETAPA 2: Peça que um cliente descreva, em um parágrafo, o uso de seu produto.

ETAPA 3: Compare as duas descrições.

"ATRAVESSE O ABISMO"

Em *Crossing the Chasm* [Atravessando o abismo, em tradução livre], Geoffrey Moore explica o ciclo de adoção de uma inovação, que inclui cinco tipos diferentes de perfis psicográficos: inovadores, adeptos iniciais, maioria inicial, maioria tardia e retardatários.

- **INOVADORES.** Esses amantes do risco buscam novos produtos para experimentar, e, por isso, têm o que há de mais moderno e melhor antes dos outros.

- **ADEPTOS INICIAIS.** Não são tão geeks, tão obcecados por tecnologia quanto os inovadores, mas acreditam ser capazes de aproveitar bem os novos produtos.

- **MAIORIA INICIAL.** Integrantes da maioria inicial adotam um produto ao verem que os inovadores e os adeptos iniciais o utilizam com sucesso.

- **MAIORIA TARDIA.** Os clientes da maioria tardia não têm certeza se conseguem lidar com produtos novos.

Então esperam até um produto ser bem aceito por inúmeras pessoas.

- **RETARDATÁRIOS.** Resistem aos novos produtos e costumam comprá-los quando não têm escolha ou o produto deixou de ser "novo" há tempos.

Esses perfis devem direcionar seus esforços de marketing aos inovadores; depois, focar nos adeptos iniciais; em seguida, à maioria inicial e, então, aos adeptos tardios ("atravessando o abismo"). Por fim, você também vende para os retardatários. Cada perfil oferece a base referencial para se conquistar o perfil seguinte — por exemplo, os inovadores ajudam a persuadir os adeptos iniciais a "dar um salto".

Não há outro meio de expressar isto: atravessar o abismo requer bajulação, pois, em geral, inovadores e adeptos iniciais são blogueiros, jornalistas e "especialistas" diversos. Eles esperam conseguir favores seus. Veja como bajular:

- **SEJA REALISTA.** É muito mais fácil apoiar os empreendedores quando eles têm um ótimo produto. As pessoas querem se associar a produtos inovadores, modernos, incríveis. O número de bajulações é inversamente proporcional à qualidade do produto.

- **MOSTRE EMPATIA.** Quem consegue resistir a uma boa dose de emoção? "Por favor, nos ajude... Somos apenas uma pequena startup tentando arriscar." Apenas pessoas estúpidas, que não valem a pena ser bajuladas, resistem a isso. O método da empatia costuma funcionar comigo.

- **ENFATIZE A UTILIDADE.** Os melhores bajuladores se beneficiam de forma mútua. Você não apenas consegue algo; também dá em troca. Ou, se não estiver em posição de dar alguma coisa de imediato, promete fazer isso no futuro.

- **RETRIBUA FAVORES.** De acordo com Robert Cialdini, especialista em psicologia social, se alguém faz algo por você, você é obrigado a retribuir. Portanto, uma estratégia é colaborar com as pessoas de modo indiscriminado e, assim, elevar a contagem de pontos do "placar cármico" a ser utilizado no futuro.

- **VÁ DEVAGAR COM OS ELOGIOS.** Talvez você pense que elogios constituem o elemento mais importante na hora de bajular, mas várias das pessoas que estão sendo bajuladas costumam ser elogiadas (merecendo ou não) com frequência. Logo, nem sempre os elogios são eficazes. Uma frase no início de um e-mail é suficiente: "Aprendi bastante lendo *A arte do começo.*" Depois, foque nas boas razões pelas quais a pessoa em questão deve auxiliá-lo.

"PLANTE MUITAS SEMENTES"

Justamente quando você acha que está seguro, surge uma abordagem alternativa para "atravessar o abismo". Essa reflete o trabalho de Emanuel Rosen e Itamar Simonson, explicado no livro *Absolute Value: What Really Influences Customers in the Age of (Nearly) Perfect Information* [Valor absoluto: o que realmente influencia clientes na era da informação (quase) perfeita, em tradução livre].

A ideia é que a adoção gradual, a abordagem por "gotejamento", iniciada quando Moisés foi ao encontro de Deus, é menos aplicável hoje porque a informação on-line, além de gratuita, está cada vez mais rápida e perfeita. Por exemplo, as pessoas podem acessar sites na internet como o CNET e a Amazon para ler críticas poucas horas após o lançamento de um produto no mercado.

Usuários do tipo inovadores, adeptos iniciais e maioria inicial conseguem expressar as respectivas opiniões poucos minutos após receberem um produto — e com os vazamentos de informação, mesmo antes do recebimento. A informação deixou de ser repassada pouco a pouco; é dispersada com rapidez, gratuidade e grande alcance. No que diz respeito a livros, quem espera para ler uma crítica do *New York Times* antes de comprar um exemplar na Amazon?

A natureza rápida, gratuita e perfeita da informação pode "virar o marketing do avesso":

- **INFLUENCIADORES GANHAM MENOS DESTAQUE.** Diversas pessoas são capazes de avaliar um produto e disseminar sua opinião de imediato. Os influenciadores ainda são interessantes para divulgar o lançamento de um produto, mas não necessariamente para inspirar a compra ou a experimentação.

- **MARCAS SÃO MENOS IMPORTANTES.** Quando a informação era incompleta e lenta, as pessoas precisavam considerar o histórico e a imagem da marca como uma garantia de qualidade. No mundo dos negócios editoriais, o número médio de estrelas na Amazon e os primeiros comentários postados por estrangeiros são mais relevantes e visíveis (na própria Amazon) do que o nome da editora.

> **"O mérito é o novo marketing."**

- **EXPERIÊNCIA ANTERIOR E LEALDADE SÃO TRANSITÓRIAS.** Em um mundo perfeito, os fabricantes do que você comprou no passado produzem coisas maravilhosas no futuro. No mundo real, às vezes, fazem isso; outras, não. Por exemplo, as pessoas adoram a função de compartilhamento do Facebook, contudo nunca recorrem ao serviço de e-mail. Admiro os produtos Macintosh, mas meu telefone tem sistema Android; não uso um iPhone apenas por ser da Apple.

Tudo isso indica que o mérito é o novo marketing. Veja como prosperar nesse mundo:

- **ABRACE AS PESSOAS COMUNS.** É provável que pessoas por trás de codinomes Garotosolitário15 e LATrixie transformem seu produto em sucesso, assim como blogueiros e jornalistas tradicionais influentes. Vale a pena ter como amigo qualquer um que "abrace a causa" e queira ajudar. "As pessoas comuns", antes "ninguéns", são os "novos alguéns"!

- **ABANDONE A ILUSÃO DE CONTROLE.** Onisciência e onipotência são ilusões. Não há como saber quem poderá e irá ajudá-lo. Nem é possível controlar as pessoas com plano de marketing e campanha publicitária. Então divulgue o produto "aos quatro ventos" e deixe-se levar pelo fluxo dos acontecimentos.

- **"PLANTE MUITAS SEMENTES."** "Plante campos de flores, não caixas de flores." Trata-se de uma estratégia de grandes números: "Quanto mais sementes, mais flores." Nunca se sabe "qual semente se transformará em girassol".

Qual método você deve usar: "atravessar o abismo" ou aperfeiçoar a informação? A resposta é: ambos. Você consegue alcançar algumas pessoas, aquelas no topo da pirâmide, com métodos de influência; outras, via divulgação. Tal como no que diz respeito a tópicos de empreendedorismo, não há certo nem errado — existe apenas o que funciona e o que não funciona, e só é possível descobrir o que dá certo por meio da experimentação.

CONTE UMA HISTÓRIA

Já assisti a várias apresentações de produtos feitas por CEOs famosos, assim como por dois garotos/duas garotas em uma garagem, e a maioria delas segue o mesmo roteiro:

> Obrigado por terem vindo. Desenvolvemos um produto inovador, ainda a ser patenteado, "fora da curva", revolucionário e estratégico, após escutar nossos clientes com bastante cuidado.

> Este novo produto pode ter o preço bem reduzido. Eis uma lista de recursos vagos descritos com acrônimos incompreensíveis:

> Blá
> Blá
> Blá

Agora, deixem que eu apresente Biff Smith, o gerente de produto, que irá demonstrá-lo, pois não sei como usá-lo. Lançaremos o produto algum dia, no futuro, a um preço ainda indeterminado. Estamos anunciando hoje porque ouvimos que o concorrente está prestes a lançar um produto semelhante.

Esse tipo de apresentação (mesmo uma versão séria) não funciona porque foca na informação (e falha até em proferi-la). As pessoas querem mais do que isso. Elas já recebem informação demais. Querem *confiança* — confiança em você, no produto, no sucesso e na história contada. Confiança, não fatos, move montanhas.

Histórias significativas inspiram confiança em você e no produto. A verdadeira influência surte mais efeito do que conseguir pessoas que façam o que se espera delas. Isso indica que as pessoas retomam de onde você parou e seguem adiante porque confiam.

Aqui estão quatro dicas de Lois Kelly, autora de *Beyond Buzz: The Next Generation of Word-of-Mouth Marketing* [Além do buzz: a próxima geração do marketing "boca a boca", em tradução livre], para ajudá-lo a inspirar confiança:

- **HISTÓRIAS PESSOAIS.** Não precisam ser épicas; basta serem ilustrativas. Por exemplo: "Meu pai tinha um Cadillac e o dirigiu por uns 240 quilômetros sem grandes problemas" *versus* "Este carro irá durar bastante tempo". Ou "Dei um telefone Android ao meu filho adolescente, que me disse gostar mais dele do que do iPhone" *versus* "Os telefones Android são bons". Ou ainda "Minha namorada queria vender sua coleção de porta-balas PEZ on-line" *versus* "Queria criar um

A ARTE DO COMEÇO 2.0 | 79

mercado perfeito". (Essa é a história contada por Pierre Omidyar para explicar a origem do eBay.)

- **GRANDES ASPIRAÇÕES.** O herói quer fazer do mundo um lugar melhor e sabe que deve haver uma maneira de fazê-lo. Trabalhando direto à noite e nos fins de semana, e sempre acreditando no que está fazendo, ele cria uma engenhoca excelente que as pessoas adoram. Para sua surpresa e deleite, muita gente gosta do que ele cria. Steve Wozniak, cofundador da Apple, por exemplo, queria que todos pudessem utilizar computadores.

- **DAVI *VERSUS* GOLIAS.** Golias conta com uma vantagem inicial, recursos incríveis e um público de milhares. Não há meios de Davi vencer o colossal Golias. Mas o jovem Davi saca seu avanço tecnológico — um estilingue — e é bem-sucedido apesar da sabedoria popular de que, com certeza, ele não seria capaz de vencer. Exemplos: a Southwest Airlines desafiando as grandes companhias aéreas, a Etsy afrontando o eBay, e o Pinterest encarando o Facebook.

- **PERFIS DE CORAGEM.** Nosso herói sofre por uma grande injustiça. Apesar desses infortúnios, mantém-se perseverante e realiza grandes feitos. Ao tomar conhecimento do que ele fez, sua reação é: "Não teria conseguido fazer isso de jeito nenhum." Exemplo: Charlie Wedemeyer, o treinador de futebol americano do ensino médio com esclerose lateral amiotrófica (ELA), e Oskar e Emilie Schindler, casal que protegeu judeus durante a Segunda Guerra Mundial.

80 | GUY KAWASAKI

Um grande lançamento é muito mais do que um comunicado enviado à imprensa, despejando dados; afirmações unilaterais; além de pitches (apresentações) de vendas chatos. Um grande lançamento conta uma história de inovação, mudança e empoderamento, que catalisa a crença no que você está fazendo.

OFEREÇA UM PRIMEIRO PASSO FÁCIL E SEGURO

Talvez você esteja pedindo muito, pois toda inovação requer uma mudança de comportamento e desafia o *status quo*. Portanto, o caminho para a adoção de seu produto tem de contar com "uma ladeira escorregadia", devido à "dimensão da montanha". Isso o força a remover quaisquer "quebra-molas" que puder. Confira as características desejadas em um primeiro passo:

- **FÁCIL DE COMEÇAR.** Em geral, as empresas estabelecem procedimentos que dificultam a negociação — é quase como se estivessem tentando, de maneira proposital, desmotivar os potenciais clientes. O melhor exemplo é o das telas de CAPTCHA — os formulários que as pessoas têm de preencher de modo a obter uma conta em muitos sites na internet. Essas telas são difíceis de ler: letras maiúsculas *versus* minúsculas, a letra i maiúscula (I) *versus* o número um (1), e zero (0) *versus* a letra o maiúscula (O). Acho que essa tecnologia é chamada de CAPTCHA por capturar gente em um *loop* infinito de tentativas para provar a uma máquina que você é humano.

A ARTE DO COMEÇO 2.0 | 81

- **FÁCIL DE CONVERTER.** O ideal é que o produto esteja cada vez mais próximo de ser adotado a fim de facilitar a transição. Em termos de negócios tecnológicos, isso denota aceitar o formato de dados da concorrência, assim como os padrões industriais. Em negócios não tecnológicos, isso quer dizer que o produto usa os mesmos plugs, pacotes, cupons e práticas para que seja necessária pouca adaptação por parte do cliente.

- **FÁCIL DE USAR.** Uma vez que o começo e a conversão tenham ocorrido, é preciso assegurar que as pessoas consigam utilizar e até dominar o produto. Esse passo requer sensibilidade de design, empatia para prevenir frustração e a capacidade de se colocar no lugar dos clientes. Em outras palavras, entregar uma interface de usuário transparente e elegante, documentação precisa e clara, além de um extraordinário suporte ao cliente.

"Se você tiver um grande produto, talvez a parte mais difícil da batalha seja colocá-lo no melhor espaço da vitrine."

- **FÁCIL DE COMPARTILHAR.** Criar um produto bom o bastante para as pessoas quererem compartilhá-lo é uma tarefa difícil. Se conseguir isso, é uma pena que não exista uma maneira fácil de se compartilhar as boas notícias. Da próxima vez que acessar um site na internet, procure por botões que digam "Compartilhe isto" ou "Envie isto por e-mail para um amigo" e implemente uma funcionalidade semelhante. AddThis e ShareThis são dois serviços que podem ser utilizados com essa finalidade.

82 | GUY KAWASAKI

Um exemplo positivo de como oferecer um primeiro passo fácil e seguro é como a Sungevity, empresa de painéis solares, elabora orçamentos. Quando se trabalha com a maioria das empresas de reformas residenciais, o primeiro passo é agendar uma visita ao imóvel para uma avaliação. No entanto, a Sungevity solicita seu endereço e, então, recorre a uma foto de satélite a fim de calcular uma estimativa de tamanho, energia e custo dos painéis solares para a sua casa.

SAIA DO ESCRITÓRIO

Se dependesse do pai, Buda não sairia dos palácios em que morara, pois do lado de fora o filho veria como as pessoas viviam no mundo real, o que poderia influenciar suas concepções religiosas. Se sair fez bem a Buda, também pode ser bom para você.

Por exemplo, a Beech-Nut quebrou paradigmas ao criar uma linha 100% natural de comida para bebês, sem aditivos. O projeto iniciou quando os colaboradores da empresa visitaram dez residências a fim de observar como as mães preparavam comida para os bebês.

Eles aprenderam que as mães queriam o controle total dos ingredientes e não acreditavam em fabricantes. Por causa dessa pesquisa, ao ver um pote de comida para bebês da Beech-Nut dizendo "apenas abacaxi, pera e abacate", isso indica que não há nada no pote além de maçãs e morangos.

O pessoal da Beech-Nut também constatou que as mães alimentavam os bebês com abacates porque essa fruta apresenta uma gordura saudável, além de ser de fácil digestão.

A ARTE DO COMEÇO 2.0 | 83

Na época, nenhuma comida para bebê vendida comercialmente continha abacates. Por causa da saída da Beech-Nut do escritório, a empresa adicionou à sua linha dois produtos à base de abacate.

Não basta somente despachar um produto MVVVP (produto viável valioso válido mínimo). É claro que você aprenderá sobre as próprias forças (pontos fortes) e fraquezas (pontos fracos) com os clientes atuais, mas não se limite a comentários on-line e relatórios acumulados. Vá e confira você mesmo como o produto está sendo utilizado.

CONDUZA UM *PRE MORTEM*

Visando descobrir por que as pessoas morreram, médicos conduzem exames *post mortem*. Assim, solucionam crimes, evitam outras mortes e satisfazem a curiosidade. Mas então é tarde demais.

Empreendedores e investidores ainda analisam, com frequência, por que um produto, serviço ou empresa "morreu" — sobretudo se for uma empresa alheia. E, como no caso dos mortos, um exame *post mortem* chega tarde demais para conseguir fazer algo pelo produto, serviço ou empresa já "morta". Confira o conceito de *pre mortems* cunhado por Gary Klein, cientista-chefe da Klein Associates e autor de *Sources of Power: How People Make Decisions* [Fontes de poder: como as pessoas tomam decisões, em tradução livre].

A ideia dele é unir a equipe e simular o fracasso do produto. Isso mesmo: fracassou, "sumiu na cratera aberta no mercado", "implodiu" ou "deu adeus". Você pede que a equipe tente entender os fatores responsáveis pelo fracasso. Depois, cada integrante compartilha suas conclusões, até todos estarem na lista. O passo seguinte é descobrir meios de evitar o fracasso.

Não é permitido pedir à equipe que relate as questões e os desafios, pois os encontros regulares são norteados por jogos mentais e regras não escritas. Por exemplo, não deixe os amigos constrangidos, não dê a impressão de ser um colega de equipe ruim ao criticar os outros, e não crie inimizades. Não dá para achar que as pessoas são completamente abertas e honestas nesses encontros.

Por outro lado, em um exame *pre mortem* (conduzido de maneira adequada), as pessoas não colocam a culpa umas nas outras nem nos demais grupos. Cada uma está compilando uma lista de todos os fatores *hipotéticos*. E "todos" significa "todos", visto que seria uma vergonha se alguém pensasse em uma questão e a descartasse, como se não tivesse importância suficiente para ser mencionada.

EXERCÍCIO

Escreva uma lista de, pelo menos, dez fatores que poderiam matar seu lançamento. Quantos consegue eliminar?

REGISTRE UMA PATENTE PROVISÓRIA

A última providência a tomar durante o lançamento do produto é solicitar o registro de patente para a tecnologia, os processos e segredos. Se advogados consideram a lei de patentes um assunto complexo, imagine os empreendedores! Então, você deve procurar um especialista na área.

A ARTE DO COMEÇO 2.0 | 85

Caso queira aprender sobre as leis norte-americanas, acesse o site U.S. Patent and Trademark Office.*

O ponto principal é que os Estados Unidos são um país do tipo "primeiro solicite o registro" — em vez de "primeiro invente" — então, é preciso agir rápido. Uma vez solicitada a patente provisória, você dispõe de 12 meses para decidir se vai passar ao nível seguinte e buscar a patente definitiva. O processo pode durar cinco anos e custar US$10 mil.

Se obtiver a patente definitiva, leve em conta as implicações práticas dessa façanha. A boa notícia é que seus pais ficarão orgulhosos. A notícia ruim é que as patentes não tornam o negócio imune ao plágio, e você não terá tempo (anos) nem dinheiro (milhões) para vencer um processo na justiça e ver executada uma sentença.

No caso de dispor de tempo e dinheiro, o que é praticamente inverossímil, é provável que a startup tenha tanto êxito que o sucesso por si só seja uma forma de defesa, e você pode contratar os melhores advogados para derrubar quem infringir a patente. De qualquer modo, se não contar com tempo e dinheiro, isso não terá importância.

INCUBAR (OU NÃO)

Em tempos de fartura, incubadoras e aceleradoras "fazem furor". Primeiro, um pouco de terminologia: incubadoras focam em oferecer espaço físico para o escritório e serviços compartilhados. Aceleradoras focam em consultoria e

---

*No Brasil, o site do Instituto Nacional da Propriedade Industrial (INPI) — http://www.inpi.gov.br/ — disponibiliza o *Guia básico de patente*, com as informações e a legislação pertinentes ao tema. (*N. da T.*)

treinamento, além de ajudar você a se conectar a clientes, parceiros e fontes de capital.

"A diferença entre trabalhar em uma incubadora ou aceleradora *versus* na garagem de casa é a diferença entre se mudar para o *campus* da faculdade *versus* ir e vir todo dia."

Há muitas variações nesses programas, então aí vai uma explicação sobre os diversos tipos de assistência oferecidos:

- **CAPITAL "SEMENTE".** Financiamento de US$25 mil a US$125 mil para 5% a 15% da startup. Isso significa que a aceleradora ou incubadora talvez invista menos do que qualquer investidor externo. É difícil dizer se isso é bom ou ruim — mas você deve, pelo menos, saber que as aceleradoras e incubadoras costumam conseguir fechar grandes negociações.

- **COMPANHEIRISMO E "FERTILIZAÇÃO CRUZADA".** Envolve interação com outros empreendedores em um estágio similar de desenvolvimento — o problema passa a ser menor quando dividido, e você ainda tem a chance de aprender com os colegas. A diferença entre trabalhar em uma incubadora ou aceleradora *versus* na garagem de casa é a diferença entre se mudar para o *campus* da faculdade *versus* ir e vir todo dia.

- **CONSULTORIA E QUALIFICAÇÃO.** Trata-se da orientação total dada pelos dirigentes do programa, além de conselheiros, amigos e contatos. Idealmente, são veteranos do ramo industrial e empreendedores experientes. Sua tarefa é garantir que possuam extensa experiência prática com startups e não sejam apenas consultores à procura de clientes. (Certifique-se de ler o "Minicapítulo: Como distinguir concorrentes de pretendentes".) Em várias incubadoras, o acesso aos consultores é informal — por exemplo, encontros periódicos à noite comendo pizza. No entanto, a maioria dos programas das aceleradoras conta com um processo formal de consultoria e qualificação, fazendo com que você tenha contato com essas pessoas.

- **DESENVOLVIMENTO DE NEGÓCIOS.** Apresentações a potenciais clientes, parceiros e colaboradores podem acelerar a credibilidade, o desenvolvimento do produto e as vendas. Todos os dirigentes de incubadoras e aceleradoras afirmam ser capazes de fazer apresentações, mas você deve confirmar isso com outras startups do programa.

- **CAMINHO RUMO A MAIS FINANCIAMENTO.** Diversas incubadoras e aceleradoras organizam eventos de demonstrações, expondo você a investidores-anjo e de capital de risco. A incubadora ou aceleradora lhe proporciona visibilidade, porém não necessariamente um investimento. Ainda assim, trata-se de uma tática muito mais eficaz do que tentar, por conta própria, agendar uma reunião com os investidores.

- **TAREFAS ADMINISTRATIVAS.** Contabilidade, folha de pagamento, impostos, seguro e outras tarefas básicas são uma dor de cabeça indispensável. Consomem seu tempo, o recurso de maior valor de que você dispõe. Algumas incubadoras e aceleradoras oferecem equipe e expertise de modo a lhe ajudar com tais incumbências, as quais tirariam o seu foco das responsabilidades centrais: finalizar o produto e vendê-lo.

- **ESPAÇO DO ESCRITÓRIO.** Grande parte das incubadoras oferece espaço físico compartilhado, mobiliário e acesso à internet, mas, por fim, esses fatores não são decisivos para o sucesso. Portanto, não faça deles um dos principais motivos para se juntar a uma incubadora. A mesa de pingue-pongue e a máquina de café expresso são legais, mas você também pode ir a uma loja da Sports Authority e da Starbucks sempre que quiser. O valor real do espaço de *coworking* é a flexibilidade proporcionada quando ainda não se está pronto para assinar um contrato de locação, de três anos, por uns 230 metros quadrados.

Algumas incubadoras e aceleradoras solicitarão a concessão de 1% ou mais da empresa de forma a compensá-las pelos serviços. Isso deve forçá-lo a pensar com bastante cuidado antes de qualquer adesão. Pode ser o melhor negócio que faça ou uma roubada, dependendo do valor que os serviços passem a ter.

Incubadoras e aceleradoras são de grande utilidade para empreendedores de primeira viagem, que não sabem por onde começar, porém a decisão de se juntar a uma delas não é nada simples. Você tende a ouvir somente as empresas bem-sucedidas que participaram desses programas, como o Airbnb e o Dropbox. Essas empresas lhe dirão que o período de incubação foi uma experiência importante e valorosa.

É difícil justificar que a adesão a um desses programas diminuirá as chances de sucesso. No mínimo, uma startup que tenha participado de um programa de uma aceleradora bastante conhecida, como a Y Combinator ou a 500 Startups, tem uma espécie de selo de qualidade, e todos no jogo das startups buscam um motivo para acreditar na empresa. Uma boa analogia é a frequência a um curso universitário: o fato de estudar em Harvard ou Stanford não pode reduzir suas chances de sucesso, e muita gente se vale de um diploma de Harvard ou Stanford como selo de qualidade.

Entretanto, para ser bem-sucedido, não é necessária nem suficiente a participação em uma incubadora ou aceleradora. Inúmeras pessoas que não cursaram uma faculdade em Harvard ou Stanford obtiveram êxito; enquanto várias diplomadas, não. É possível que esses grupos aumentem a probabilidade de vitória, contudo existem diversos outros fatores envolvidos. Por fim, correlação não implica causalidade: o fato de uma startup de sucesso ter participado de um programa desses não faz com que o programa seja responsável por tais conquistas.

Vamos dizer que você não participe dos programas ou não exista nenhum em sua área. Incubadoras e aceleradoras não podem lhe oferecer nada que você não seja capaz de obter de outras formas — se bem que, talvez, sejam mais difíceis e lentas (e baratas!). Mas as alternativas existem. Há várias maneiras de fracassar, todavia também existem muitas de vencer.

Adendo

Minicapítulo: Como ser um deus da demonstração

Atuar é estar de pé, nu, e se virar bem devagar.

— Rosalind Russell

Diversas vezes por ano, um grupo de executivos de startups faz uma demonstração de seis minutos de seus produtos para uma plateia com investidores de risco, analistas e jornalistas. O nome do evento é, logicamente, DEMO. É uma ocasião maravilhosa — sobretudo, se você compreender a dança que ocorre: empreendedores atuando como se não precisassem de capital de risco, e investidores de risco atuando como se não necessitassem de empreendedores. (É como fingir ser pudico em um bordel.)

Este minicapítulo é dedicado a qualquer um que tenha de fazer uma apresentação/demonstração notável, quer seja na DEMO ou em outro lugar. Apresentar um ótimo pitch é essencial para lançar um produto, levantar capital, fechar uma venda, conquistar a imprensa e recrutar colaboradores, então é imprescindível que você se destaque nisso.

- **CRIE ALGO QUE VALHA A PENA DEMONSTRAR.** Caso queira ser um deus da demonstração, crie um produto maravilhoso para apresentar. Eventos com essa finalidade são excelentes oportunidades de relações-públicas (RP), mas lance mão deles quando estiver pronto, não quando a chance surgir. Se o produto for medíocre e não o demonstrar, apenas você saberá que se trata de algo comum. Se demonstrá-lo, o mundo inteiro saberá.

- **LEVE TUDO EM DOBRO.** Duplique o equipamento. Pense que tudo pode quebrar na noite anterior de estar no palco. Logo, leve dois, talvez até três computadores, telefones, pen drives, o que precisar utilizar na demonstração.

"Se a demonstração for boa, o público irá persegui-lo para saber mais. Caso seja um fracasso, não importará mesmo que tenha ganhado um Prêmio Nobel."

- **ORGANIZE-SE COM ANTECEDÊNCIA.** Nunca se mostre inconsistente nem desperdice tempo durante uma demonstração — por exemplo, procurando pastas e arquivos no HD do computador. Você dispõe de semanas para preparar esses seis minutos; e pode ser considerado um "sem-noção" se não tiver arrumado tudo com antecedência.

- **ELIMINE OS FATORES QUE FOGEM AO SEU CONTROLE.** Você deve presumir que terá acesso à internet durante a demonstração? Sim, mas, de qualquer forma, leve um backup. Com certeza, o hotel dispõe de acesso à internet, porém o que acontece quando centenas de pessoas a utilizam ao mesmo tempo? Melhor simular o acesso por meio de um servidor local. Você não precisa mostrar o sistema em tempo real. Afinal, trata-se de uma demonstração.

- **COMECE COM "CHOQUE E PAVOR".** Roubei esse conceito de meu amigo Peter Cohan, autor de *Great Demo!: How to Create and Execute Stunning Software Demonstrations* [Grande demo!: Como criar e executar impressionantes demonstrações de software, em tradução livre]. Ele acredita, e eu também, que você tem cerca de um minuto para cativar a plateia, portanto não tente construir uma narrativa progressiva. Comece com "choque e pavor" — sem dúvida, o que o produto pode fazer de mais espetacular. O objetivo é surpreender o público à sua frente.

- **CORTE AS PIADAS.** Caso esteja na dúvida se as piadas são boas, elas provavelmente não são. Pouquíssimas pessoas são engraçadas o bastante para soltar piadas em uma demonstração. A desvantagem de uma piada sem-graça — perda de confiança e ritmo — é muito maior do que a vantagem de uma bem-sucedida.

- **FAÇA SOZINHO.** Um deus da demonstração trabalha sozinho. Talvez você possa considerar ter dois cofundadores apresentando juntos, além de achar que isso mostrará ao mundo como ambos são entrosados. Mas já é difícil o bastante para uma pessoa apresentar. Tentar juntar duas no intuito de que façam uma demonstração interativa é quatro vezes mais complicado. Se pretende fazer um dueto, vá a um karaokê.

- **EXCLUA OS JARGÕES.** O ideal é falar de forma simples e sucinta. Você pode ter o melhor software empresarial do mundo, contudo, o parceiro consumidor, isto é, o representante da empresa de capital de risco com a qual você tanto sonha está na plateia. Se ele não conseguir entender a demonstração, não dirá nada aos sócios quando retornar ao escritório. O que a plateia vê, não o que ouve, deve impressionar.

- **ACEITE PERGUNTAS APENAS NO FINAL.** Ainda bem que na DEMO não há tempo para perguntas. Porém, em todo caso, o ideal é aceitar perguntas ao final porque nunca se sabe o que irão lhe questionar — as perguntas podem derrubá-lo, jogando-o em um buraco profundo demais, do qual você não será capaz de se reerguer.

- **TERMINE COM UM PONTO DE EXCLAMAÇÃO.** Comece com a motivação "lá em cima". Uma vez que tenha surpreendido a todos, volte e lhes mostre como fazer. O "o que" é fantástico, mas prosseguir com o "como" possibilita aos meros mortais entender que também conseguem fazer o mesmo. Então, basta terminar "em alta". Isso fazia parte da tônica mágica de Steve Jobs; ele sempre tinha "mais uma coisa" na sacola de truques.

Dei esses conselhos a centenas de startups, e centenas de milhares de pessoas já os leram on-line, todavia muitas demonstrações ainda são bem ruins. Isso ocorre porque existe uma mentalidade de que tais conselhos são para pessoas mundanas, as quais não dispõem de um produto "fora da curva" a ser patenteado e que leva à mudança de paradigma, pessoas que não possuem os mesmos talentos de apresentação que os portadores da referida mentalidade acreditam ter. Talvez você se considere um talento, mas está errado. Você é igual à plateia à qual se dirige, e vai aprender do modo mais difícil.

Adendo

Minicapítulo: A arte de promover o intraempreendedorismo

> *Em geral, a inovação surge fora das organizações já existentes, em parte porque as organizações de sucesso se comprometem com o status quo e resistem a ideias que possam mudá-las.*

— Nathan Rosenberg

Alguns aspirantes a empreendedor estão trabalhando em empresas de grande porte. Como todos os empreendedores externos, sonham em criar produtos inovadores. Além de ainda terem de preparar um protótipo, posicionar, elaborar um pitch, praticar *bootstrapping*, recrutar, levantar fundos, estabelecer parcerias, vender e dar suporte. O objetivo deste minicapítulo é explicar como fazer tudo isso quando se é colaborador de um negócio vultoso.

Por ironia, vários empreendedores invejam os colaboradores de empresas maiores — acham que esses sortudos dispõem de recursos financeiros monumentais, equipes de vendedores gigantescas, laboratórios superequipados, fábricas capazes de produzir em larga escala e marcas estabelecidas, incluindo benefícios como assistência médica e odontológica a seu dispor. Como seria maravilhoso, garotos e garotas buscando inspiração em suas garagens para inventar um novo produto, contando com o luxo de uma infraestrutura assim já montada.

Tente outra vez. Criar um novo produto no âmago de um "monstro" desses não é nada fácil, apenas diferente. Contei com a ajuda de Bill Meade, diretor de ciência de dados na Neal Analytics (empresa especializada em *data warehouse*, inteligência empresarial e análise preditiva), para escrever este minicapítulo. Nós concebemos esta lista de recomendações para intraempreendedores.

"Se não matar as 'vacas leiteiras', alguém fará isso."

- **PRIORIZE A EMPRESA.** A motivação principal, embora não única, do intraempreendedor deve ser o aprimoramento da empresa. O intraempreendedorismo não consiste em chamar a atenção para o empreendedor em si, construir um império ou arranjar um meio de obter projeção externa. Quando você tem uma boa ideia para um produto, essa ideia atrairá um vasto número de colaboradores, seus colegas, desde a base até o alto escalão. Todos irão apoiá-lo se estiver trabalhando em benefício da empresa; mas não o farão caso esteja apenas visando os próprios interesses.

- **"MATE AS VACAS LEITEIRAS".** Não arranje inimigos contando a ideia à empresa inteira, porém, em geral, seu compromisso é criar um produto que "matará" um já existente. Por exemplo: o Macintosh acabou com o Apple II. Teria sido melhor para a Apple que um concorrente criasse o Macintosh? Ou que nunca tivesse criado o Macintosh e ficasse para trás? De jeito nenhum. Essa recomendação é outro motivo pelo qual é indispensável priorizar a empresa: o que você está fazendo ameaça o *status quo*, logo deve representar os interesses corporativos, não seu ego. Se não "matar as vacas leiteiras", alguém fará isso.

- **PERMANEÇA "SOB O RADAR".** Dois sujeitos em uma garagem devem tentar obter o máximo de atenção possível. Se os esforços de ambos se tornarem públicos, passa a ser mais fácil levantar capital, estabelecer parcerias, fechar vendas e recrutar colaboradores. Entretanto, o contrário se aplica aos intraempreendedores. Você deseja que a gerência o deixe sozinho até o projeto estar desenvolvido o bastante de modo a não ser ignorado ou, então, ser visto com bons olhos pelo restante da empresa. Quanto mais se destacar, menos gente entenderá o que está tentando fazer. Isso ocorre porque, quanto mais se destaca em uma empresa, mais gente quer manter o *status quo* e proteger os próprios cargos.

- **ENCONTRE UM PADRINHO.** Várias empresas contam com as figuras dos padrinhos. São aqueles que já fizeram a sua parte e estão imunes às mesquinharias da política administrativa. Relativamente intocáveis, costumam contar com a atenção e o respeito da alta gerência. Intraempreendedores devem encontrar um padrinho para apoiar seus projetos, dando conselhos, insights técnicos e de marketing, além de proteção, se for preciso.

98 | GUY KAWASAKI

- **ARRANJE UM PRÉDIO À PARTE.** Um intraempreendedor, perdurando no fluxo principal de uma grande empresa, "morre um pouco" toda vez que o gerente de departamento explica por que esse novo projeto é uma ideia ruim. "O novo sempre parece tão frágil — tão pouco promissor — diante da realidade do sólido negócio em andamento."* A Divisão do Macintosh ficava em um prédio bem longe do restante da Apple — separado da rotina cotidiana, porém perto o suficiente de modo a obter recursos corporativos. Um edifício à parte irá manter seus esforços "sob o radar" e fomentar o espírito de equipe entre seu "bando de piratas alegres". A distância ideal da rejeição da sede corporativa é entre 400 metros e 3 quilômetros — isto é, perto para uma eventual visita, mas longe para ir diariamente.

- **DÊ ESPERANÇA A QUEM MERECE.** Dentro de todo cético corporativo pensando que "esta empresa é grande e burra demais para inovar", existe um idealista que gostaria de ver isso acontecer. Gente capacitada em grandes empresas está cansada de ser ignorada, esquecida, humilhada e forçada à submissão. Talvez essas pessoas estejam sendo menosprezadas, porém não estão mortas. Quando você mostrar que está "fincando uma estaca no coração do *status quo*", atrairá apoio e recursos. Depois, então, a meta será incentivar essas pessoas a passar da expectativa à ação, ajudando-o a implementar a inovação.

---

*Peter F. Drucker, *Inovação e espírito empreendedor: prática e princípios* (São Paulo: Cengage Learning, 2013). (*N. do A.*)

A ARTE DO COMEÇO 2.0 | 99

- **PREVEJA AS MUDANÇAS "TECTÔNICAS", ENTÃO "AGARRE" A CHANCE.** Deformações em uma empresa são boas para os intraempreendedores. Sejam elas causadas por fatores externos, como modificações no mercado, ou por fatores internos, como um novo CEO, as mudanças "tectônicas" talvez criem uma oportunidade adequada a seus esforços.

  Intraempreendedores eficazes preveem essas mudanças e, quando elas ocorrem, eles estão prontos para revelar novos produtos: "Olhe o que desenvolvemos." Por outro lado, os incompetentes afirmam: "Agora vejo a mudança. Caso me dê permissão, seis meses e uma equipe de analistas, posso elaborar uma nova estratégia direcionada aos produtos."

- **CONSTRUA COM BASE NO QUE JÁ EXISTE.** A desvantagem de se tentar inovar dentro de uma grande empresa é clara e bem-documentada, mas também há vantagens. Não hesite em utilizar a infraestrutura existente a fim de facilitar a inovação. Além de angariar recursos, você fará amizades à medida que outros colaboradores comecem a se sentir parte da equipe. Caso tente criar suas soluções (como exemplo extremo, construindo a própria fábrica), fará inimigos. A última coisa de que uma startup em uma grande empresa precisa é de inimigos internos — os do mercado já serão o bastante.

- **COLETE E COMPARTILHE DADOS.** Chegará o dia em que algum "contador de centavos" ou advogado vai notar você e questionar as bases de seu projeto. Se tiver sorte, isso irá demorar, mas certamente *acontecerá*. Prepare-se para esse dia (1) coletando dados sobre quanto gastou e quanto realizou, e (2) compartilhando-os abertamente. Nas grandes empresas, os dados suprimem os "anticorpos", mas é possível que seja tarde demais para coletar os dados uma vez que os "anticorpos" apareçam.

- **DEIXE QUE OS VICE-PRESIDENTES VENHAM ATÉ VOCÊ.** Acha mesmo que o primeiro passo deve ser falar com o vice-presidente de seu departamento para que ele aprove o projeto? Não. Este é um dos últimos passos. Se um vice-presidente "descobrir" sua ideia, irá se "apropriar" dela e apoiá-la e, então, abordará você para patrociná-la. Talvez valha a pena se assegurar de que um vice-presidente faça essa descoberta "por acaso", na hora certa, contudo isso não é o mesmo que solicitar permissão para começar.

- **DESMONTE TUDO AO ENCERRAR.** A beleza do intraempreendedorismo consiste na capacidade de desenvolver novos produtos em menos tempo do que a engenharia convencional. Infelizmente, a coesão, que torna o grupo empreendedor tão eficaz, pode destruí-lo se permanecer separado e alheio.

  A eficácia diminui ainda mais se os integrantes acreditarem que somente eles sabem o que fazer, e se o grupo criar uma burocracia própria.* Se o produto for um sucesso, considere desmantelar o grupo e

---

*Andrew Hargadon. *How Breakthroughs Happen: The Surprising Truth About How Companies Innovate*. (Boston: Harvard Business School Press, 2003), 116-17. [Como os avanços acontecem: a surpreendente verdade sobre como as empresas inovam, em tradução livre]. (*N. do A.*)

integrá-lo à empresa maior. Em seguida, monte um novo grupo de modo a criar a próxima "curva da inovação".

- **"REINICIE" O CÉREBRO.** Diversos intraempreendedores constatarão que o restante deste livro recomenda ações contrárias ao que vivenciaram, aprenderam e, talvez, até ensinaram em grandes empresas. A realidade é que iniciar algo dentro de uma empresa, já existente e posicionada no mercado, requer adotar novos padrões de comportamento — sobretudo, "reiniciar" seu cérebro.

PERGUNTAS EVITADAS COM FREQUÊNCIA

P: Quando se deve começar a falar sobre um produto?

R: Depende de com quem se fala. Se for com pessoas que torcem pelo seu sucesso, comente o quanto antes. Com desconhecidos, fale quando tiver um protótipo funcionando. Se for com celebridades ou influenciadores, aproveite a oportunidade e converse a respeito quando conseguir a atenção deles.

P: Deve-se organizar um evento de lançamento com comida, bebida e música?

R: Há controvérsias. Um lançamento consiste, basicamente, em criar um ótimo produto, fazer com que chegue às mãos das pessoas, e torcer pelo melhor. Nessa situação, a estrutura para comida, bebida e música é limitada. Eu gastaria alguns milhares de dólares em um evento de qualidade direcionado a um grupo restrito de convidados, mas nunca lançaria nada com uma comemoração ou festança.

P: Como lançar um produto quando não se tem muito dinheiro?

R: Duas palavrinhas: mídias sociais. São a melhor opção para lançamentos de baixo custo.

P: É melhor lançar cedo ou tarde demais?

R: Quando chega ou se aproxima a data de lançamento, parece que poucas semanas ou poucos meses podem fazer uma grande diferença, mas isso é ilusão. Caso se torne bem-sucedido, certo dia você mal se lembrará do ano do lançamento. Caso contrário, isso nem terá importância.

Então, a menos que esteja superatrasado, a ponto de perder um mercado inteiro (como aconteceu com a Motorola, que deixou passar o negócio de smartphones), você dispõe de uma pequena margem de segurança. A Xerox PARC lançou o primeiro computador com interface gráfica de usuário (popularmente conhecido como Alto) no final dos anos 1970. Depois, a Apple lançou o Macintosh em meados dos anos 1980. A Microsoft despachou seu Macintosh (popularmente conhecido como Windows) ainda mais tarde, e foi a Microsoft que se apropriou do mercado por último.

Portanto, dados os extremos de lançar uma porcaria e esperar pela perfeição, lance seu produto quando tiver funcionalidade suficiente para mostrar o quanto saiu da curva, dando saltos de inovação, e eliminou bugs consideráveis de modo a obter um produto estável.

A ARTE DO COMEÇO 2.0 | 103

Há outro fator: se o dinheiro estiver acabando, você deve lançar e não desistir. Talvez seja agraciado com um golpe de sorte.

P: **Intraempreendedores precisam de certos títulos/credenciais para serem levados a sério?**

R: É provável que um título seja menos importante para intraempreendedores, pois, nas empresas, os colaboradores conseguem, à primeira vista, distinguir executores de fraudes. Títulos, como um indicador de competência, não são necessários. Ainda argumentaria que qualquer título de vice-presidente, ou de um cargo superior, reduz suas chances de ser levado a sério como um intraempreendedor.

P: **Se a empresa decide levar sua ideia adiante, há algum meio de garantir que consiga ser o gerente de projeto ou, pelo menos, assegurar que tenha voz ativa?**

R: Não há como, e isso é irrelevante. O objetivo não é estabelecer um feudo particular e uma nova burocracia. O objetivo é criar algo maravilhoso.

P: **Se você tem ótimas ideias para a empresa, mas é um simples colaborador, é possível se tornar um intraempreendedor? Será que suas ideias sairão da caixa de sugestões? O que fazer se não tiver um padrinho?**

R: Primeiro, não deposite sua ideia em uma caixa de sugestões, útil para se pedir mais comida sem glúten na cafeteria ou papel higiênico de melhor qualidade. Essa conversa sobre conseguir padrinhos e chegar ao topo, tudo é distração. Ou você acredita e vai à luta, ou não. Se quiser adesão e aprovação totais, volte para a escola, na época do ensino fundamental. A atitude certa é fazer um protótipo agora, buscar o perdão depois.

LEITURAS RECOMENDADAS

Bedbury, Scott. *O novo mundo das marcas: 8 princípios para a sua marca conquistar a liderança*. Rio de Janeiro: Campus, 2002.

Blank, Steve. *The Four Steps to the Epiphany*. Seattle: Amazon Digital Services, 2013. [Os quatro passos para a epifania, em tradução livre.]

Moore, Geoffrey. *Crossing the Chasm*, 3ª ed. Nova York: Harper-Collins, 2014. [Atravessando o abismo, em tradução livre.]

Ries, Eric. *A startup enxuta: como os empreendedores atuais utilizam a inovação contínua para criar empresas extremamente bem-sucedidas*. Rio de Janeiro: Leya, 2012.

Rosen, Emanuel. *Absolute Value: What Really Influences Customers in the Age of (Nearly) Perfect Information*. Nova York: HarperCollins, 2014. [Valor absoluto: o que realmente influencia os clientes na era da informação (quase) perfeita, em tradução livre.]

3. A arte de liderar

Deixe-se guiar não por sua relevância, mas pelo trabalho que está tentando fazer.

— Sunil Thankamushy

Grandes ideias para se começar algo

Quando jovem, eu pensava que o difícil se resumia a finanças, processos de fabricação, operações e contabilidade. Era preciso ir à escola para aprender essas matérias. Pensava que o fácil englobava gestão, motivação e liderança. Não era preciso um estudo formal dessas outras — elas eram fáceis e viriam com naturalidade.

Você já sabe o que vou dizer: eu estava 100% errado. Finanças, processos de fabricação, operações e contabilidade são a parte fácil. Habilidades indispensáveis, mas que podem ser aprendidas. Caso não consiga aprendê-las, você pode contratar alguém capacitado. Por outro lado, gerenciamento, motivação e liderança são a parte difícil.

Se você acha que liderar é tomar decisões e dizer às pessoas o que fazer, lamento. A realidade vai acabar com você de tal modo que nem o Google o encontrará. O objetivo deste capítulo é ajudá-lo a se tornar um líder excepcional a ponto de aparecer na primeira página de busca do Google para "líder".

"TRANSBORDE" OTIMISMO

Acima de tudo, líderes não podem ter um dia ruim. Não importa o quão assustado e deprimido esteja, não deve jamais deixar transparecer medo, incerteza ou dúvida. Você tem de "transbordar" otimismo todos os dias.

"Não consigo me lembrar de uma vez sequer em que Steve Jobs parecesse abatido."

Não quer dizer que não deva reconhecer problemas e desafios — se não fizer isso, é do tipo "sem noção", o que é até pior do que o pessimismo. No entanto, não consigo me lembrar de uma vez sequer em que Steve Jobs parecesse abatido. Vi raiva, frustração e até gritaria meio delirante, porém nunca derrota.

Quando for atingido por momentos de pessimismo e dúvida, converse com seu (ua) companheiro (a), com os colegas de fora da startup, um membro do conselho diretor que seja seu confidente ou, se nada funcionar, sua mãe. Mas não faça isso com os colaboradores. Eles têm sempre de confiar que você acredita no que faz.

ESTABELEÇA UMA CULTURA DE EXECUÇÃO

Não rogue por uma vida fácil; rogue por forças para suportar uma difícil.

— Bruce Lee

Como líder de uma empresa, você é responsável por resultados, e os resultados são o produto de uma cultura de execução. Isso significa que as promessas são cumpridas a menos que ocorram imprevistos. Nem todos serão bem-sucedidos, contudo, a expectativa corporativa é alcançar metas, não as perder. Aqui está o passo a passo de como estabelecer esta cultura:

- **DEFINA E COMUNIQUE METAS.** O simples ato de definir metas e comunicá-las eleva as chances de sua startup atingi-las. Contribui para que todos pensem da mesma forma, agindo em conjunto, e oferece um guia diário para os colaboradores. Isso se aplica a cada tarefa: finalizar especificações, construir um protótipo, captar os primeiros clientes, despachar mercadoria, cobrar faturas, recrutar, finalizar o material de marketing... A lista é extensa.

- **MENSURE O PROGRESSO.** O estabelecimento de metas só funciona quando você pode acompanhar o progresso para atingi-las. Segundo o velho ditado, "O que é medido é feito". Isso também quer dizer que é melhor selecionar as metas certas; do contrário, acabará cometendo erros. Em uma startup, os resultados devem ser medidos e relatados a cada semana. À medida que a startup amadurecer e as incertezas referentes a tecnologia, mercado e pessoal declinarem, você pode passar à medição mensal.

- **ESTABELEÇA UM ÚNICO PONTO DE** *RESPONSABILIZA-ÇÃO.* Se levar mais de dez segundos para saber quem é responsável por atingir determinada meta, algo está errado. Pessoas boas aceitam se responsabilizar por alguma coisa. Pessoas excelentes pedem para se responsabilizar por algo. Visando o bem da empresa inteira, implemente esse princípio. Quem sabe que está sendo avaliado e detém responsabilidades, sente-se supermotivado a buscar o sucesso.

- **SEJA PARTE DA SOLUÇÃO.** Como líder, você faz parte tanto da solução quanto do problema. Isso quer dizer que estabelece uma cultura: ou de execução ou de otimismo indisciplinado e injustificável. Sua obrigação é "ser o adulto", dar o exemplo, além de cumprir também o que promete.

- **RECOMPENSE QUEM ATINGE AS METAS.** Em uma startup, as pessoas a serem recompensadas são as que cumprem o prometido. Você pode utilizar *stock options* (opção do direito de compra de ações), dinheiro, elogio público, dias de folga ou almoços grátis — não interessa. O importante é reconhecer aqueles que atingem as metas, não os que pegam carona no sucesso alheio.

- **ACOMPANHE UMA QUESTÃO ATÉ ELA SER RESOLVIDA OU SE TORNAR IRRELEVANTE.** Todos gostamos de trabalhar no que há de mais novo e incrível. Faz parte da natureza humana. Quem não preferiria participar da criação do próximo produto de ponta em vez de ter de consertar

A ARTE DO COMEÇO 2.0 | 109

o atual? Não deixe de lado um projeto que se tornou chato. Solucionar problemas pode ser um tédio para você, mas, com certeza, não é para o cliente que adquiriu seu produto recentemente.

ESCOLHA A "PÍLULA VERMELHA"

> *Esta é sua última chance. Depois disso, não há volta. Se escolher a pílula azul — a história termina, você acorda em sua cama e acredita no que quiser. Se escolher a pílula vermelha — você fica no País das Maravilhas, e lhe mostro até onde vai a toca do coelho.*
>
> — *Matrix, 1999*

No filme *Matrix*, o personagem Neo opta pela pílula vermelha, que o leva a enfrentar as duras realidades do mundo. Se tivesse escolhido a pílula azul, ele poderia ter vivido na confortável fantasia de Matrix.

Os líderes se deparam com a mesma escolha: realidade ou fantasia. Se quiser obter êxito, tome a pílula vermelha e determine até onde vai a toca do coelho. Se preferir permanecer em contato com a realidade, estas são as dez perguntas primordiais a fazer:

1. Qual é a prioridade número um?

2. Quando despachar o produto?

3. Até quando haverá dinheiro em caixa, caso o produto não seja despachado?

4. Quanto custa adquirir um cliente?

5. Qual o valor real das operações, com todas as despesas incluídas?

6. Quem são os concorrentes?

7. Como os concorrentes se diferenciam da minha empresa?

8. Quem são os colaboradores improdutivos?

9. O que é possível pedir, pegar emprestado ou alugar, que está sendo comprado?

10. Quão bom sou como líder?

ENCONTRE UM MORPHEUS

Toda droga, mesmo a verdade, necessita de um sistema de entrega. No filme *Matrix*, Morpheus, o personagem interpretado por Laurence Fishburne, era quem proferia a verdade. A pergunta é: Quem é o Morpheus em sua empresa?

"O CEO decide 'o que', enquanto o Morpheus indaga: 'O que poderia dar errado?'"

Se não houver, você precisa encontrar um. O Morpheus deve ter dez anos de experiência operacional, no mínimo, além de formação em finanças, operações ou contabilidade. Essa posição requer conhecimento da operação de uma empresa no mundo real. O papel não é ser "pessimista", mas "realista".

A ARTE DO COMEÇO 2.0 | 111

Uma formação de consultor, auditor, bancário, jornalista ou analista é uma ideia ruim, pois aconselhar e analisar é fácil, difícil é implementar. Visando determinar se a formação de um candidato a Morpheus é adequada, o único questionamento passa a ser: "Ele já demitiu alguém ou reduziu o quadro de pessoal?" Se a resposta for não, siga procurando.

Esse candidato tem de ser *yin*, em contraposição ao *yang* do CEO. O CEO decide "o que" enquanto o Morpheus indaga: "O que poderia dar errado?" O relacionamento entre ambos não é de oposição, e sim de complementação. Talvez você precise de um tipo distinto de Morpheus ao longo das várias fases de seu desenvolvimento e para tarefas diferentes:

- Um Morpheus de pesquisa e desenvolvimento a fim de lhe dizer que o produto criado apresenta falhas;

- Um Morpheus de operações para avisá-lo que seus sistemas não são capazes de dar conta do volume de negócios;

- Um Morpheus de finanças no intuito de lhe mostrar que está gastando dinheiro demais (ou muito pouco);

- Um Morpheus ético de modo a alertá-lo de que está adotando os valores errados.

Em uma startup, diversas pessoas se recusam a admitir algo. Algumas negações são boas — por exemplo, recusar-se a admitir que os "peritos" estão certos quando dizem que você não tem condições de ser bem-sucedido.

112 | GUY KAWASAKI

Você precisa de um Morpheus para ter plena consciência de que se recusa a admitir algo, caso essa negação prejudique a empresa.

CONSIGA UM ADVOGADO DO DIABO

De 1587 a 1983, a Igreja Católica designava certos indivíduos para que argumentassem contra a canonização (santificação) de determinado candidato. O papel do *advocatus diaboli*, ou advogado do diabo, era tentar descobrir faltas cometidas pelos candidatos de modo a garantir que os canonizados fossem santos, de fato.

Quando a prática terminou, em 1983, após a eleição do papa João Paulo II em 1978, ocorreu um boom de canonizações. Sendo mais específico, a Igreja canonizou quinhentas pessoas durante o papado de João Paulo II; antes, durante os mandatos de todos os seus predecessores do século XX, apenas 98 pessoas haviam sido canonizadas.

Um Morpheus e um advogado do diabo não são a mesma coisa. Um Morpheus lhe conta a verdade — boa ou ruim. Um advogado do diabo lhe diz o que há de ruim, ainda que ele não acredite em si próprio. A existência desse papel é uma declaração positiva porque mostra que a crítica é aceitável e que a gerência está aberta a opiniões contrárias. Além disso, um advogado do diabo propicia a comunicação interna, pois torna-se uma pessoa com a qual os colaboradores desiludidos podem entrar em contato.

A advocacia do diabo não é indispensável a cada decisão — apenas às estratégicas. (O *advocatus diaboli* revisava somente os processos de canonização, não toda decisão doutrinal.)

CONTRATE ALGUÉM MELHOR DO QUE VOCÊ

Steve Jobs dizia o seguinte: gente "tipo A" contrata gente "tipo A"; gente "tipo B" admite gente "tipo C"; e gente "tipo C" emprega gente "tipo D". Adotando essa lógica, não demora muito tempo para chegar aos colaboradores "tipo Z" e, então, acaba-se fomentando o que se chama de "explosão de palhaços".

"Ótimas contratações não devem apenas ser melhores do que o CEO e a equipe gerencial, mas também diferentes."

Refinei o conceito de Jobs para "gente 'tipo A' contrata gente 'tipo A+'". Se há algo que um CEO tem de fazer é admitir uma equipe gerencial superior a ele. Se há algo que a equipe gerencial tem de fazer é empregar colaboradores melhores do que ela. Para que isso aconteça, o CEO e a equipe gerencial devem possuir três qualidades:

- A humildade de admitir que essas pessoas podem desempenhar uma função melhor do que eles;

- A capacidade de discernir quem é "tipo A+" ou "tipo A";

- A autoconfiança para recrutar essa gente "superior a mim".

Inúmeros empreendedores não se dão conta disso, porém as startups necessitam de três tipos de gente "A+", dependendo do estágio da empresa:

- Os camicases, dispostos a trabalhar oitenta horas semanais para conseguir lançar uma novidade;

114 | GUY KAWASAKI

- Os implementadores, sucessores dos camicases, responsáveis pela criação da infraestrutura;

- Operadores, satisfeitos em fazer funcionar um sistema já existente.

Assim, ótimas contratações não devem apenas ser melhores do que o CEO e a equipe gerencial, mas também diferentes. Startups precisam de pessoas com habilidades diversas que se complementem, e não se sobreponham, umas às outras.

Caso seja engenheiro, imagine uma startup repleta de engenheiros não tão bons quanto você. Trata-se de garantia de produtos de baixa qualidade. Agora, pense em uma startup cujo CEO é um vendedor melhor do que o vice-presidente de vendas, um homem de marketing com atuação superior ao do vice-presidente de marketing e um homem de finanças mais preparado do que o diretor-executivo financeiro. A mediocridade está assegurada.

EXERCÍCIO

Todos os que contratou são melhores, nas respectivas funções, do que você?

CONTRIBUA PARA O
APERFEIÇOAMENTO DAS PESSOAS

É fácil recomendar que contrate gente "tipo A ou A+", usando como exemplo a Divisão do Macintosh da Apple, mas, por certo, não se tratava de uma startup. Não irei voltar atrás e deixar de enfatizar a conveniência de contratar gente "tipo A ou A+", porém tenho consciência de que talvez uma startup nem sempre seja capaz de "cortejar" e conquistar tais pessoas.

E aí? A resposta não é rezar para angariar fundos a fim de conseguir contratar gente supercompetente. Isso leva muito tempo, e a gestão costuma preceder o financiamento, em vez de catalisá-lo. A resposta é empregar "pessoas viáveis mínimas" (MVPs!) que possam executar o trabalho a ser feito.

O conceito é o mesmo do MVP (produto viável mínimo) de Eric Ries. Se esperar até ter o produto ou a pessoa perfeita, pode ser tarde demais. Então, contrate "pessoas viáveis mínimas" e, assim como aprimora seu "produto viável mínimo", você também pode aperfeiçoar seus "colaboradores viáveis mínimos".

Pense a respeito disto: ninguém nasce sendo "tipo A ou A+". Todo mundo começou em algum lugar e cresceu. Leve em consideração quem iniciou a carreira como estagiário:

- Dick Cheney: Congresso (OK, esse não dá suporte à minha recomendação)

- Betsey Johnson: revista *Mademoiselle*

- Oprah Winfrey: WLAC-TV, Nashville

- Steven Spielberg: Universal Studios

Nem todo mundo se tornará, de fato, uma Johnson, uma Winfrey ou um Spielberg, gente "tipo A ou A+", contudo uma das tarefas primordiais da arte de liderar é dar uma chance às pessoas e fazer com que elas se aperfeiçoem.

CONCENTRE-SE NOS PONTOS FORTES

Admitir pessoas melhores do que você mesmo significa que contrata pelos pontos fortes e não pela falta de fraquezas.

Um líder excepcional emprega pessoas por seus pontos fortes e, então, lhes atribui tarefas que aproveitem tais forças. E emprega pessoas com outros pontos fortes para oferecer treinamento e assistência de modo a tratar das fraquezas dos demais colaboradores. É uma forma de capacitá-los para que façam o seu melhor — em vez de apenas "ir levando" sem expor essas fraquezas.

O mais importante é distinguir entre a contribuição individual e a capacidade de gerenciar outros. Isto é, talvez você decida contratar um engenheiro, ótimo em programação, ou um vendedor, excelente em vendas, mas nenhum dos dois seja capaz de gerenciar. Não há problema, desde que não coloque tais pessoas em posições gerenciais.

A assunção usual é que, com o tempo, as pessoas devam passar à gestão e oferecer menos contribuição individual. Trata-se de uma péssima assunção. Muitas devem permanecer como contribuintes individuais, posição relacionada a seus pontos fortes, embora contribuintes individuais considerados formidáveis possam, e devam, fazer a transição rumo à gestão.

TRATE PRIMEIRO DAS PRÓPRIAS FALHAS

Líderes notáveis tratam primeiro das respectivas falhas antes de criticarem os outros. Talvez suas deficiências tenham sido responsáveis pelas falhas dos que trabalham para você. Dizem que, se um gestor tem de demitir alguém, talvez a empresa precise demiti-lo também, porque a situação não deveria ter chegado a esse ponto.

A ARTE DO COMEÇO 2.0 | 117

Isso significa que você deve começar suas avaliações afirmando: "Poderia ter gerenciado você melhor." Pessoas que adotam a estratégia de autocrítica se tornam gestores melhores, pois assumem a responsabilidade por resultados ruins. Tão importante quanto, essas mesmas pessoas inspiram os colaboradores a buscar o aprimoramento, por causa do bom exemplo dado. Note: a palavra é "inspirar", não "amedrontar".

Líderes que deixam a desejar, em geral, comparam suas intenções aos resultados dos outros. "Pretendia atingir minhas metas, mas você não atingiu as suas." De alguma forma, é mais fácil arranjar desculpas para as próprias falhas do que compreender as alheias.

Você deve mudar de atitude e julgar a si mesmo pelo que alcançou, e os outros pelo que tencionavam fazer. Ou seja, você deve ser mais rígido consigo do que com os outros. Em longo prazo, você não pode continuar avaliando as pessoas pelas respectivas intenções se elas continuarem apresentando resultados ruins. Nesse caso, você precisa reconhecer que cometeu um erro de contratação ou treinamento.

NÃO PEÇA QUE OS COLABORADORES
FAÇAM ALGO QUE VOCÊ MESMO NÃO FARIA

Um dos meus programas de TV favoritos era *Dirty Jobs*. Seu astro, Mike Rowe, andava pelos Estados Unidos realizando atividades desagradáveis, como recolher o lixo, misturar tinta em uma fábrica, limpar esgotos, além de desempenhar todo tipo de trabalho repugnante em fazendas.

> **"Nunca peça que as pessoas façam algo que você mesmo não faria."**

Rowe ilustra um conceito-chave de liderança: nunca peça que as pessoas façam algo que você mesmo não faria. Tal conceito pressupõe que você não seja um louco masoquista, porém, dentro de limites razoáveis, o aproxima dos colaboradores e reduz quaisquer sentimentos de "nós contra eles".

EXERCÍCIO: COMPLETE ESTA TABELA.

Ação	Você faz isso?	Você pede que os colaboradores o façam?
Voar à noite em classe econômica		
Responder a todos os e-mails		
Chegar cedo e ficar até tarde		
Esvaziar a lata de lixo		
Tirar as próprias fotocópias		

A questão aqui não é tornar cada tarefa divertida — algo fora da realidade — nem assumir todas as atividades que ninguém gosta de fazer. O ponto é ter empatia com os colaboradores e trabalhar bem ao lado deles — isso é liderança.

CELEBRE O SUCESSO

Uma vitória parece ser suficiente para superar a dor de uma centena de perdas, então, comemorar os êxitos de uma empresa é uma maneira poderosa de motivar os colaboradores — sobretudo se enfatizar as conquistas em equipe em vez das individuais.

De acordo com Brenda Bence, autora de *How YOU Are Like Shampoo* [Como VOCÊ é como xampu, em tradução livre], celebrar o sucesso pode ter estes pontos positivos:

- Motiva os colaboradores a se dedicarem ainda mais ao trabalho;

- Une a equipe em torno de metas comuns;

- Eleva a mentalidade dos colaboradores, que passam a visar não somente as tarefas em andamento, mas também uma celebração;

- Comunica o tipo de meta que a empresa valoriza;

- Cria *momentum*, ou seja, gera impulso, ilustrando que o progresso está em andamento;

- Lembra-os de que trabalham para uma empresa vencedora.

Um alerta sobre celebrações: nos tempos de fartura, as startups ficam tentadas a promover superfestas, em hotéis caríssimos, com apresentadores famosos. Essa prática é um desperdício de dinheiro e uma péssima mensagem para os colaboradores. As palavras-chave devem ser "divertida" e "legal", não "extravagante" e "impressionante".

O Industrial Extension Service da Universidade Estadual da Carolina do Norte, por exemplo, comemorou seu sucesso que gerou US$1 bilhão pela criação do Manufacturing Makes It Real tour, um tour de ônibus pelas empresas de manufatura do estado. A cada parada do ônibus, pessoas da universidade coletavam amostras de produtos dos fabricantes e enviavam essas amostras ao governador do estado. Era divertido para os colaboradores da universidade assim como para os colaboradores de todas as empresas visitadas pelo ônibus. Este é um exemplo de boa comemoração.

SELECIONE O QUADRANTE CERTO

Robert Sutton é professor na Universidade de Stanford e autor de *Bom chefe, mau chefe: como ser o melhor — e aprender com o que há de pior*. Ele compilou esta lista de 12 crenças de bons chefes. Pense nisto como um "Manifesto do bom chefe".

1. Não compreendo muito bem como é trabalhar para mim.

> "Eu me esforço para ser confiante o suficiente a ponto de convencer as pessoas de que estou no comando, porém humilde o bastante para perceber que, muitas vezes, estarei errado."

2. O sucesso — meu e da equipe — depende muito mais do domínio de coisas óbvias e mundanas do que de ideias ou métodos mágicos, obscuros ou avançados.

A ARTE DO COMEÇO 2.0 | 121

3. Ter ambição e metas bem-definidas é indispensável, mas é inútil pensar demais nelas. É meu dever focar nas vitórias simples, que capacitam a equipe a fazer pequenos progressos diários.

4. Uma das partes mais importantes, e difíceis, do trabalho é atingir o equilíbrio sutil entre ser assertivo de mais ou de menos.

5. Tenho a função de agir como um escudo humano, protegendo a equipe de intrusos, distrações e imbecilidades de todos os tipos — e de evitar impor minhas próprias bobagens também.

6. Eu me esforço para ser confiante o suficiente a ponto de convencer as pessoas de que estou no comando, porém sou humilde o bastante para perceber que, muitas vezes, estarei errado.

7. Busco lutar como se estivesse certo e escutar como se estivesse errado — e ensinar à equipe a fazer o mesmo.

8. Um dos melhores testes da própria liderança — e de minha empresa — é: "O que acontece após um erro ser cometido?"

9. Inovação é crucial a qualquer equipe e empresa. Então, trabalho no intuito de encorajar meus colaboradores a gerar e testar todo tipo de nova ideia. Além de ajudá-los a matar as ideias ruins que geramos, e a maior parte das boas também.

10. O mal é mais forte do que o bem. É mais importante eliminar o que há de negativo em vez de acentuar o que é positivo.

11. Como faço é tão importante quanto o que faço.

12. Como exerço poder sobre os outros, tenho grandes chances de agir como um imbecil insensível — e não perceber isso.

Esse *check-list* também irá auxiliá-lo a selecionar o quadrante certo na única matriz dois por dois de que precisa saber como um líder:

	Incompetente	Competente
Não idiota	Terceiro mais desejável	Mais desejável
Idiota	Menos desejável	Segundo mais desejável

> **EXERCÍCIO**
>
> Se pedisse a seus colaboradores para encaixá-lo em um desses quadrantes, qual seria?

MUDE SUA FORMA DE PENSAR

Na apresentação do primeiro iPhone, em junho de 2007, Steve Jobs anunciou: "Nossa abordagem inovadora, utilizando padrões de web 2.0, permite que os desenvolvedores criem novos e incríveis aplicativos enquanto mantêm o iPhone seguro e confiável." Tradução: a Apple não permitiria apps no iPhone. A única maneira de agregar funcionalidade era por meio de um software de plug-in para o Safari (o navegador do iPhone). A Apple fez isso a fim de manter os seus telefones "seguros e confiáveis".

A ARTE DO COMEÇO 2.0 | 123

Onze meses depois, este era o título de um comunicado da Apple à imprensa: "Executivos da Apple apresentam as plataformas de desenvolvimento do Mac OS X Leopard e do iPhone OS X no keynote da WWDC* 2008." Tradução: a Apple agora queria programadores que criassem aplicativos para os iPhones. O resultado esperado era: "Há um app para isso."

Muitas pessoas consideram esse tipo de mudança um sinal de desconhecimento ou fraqueza — alterar a política sugeria que a Apple estava errada e não sabia o que fazia. Seguindo tal linha de raciocínio, os líderes não deveriam modificar a forma de pensar — ou, pelo menos, esconder o fato caso o fizessem.

Nada está tão longe da verdade. Ao mudar de opinião publicamente, os líderes se mostram astutos o suficiente para perceber que cometeram um erro, seguros o bastante para admitir o erro, e dispostos a arriscar a própria reputação para fazer o que é certo. Todos os resultados são bons; então, mude seu modo de pensar e mostre isso.

Reflita sobre a questão desta maneira: se está dirigindo uma startup e não é capaz de mudar o próprio pensamento com certa rapidez, quando conseguirá? À medida que a empresa crescer, ficará cada vez mais difícil alterar sua forma de pensar.

DIGA AOS COLABORADORES
QUE ELES SÃO DESEJADOS

De acordo com Michael Lopp, autor de *Managing Humans: Biting and Humorous Tales of a Software Engineering Manager*

---

*Abreviação de *Apple Worldwide Developers Conference*, conferência oficial da Apple para desenvolvedores. (*N. da T.*)

124 | GUY KAWASAKI

[Gerenciando humanos: contos mordazes e bem-humorados de um gerente de engenharia de software, em tradução livre], as três palavras primordiais durante o processo de recrutamento são: "Nós queremos você." Ou seja, é tarefa sua lembrar aos candidatos de que a startup os quer, e que eles são as pessoas mais indicadas para o trabalho.

Quando o desemprego é grande, é possível pensar que está diante de um mercado de compradores e que essa atitude é desnecessária. Está errado porque, quando se trata de gente notável, o mercado é sempre de vendedores. *Sempre*.

Uma vez que decida contratar alguém, jogue charme: deixe claro que quer a pessoa em sua equipe, convide-a para uma visita ao escritório, faça com que outros colaboradores a levem para tomar uns drinques e peça a opinião dela. O momento mais perigoso no processo de contratação ocorre depois que a pessoa já pediu demissão da empresa anterior, está cumprindo o aviso prévio e, portanto, ainda não começou a trabalhar na sua. É nesse período que a pessoa receberá uma contraproposta e estará vulnerável a outras formas de persuasão para permanecer no antigo emprego. Se a empresa não fizer esse tipo de esforço, você deve se preocupar por talvez estar admitindo alguém inferior ao perfil desejado.

Até o novo colaborador aparecer no primeiro dia de trabalho, não se pode considerá-lo de fato contratado. Mesmo depois, você não deve relaxar. Imagine que uma empresa fez uma proposta de emprego a um excelente colaborador seu, e ele aceitou. Quando irá parar de tentar convencê-lo a mudar de ideia? Eu não desistiria até ele completar um mês no novo emprego.

DIGA ISTO

A última dica de liderança é para encorajá-lo a incorporar as quatro expressões seguintes às conversas com colaboradores, clientes, investidores e parceiros. Quanto melhor o líder, menor a hesitação em usar estas expressões:

- "Não sei"
- "Obrigado"
- "Faça o que achar certo"
- "É culpa minha"

Não vou alegar que alguns dos líderes mais aclamados e prósperos nunca proferiram tais expressões, mas, provavelmente, foram exceções que desafiaram muitas práticas boas. Não estou convencido de que alguém tenha de ser um idiota para ser bem-sucedido.

Adendo

Minicapítulo: Como gerenciar uma diretoria

Estar no exército é como fazer parte de um grupo de escoteiros, a diferença é que os escoteiros são supervisionados por adultos.

— Blake Clark

Este minicapítulo explica a arte de gerenciar uma diretoria. É uma habilidade que você necessita dominar, pois pode significar sua sobrevivência e, pelo menos, uma margem de segurança maior ao dirigir a startup.

A primeira questão é decidir quando compor a diretoria. Em caso de investimento externo, é preciso criar uma diretoria porque os investidores irão querer se meter na maneira como você administra a empresa. Mesmo que eles não queiram, você deve criar uma diretoria ao aceitar o dinheiro das pessoas de modo a estabelecer altos padrões fiduciários.

"As chances de você não precisar de supervisão, por saber o que está fazendo e ser 'sua' empresa, são zero."

---

128 | GUY KAWASAKI

A segunda questão é a composição da diretoria. Os principais investidores exigirão participar; logo, algumas escolhas são feitas querendo você ou não. Em geral, é fundamental dispor de gente com dois tipos de expertise: construção de empresas e profundo conhecimento do mercado. Confira as funções típicas a serem desempenhadas:

- **O "CLIENTE"**. É quem compreende as necessidades dos clientes. Não tem de ser um deles, porém deve saber bem o que seu mercado quer comprar.

- **O "GEEK"**. Esse "gênio" propicia um controle realista dos esforços de desenvolvimento. Por exemplo, a tecnologia está desafiando as leis da física? Mesmo que a startup não seja da área de tecnologia, a pergunta permanece: o empreendimento é possível?

- **O "PAIZÃO"**. Trata-se do pacificador na diretoria. Colabora com sua ampla experiência e maturidade, auxiliando a mediar as questões e a solucionar os problemas.

- **O "MORPHEUS"**. É o mesmo tipo de sujeito difícil mencionado antes, mas que integra a diretoria. Ao identificar uma mentira, ele lhe diz que você está blefando. Ainda defende a adoção de práticas totalmente legais e éticas.

- **O "JERRY MAGUIRE"**. É o "Sr. Conexões". Seu recurso mais relevante é o arquivo de contatos da indústria, além da boa vontade de cedê-lo para uso da startup.

A terceira questão é criar um bom relacionamento profissional com os membros da diretoria. Você deve promover

A ARTE DO COMEÇO 2.0 | 129

reuniões mensais da diretoria ou, no mínimo, trimestrais. Talvez você considere isso perda de tempo, porém é indispensável estabelecer uma atmosfera de disciplina e responsabilidade. As chances de você não precisar de supervisão, por saber o que está fazendo e ser "sua" empresa, são zero.

Seguem algumas dicas:

- **SALVE AS ÁRVORES.** Quanto menos papel, melhor. É um erro atolar a diretoria em documentação, pois essa gente é superocupada. Prepare relatórios contábeis e financeiros de cinco páginas, aproximadamente. Tais relatórios devem incluir demonstrações de perdas e lucros, projeções do fluxo de caixa, balancete, além de uma lista de conquistas e problemas.

- **POUPE TEMPO.** O ideal é que as reuniões de diretoria sejam mensais, de duas a três horas. E, para que esses encontros funcionem, é necessário se organizar: relatórios preparados com antecedência, relatórios de acompanhamento de reuniões anteriores feitos e, claro, ter em mente que se trata de reunião profissional, não de um encontro de socialização. Caso queira socializar, em outra oportunidade, dê uma olhada nos eventos próximos, pelos aplicativos e pelas mídias sociais.

- **MOSTRE INDICADORES ÚTEIS.** Relatórios contábeis e financeiros não são suficientes. Indicadores não financeiros — como número de clientes, instalações e visitantes de seu site na internet — também são essenciais. Tais informações devem acrescentar, no máximo, três ou quatro páginas aos relatórios.

- **PREPARE O QUE FOR SIMPLES ANTES.** As reuniões de diretoria são o momento e o local para debater questões estratégicas — não apenas repassar informações de relatórios. Você deve minimizar o tempo gasto comunicando os fatos e maximizá-lo de modo a descobrir como melhorá-los no futuro. Por isso, vale a pena enviar os relatórios com antecedência. No entanto, não pressuponha que eles serão lidos pelos diretores — você ainda terá de recapitulá-los na reunião.

- **PREPARE O QUE FOR COMPLICADO ANTES TAMBÉM.** Uma reunião de diretoria é o local mais impróprio, além de ser a pior hora, para dar más notícias — a menos que queira ser "atacado por um bando de hienas". Quando tiver de dar uma notícia ruim, converse primeiro com cada membro da diretoria, em particular, e explique as circunstâncias. Peça ideias que solucionem o problema.

- **OBTENHA FEEDBACK E ANTECIPE A VENDA DE SUAS IDEIAS.** No intuito de nunca surpreender uma diretoria com más notícias, prepare os integrantes com muita antecedência a respeito de quaisquer decisões-chave. Caso saiba que uma questão imprescindível será discutida na próxima reunião, converse com cada um antes. Assim, é possível que consiga o feedback que mudará sua perspectiva sobre a decisão.

PERGUNTAS EVITADAS COM FREQUÊNCIA

P: Como saber se nasci para ser líder?

R: Ninguém nunca sabe isso com antecedência. Em geral, uma função de liderança lhe é confiada, e você cresce

A ARTE DO COMEÇO 2.0 | 131

ao incorporá-la. Por agora, não se preocupe muito com isso. Foque em criar um MVVVP (produto válido valioso viável mínimo), levá-lo ao mercado, aperfeiçoá-lo e monetizá-lo. É o que conta.

P: O que fez de Steve Jobs um líder tão excepcional?

R: O termo "singular" denota ser o único desse tipo. Steve Jobs era singular. Ele combinava a capacidade de criar o que as pessoas não sabiam que iriam querer com um nível místico de bom gosto. Era um perfeccionista, e não aceitava ouvir bobagens de ninguém. Não dá para dizer que era fácil trabalhar para ele, mas considero uma honra ter integrado sua equipe.

P: O que fazer se alguém não tiver um bom desempenho? Devo demitir a pessoa?

R: Não é tão simples assim. Identifique o motivo real pelo qual a pessoa falhou. É possível que existam problemas além do controle dela. Identifique tais problemas e solucione o que for capaz. Uma boa regra prática é agir como gostaria que a diretoria procedesse com você: aplicar o princípio do *due process of law*, o devido processo legal. Ao esgotá-lo, decida e aja.

P: Como recrutar diretores?

R: A ideia geral é conseguir pessoas experientes que acreditem em seu sonho tanto quanto você. Trata-se de um longo processo — pode levar até seis meses. A sequência adequada é: primeiro, fazer com que acreditem no sonho; depois, convidá-los para integrar a diretoria. Não o contrário.

132 | GUY KAWASAKI

P: Como tirar o melhor proveito possível da diretoria?

R: Você tem de pedir. De forma surpreendente, vários empreendedores se sentem intimidados demais por suas diretorias para gerenciá-las. Designe tarefas, responsabilizando os membros do grupo pela execução. Eles também o responsabilizam.

O melhor a fazer é promover reuniões individuais ocasionais, mesmo quando os problemas ou questões-chave não forem iminentes. Assim, você receberá conselhos que não receberia em uma reunião em grupo e, ao pedir conselhos, construirá laços fortes.

LEITURAS RECOMENDADAS

Adams, Scott. *How to Fail at Almost Everything and Still Win Big: Kind of the Story of My Life*. Nova York: Portfolio, 2013. [Como falhar em quase tudo e ainda ganhar muito: a história da minha vida, em tradução livre.]

Pink, Daniel. *Drive: The Surprising Truth About What Motivates Us*. Nova York: Riverhead Books, 2011. [Drive: a surpreendente verdade sobre o que nos motiva, em tradução livre.]

Sutton, Robert I. *Chega de babaquice! The No Asshole Rule. Como transformar um inferno em um ambiente de trabalho sensacional!* Rio de Janeiro: Elsevier, 2007.

4. A arte de fazer *bootstrapping*

Não há problema em mirar alto se você tiver bastante munição.

— Hawley R. Everhart

Grandes ideias para se começar algo

Bill Reichert, meu sócio na Garage Technology Ventures, gosta de dizer aos empreendedores que a probabilidade de ser atingido por um raio quando estiver deitado no fundo de uma piscina em um dia ensolarado, é maior do que a de levantar capital de risco. Não é exagero. As chances são piores!

A maioria dos empreendedores tem de "fazer das tripas coração" enquanto sobrevive à base de "feijão com arroz". Felizmente, os custos iniciais, antes altíssimos, agora são baixos ou até mesmo gratuitos. Começar uma startup por *bootstrapping,* isto é, recorrer ao autofinanciamento com os poucos recursos existentes, é mais viável hoje do que em qualquer outra época na história pelos seguinte motivos:

- As ferramentas de desenvolvimento são de fonte aberta ou livre;

- A infraestrutura é barata por causa dos serviços na nuvem;

- Os aplicativos na nuvem, na camada do meio, facilitam e agilizam o desenvolvimento;

- Os colaboradores são capazes de trabalhar de modo virtual ou você pode contratar freelancers, precisando de menos espaço no escritório;

- A forma de marketing com maior potencial também é a mais em conta: mídias sociais.

É um mundo maravilhoso! Este capítulo explica como sobreviver aos primeiros dias, críticos e descapitalizados, de uma startup com você se erguendo por conta própria, "pelas alças de suas botas".*

GERENCIE PARA OBTER FLUXO DE CAIXA, NÃO LUCRATIVIDADE

No começo do *New Yorker*, a redação era tão pequena e com tão pouco mobiliário que Dorothy Parker preferia passar os dias em uma cafeteria próxima. Certa vez, o editor a encontrou ali sentada.

— Por que não está lá em cima, trabalhando? — indagou Harold Ross.

---

*O termo *boostrapping* deriva de *bootstrap*, a alça da bota que ajuda a pessoa a se calçar. (*N. da T.*)

— Porque havia alguém usando o lápis — explicou a Sra. Parker.*

Empreendedores são capazes de gerenciar qualquer negócio por meio de *bootstrapping* — sobretudo, se não tiverem escolha. Um modelo de negócios baseado em *bootstrapping* apresenta as características a seguir:

- Baixos requisitos de capital inicial

- Ciclos de venda curtos (inferiores a um mês)

- Prazos de pagamento curtos (inferiores a um mês)

- Renda recorrente

- Marketing via mídias sociais e propaganda "boca a boca"

"Fazer *bootstrapping* consiste em gerenciar com foco no fluxo de caixa, não na lucratividade."

Tais requisitos apontam para produtos e mercados-alvo com estas características:

- As pessoas já sabem que precisam de seu produto ou isso logo se torna óbvio. Você não tem de educar os potenciais clientes sobre a própria aflição, ou seja, necessidade.

---

*Peter Hay, *The Book of Business Anecdotes* (Nova York: Wings Books, 1988), 149. [O livro de anedotas de negócios, em tradução livre.] (*N. do A.*)

136 | GUY KAWASAKI

- Seu produto é "autopersuasivo",* ou seja, ao reconhece-rem a própria necessidade e como você a soluciona, as pessoas são capazes de se autoconvencerem a comprar o que está oferecendo.

- Uma megatendência do mercado, de dimensão simi-lar à de um tsunami, é derrubar barreiras. A internet foi um exemplo. (No entanto, vale lembrar que toda onda acaba por perder energia; logo, quando isso acontecer, você precisa dispor de uma "empresa de verdade".)

- Você pode se aproveitar de um produto de sucesso, com uma ampla base já instalada, e, assim, reduzir o risco.

Fazer *bootstrapping* consiste em gerenciar com foco no fluxo de caixa, não na lucratividade. Não se trata de um plano em longo prazo; porém, deve ser seguido à risca até você estar sentado em uma pilha de dinheiro.

VIVA NA NUVEM

Até 2010, aproximadamente, caso começasse um negócio na área de tecnologia, você tinha de encher uma sala com servidores e contratar gente para mantê-los funcionando. Precisava ainda de dispor de um aplicativo, site na internet e dados em múltiplos locais de modo que, se um desastre

---

*Michael Schrage, "Letting Buyers Sell Themselves," *MIT Technology Review* (outubro de 2003): 17. (*N. do A.*)

A ARTE DO COMEÇO 2.0 | 137

acabasse com o escritório, as instalações de backup poderiam assumir o controle.

No início de 2010, tudo mudou, e o hardware que a maioria das startups tinha de comprar se restringia a laptops para os colaboradores. Naquela altura, os computadores principais estavam na nuvem — ou seja, em servidores de empresas, como a Rackspace e a Amazon Web Services, especializadas em serviços de hospedagem, comércio eletrônico (e-commerce), bases de dados e aplicativos via internet.

Isso permitia às startups gastar alguns milhares de dólares mensais por toda a capacidade necessária em vez de milhares de dólares por servidor. No geral, a infraestrutura de nuvem proporciona grandes vantagens:

- **VIABILIDADE FINANCEIRA.** Ao calcular os custos totais para adquirir infraestrutura própria (hardware, software, equipe, redundância), o pagamento por utilização de infraestrutura de nuvem é bem óbvio, além de ser um ponto forte de vendas.

- **ADAPTABILIDADE.** Necessidades de capacidade e desempenho podem mudar com rapidez. Sistemas de nuvem conseguem adaptar tais demandas à medida que fluem e refluem — o ideal é que as primeiras superem as últimas. No início de tudo isso (pré-2010), o aumento da capacidade levaria alguns dias, porém os fornecedores de nuvem são capazes de alterar algumas configurações e ampliar a alocação — se isso não for feito de forma automática.

- **CONFIABILIDADE.** Há centenas de pessoas em empresas como Rackspace e Amazon, cuja função primária é garantir que tudo funcione bem. É verdade que essas empresas são alvos óbvios de ataques cibernéticos, mas, no fim das contas, os sistemas de nuvem são mais confiáveis do que aqueles que você pode montar por conta própria.

ESQUEÇA A EQUIPE
"COM EXPERIÊNCIA COMPROVADA"

Experiência é o nome que todo mundo dá aos próprios erros.

— Oscar Wilde

Caso esteja fazendo *bootstrapping*, esqueça a ideia de recrutar veteranos do ramo industrial, aqueles superconhecidos, e montar a equipe dos sonhos. Em vez disso, foque na viabilidade financeira — ou seja, jovens inexperientes repletos de talento, energia e curiosidade.

"Às vezes, a ignorância bem-aventurada é bastante empoderadora."

Contratar pessoas sem experiência comprovada talvez diminua as perspectivas de levantar capital de risco, contudo a tabela a seguir mostra como é fácil argumentar a favor delas.

	Com experiência comprovada	Sem experiência comprovada
Salário	Alto, mas nem sempre você recebe pelo que pagou	Baixo, e quase sempre você recebe mais pelo que pagou
Benefícios	Secretárias, hotéis quatro estrelas, viagens na primeira classe, limusines e equipamento de alta qualidade	Restaurantes self-service, hotéis baratos de beira de estrada, viagens na classe econômica, Uber e equipamento comprado em leilões
Nível de energia	Ainda alto, idealmente	Controlável, idealmente
Conhecimento	Não admitem o que não sabem, todavia você presume que saibam tudo	Desconhecem o que não sabem, portanto estão dispostos a tentar o impossível

Desses fatores, o último é imprescindível: a ignorância não só é uma bênção, é empoderadora. Leve em consideração a história fantástica do Dr. George Dantzig, professor de pesquisa operacional na Universidade de Stanford. Certa vez, enquanto ainda cursava o doutorado na Universidade da Califórnia, em Berkeley, ele chegou atrasado para uma aula de estatística e se deparou com dois problemas escritos no quadro, supondo serem lição de casa.

Na verdade, aqueles eram teoremas estatísticos não comprovados. Sem saber, Dantzig levou ambos para casa e os resolveu. De acordo com Dantzig, quando perguntou ao professor sobre um tema adequado à tese, ele lhe disse para "encadernar os problemas, pois iria aceitá-los como (sua) tese".

De volta aos anos 1980, eu não compreendia os desafios de ser um evangelista de um novo sistema operacional, então, quando a Apple me ofereceu um emprego, aceitei na hora. Depois do Macintosh, aprendi o quanto isso é difícil e jamais tentaria fazê-lo de novo. Eis o principal problema com gente experiente: sabemos muito.

Se eu soubesse o quão difícil seria minha tarefa, não teria me esforçado para executá-la. Se Dantzig tivesse ciência da complexidade do suposto dever de casa, é possível que não tivesse se empenhado em resolvê-lo. Às vezes, a ignorância bem-aventurada é bastante empoderadora.

EXERCÍCIO

Acesse a internet e investigue a formação destes empreendedores quando deram início às respectivas empresas. Quantos tinham a formação "correta" para começar o negócio?

Bill Gates, Microsoft
Michael Dell, Dell
Pierre Omidayar, eBay
Jerry Yang, Yahoo!
Anita Roddick, The Body Shop

INICIE COMO SERVIÇO

Uma das vantagens de uma empresa de serviço é que o movimento do fluxo de caixa começa em semanas. Uma

A ARTE DO COMEÇO 2.0 | 141

empresa de software é o exemplo clássico dessa forma de *bootstrapping*. O conto de fadas se desenrola da seguinte maneira:

- Alguns programadores se juntam a fim de oferecer serviços para um nicho de mercado. Operam como consultores — assessorando o cliente com relação a aspectos práticos. O pagamento é por hora e efetuado em trinta dias.

- Enquanto oferecem tais serviços, esses programadores desenvolvem uma ferramenta de software para o cliente. Conforme ampliam a clientela, seguem aprimorando a ferramenta. Logo se dão conta da existência de várias empresas capazes de utilizá-la.

- Eles financiam o desenvolvimento da ferramenta com o valor recebido pela consultoria. A essa altura, a consultoria já cresceu, proporcionando uma base de capital estável.

- Concluem o desenvolvimento da ferramenta e tentam vendê-la a não clientes. As vendas "decolam". A empresa deixa de prestar consultoria, pois tal prática não "alavanca" o negócio.

- A empresa abre o capital ou é adquirida pela Google. Os colaboradores antigos compram automóveis da Tesla e vinícolas.

Em geral, contos de fadas não se tornam realidade. Outra versão dessa história, um pouco menos colorida, se desenrola da seguinte forma:

- Dois sujeitos têm uma ideia para uma startup de software. Eles vão tirar a Oracle, a Microsoft ou a Symantec do mercado.

- Ambos começam criando o produto. Talvez levantem capital de risco. Talvez levantem capital de um investidor-anjo. Talvez apenas passem fome.

- Pela primeira vez na história da humanidade, o desenvolvimento demora mais do que o esperado pelos empreendedores. Além disso, os clientes não estão propensos a comprar um produto criado por dois sujeitos em uma garagem. A verba da startup começa a escassear.

- No intuito de arranjar capital, os dois sujeitos decidem que devem prestar consultoria. Com o produto semiacabado em mãos, ambos saem à procura de qualquer negócio. Racionalizam essa decisão como um passo positivo por ser um meio de ajudá-los a desenvolver o produto de que os clientes precisam.

- Para surpresa de todos, os clientes *realmente* necessitam do produto. Os desenvolvedores o finalizam e passam a vendê-lo. As vendas "decolam", e a dupla deixa de prestar consultoria, pois tal prática não "alavanca" o negócio.

- A startup abre o capital ou é adquirida pela Google. Os colaboradores antigos compram automóveis da Tesla e vinícolas.

Conseguir que os clientes custeiem sua pesquisa e desenvolvimento é somente uma estratégia temporária para uma empresa com base em produto. Em longo prazo, uma empresa de serviço difere bastante de uma empresa de produto. A primeira consiste em mão de obra e faturamento por horas ou projetos. A segunda foca em pesquisa e desenvolvimento, envio de mercadoria e distribuição de custos pelos milhares de downloads feitos a partir de servidores.

VÁ DIRETO

Diversas startups tentam implementar um sistema de distribuição estratificada: vendem para um revendedor, que repassa ao usuário final. A ideia é que um revendedor, já estabelecido, traga os benefícios de uma força de vendas, consciência de marca e relações pré-existentes com clientes.

Seja como for, esse é o conceito que costuma fracassar. Afinal, a maioria dos revendedores quer atender à demanda, não a gerar. Não há interesse em ajudar você a estabelecer um mercado — querem se aproveitar de um já existente. Por mais marxista (mais para o groucho-marxismo) que isso possa parecer, talvez você não necessite de nenhum revendedor que o aceite.

Há ainda outras três questões a serem ponderadas ao se considerar um sistema de distribuição estratificada:

- Esse sistema de distribuição isola você do cliente. Com um novo produto, é preciso saber o que há de errado e o que dá certo, o mais rápido possível, e sem tantos filtros.

- Como a margem de lucro é bem menor, você tem de gerar um volume de vendas maior, e é difícil atingir um volume grande como startup.

144 | GUY KAWASAKI

- Demora-se muito para convencer os distribuidores a aceitar seu produto e fazer com que chegue às mãos dos consumidores por meio desse sistema.

Diante de todos os motivos listados, você deveria começar a vender direto aos consumidores. Assim que tiver aprimorado o produto e montado uma carteira de clientes, pode recorrer aos revendedores para acelerar, expandir ou complementar seus esforços. Mas não pense que eles são capazes de estabelecer o produto no mercado por você ou dar feedback quanto à qualidade que você receberia se vendesse aos clientes diretamente.

ASSUMA UM POSICIONAMENTO CONTRÁRIO AO DO LÍDER

Seth Godin, autor de *The Bootstrapper's Bible: How to Start and Build a Business with a Great Idea and (Almost) No Money* [Bíblia do adepto de *bootstrapping*: como começar e construir um negócio com uma ótima ideia e (quase) sem dinheiro, em tradução livre], propõe como uma técnica de *bootstrapping* posicionar-se contra o líder do mercado. Em vez de tentar lançar o produto do zero, você adota o conhecimento de marca da concorrência, já existente. Veja alguns exemplos de como fazer isso:

- Lexus: "Tão bom quanto uma Mercedes ou um BMW, porém 30% mais barato."

- Southwest Airlines: "To barato quanto viajar de carro."

- 7UP: "A anticola."

- Avis (locadora de automóveis): "A gente se esforça mais." (Do que a Hertz.)

"Ao gastar milhões de dólares e anos de esforço para fixar sua marca, a concorrência lhe prestou um enorme favor."

Assumir um posicionamento contrário ao dos líderes ou adotar formas padrão de fazer negócio podem economizar muitos dólares despendidos em marketing, relações-públicas, promoção e propaganda. Então, selecione um produto excelente de sua indústria, aquele considerado "de ouro", e identifique seu diferencial, algo superimportante como:

- Custo

- Facilidade de uso

- Conveniência

- Design industrial

- Confiabilidade

- Velocidade/desempenho

- Variedade de opções

146 | GUY KAWASAKI

- Serviço de atendimento ao cliente

- Localização geográfica

Ao gastar milhões de dólares e anos de esforço para fixar sua marca, a concorrência lhe prestou um enorme favor. No entanto, há um inconveniente, pois um posicionamento de sucesso contra um líder requer três condições:

- Que tal posicionamento valha a pena e continue assim. Ilustrando: imagine se posicionasse a startup contra a Enron, na época em que era a "queridinha" de Wall Street.

- Que o líder não se organize e acabe com sua vantagem — por exemplo, caso você posicione seu computador como sendo tão veloz quanto o da IBM e a IBM reaja lançando um modelo ultraveloz.

- Que seu produto supere o da concorrência de modo verdadeiro, perceptível e significativo. Do contrário, ninguém dará importância a seu bombardeio publicitário. Pior, você perderá credibilidade, e credibilidade é algo difícil de reconquistar.

Ainda assim, em curto prazo, posicionar-se contra o líder do mercado é uma técnica útil e de baixo custo para explicar o que o seu produto faz.

DÊ ATENÇÃO AO QUE É RELEVANTE

A prática de *bootstrapping* começa a dar errado quando os empreendedores focam em economizar centavos em detrimento do panorama geral. Construir as próprias mesas não é motivo para dar início a uma empresa (nem gastar o capital de risco para fazer da Herman Miller uma empresa maior). Confira a seguir uma lista de aspectos indispensáveis, e outros nem tanto, a serem gerenciados pelos empreendedores:

ASPECTOS DE MAIOR RELEVÂNCIA

- Desenvolvimento do MVVVP (produto viável valioso válido mínimo)

- Venda do produto

- Aprimoramento do produto

ASPECTOS DE MENOR RELEVÂNCIA

- Cartões de visita e papel timbrado

- Material de escritório

- Mobiliário

- Equipamento de escritório

Portanto, cuide dos aspectos de menor relevância de maneira rápida e boa o suficiente — não perfeita. Rick Sklarin, ex-consultor da Accenture, diz o seguinte: "Vá à Costco* e pronto." Depois, foque sua atenção e seus recursos nos aspectos de maior relevância, que são o que contam de verdade.

---

*A Costco é uma empresa varejista norte-americana. (*N. da T.*)

> **EXERCÍCIO**
>
> Da próxima vez que aparecer alguma coisa sem a qual você não pode viver, aguarde uma semana e, então, confira se ainda está vivo.

FALTA DE FUNCIONÁRIOS E TERCEIRIZAÇÃO

Há uma pergunta antiquíssima com a qual os CEOs se deparam: o que é pior, deixar de ganhar dinheiro, por não ser capaz de lidar com todos os aspectos do negócio, ou dispensar pessoal por haver superestimado as receitas?

"Se quiser fazer o *bootstrapping* de sua empresa, reduza o quadro de funcionários."

Sinto zumbido nos ouvidos só de pensar em deixar de ganhar dinheiro, porém dispensar funcionários é muito pior. Gente demais provoca uma péssima reação em cadeia. Logo, lidar com isso não é uma mera questão de reduzir o efetivo operacional:

- Espaço excessivo preso a um contrato de locação de longo prazo;

- Mobiliário e computadores em grande quantidade;

- Trauma na empresa quando as pessoas são dispensadas;

A ARTE DO COMEÇO 2.0 | 149

- Trauma na vida das pessoas dispensadas;

- Tentativa de contratação de colaboradores de tipos diversos (adequados à nova realidade) em meio à dispensa dos outros;

- Esforço no intuito de convencer o mundo de que você não está implodindo.

Se quiser fazer o *bootstrapping* de sua empresa, reduza o quadro de funcionários. Uma solução em curto prazo para problemas que talvez enfrente com um baixo efetivo operacional é terceirizar tantas funções não estratégicas quanto possível. Terceirizar funções estratégicas como pesquisa e desenvolvimento, marketing e vendas é um risco, pois constituem a base da startup. Candidatos à terceirização incluem:

- Serviço de atendimento ao cliente

- Assistência técnica

- Contabilidade

- Gestão de instalações

Um exemplo fantástico do oposto de *bootstrapping* é o da Webvan, mercearia on-line que foi à falência na implosão das empresas pontocom em 2001. Certa vez, a Webvan fez uma encomenda no valor de US$1 bilhão à Betchel, empresa de engenharia, para construir instalações em 26 mercados. Quando o CEO — George Shaheen, ex-diretor executivo da Accenture, antes popular como um astro do rock —

quebrou a empresa, ela prometeu lhe pagar US$375 mil por ano pelo resto da vida. Tudo o que posso dizer é: "Ah, meu Deus!"

FOQUE NA FUNÇÃO, NÃO NA FORMA

Visando gastar dinheiro com sabedoria, foque na função que necessita desempenhar, não na forma assumida. Por exemplo, nem sempre é preciso recorrer a uma firma de renome (forma) para tratar de questões jurídicas, de contabilidade, de relações públicas, de marketing ou de recursos humanos (função).

Área	Forma	Função
Jurídico	Escritórios ao redor do mundo para a clientela das empresas da Fortune 500, além de camarotes em eventos esportivos.	Compreender as responsabilidades legais, proteger seus bens e facilitar negociações.
Contabilidade	Status no nível das seis maiores empresas de auditoria do mundo (*Big Six*), com ex-clientes na prisão, além de painéis de madeira maciça nas salas de conferência.	Controlar custos e garantir solidez fiscal.
Relações-públicas	Representantes de contas com ótima aparência, diplomados em história da arte oriental, afirmando na coletiva de imprensa, planejada por eles e orçada em US$100 mil, que você é um excelente orador.	Criar e atuar como adeptos de um posicionamento eficaz, além de estabelecer contatos estreitos com a imprensa e os blogueiros.

Área	Forma	Função
Marketing	Uma parede repleta de prêmios por comerciais de TV e anúncios impressos, com colaboradores que não fazem nada a não ser comprar espaço na mídia.	Compreender e atingir seus clientes, fazendo com que os atuais atraiam os futuros.
Recursos Humanos	Boa reputação por recolocar CEOs de empresas de capital aberto, que possuem jatos particulares.	Admitir excelentes colaboradores que trocarão *stock options* por salários.

Grande parte dos custos de uma startup é atribuída aos prestadores de serviços; portanto, observe estas dicas para tomar a decisão correta na hora de avaliá-los:

- **ESCOLHA UMA EMPRESA ESPECIALIZADA NO TIPO DE TRABALHO DE QUE VOCÊ PRECISA.** Ilustrando: a fim de criar uma reserva de opção de ações, você não deve contratar o Zé das Couves, advogado da vara de família, nem um escritório de advocacia de Wall Street.

- **PAGUE MAIS POR FUNÇÕES IMPORTANTES.** Investidores, por exemplo, talvez se sintam bastante confortáveis lidando com empresas que dispõem de advogados e contadores "conhecidos" que realizam seu tipo de trabalho. No entanto, deixe os "conhecidos" de lado e procure os "maiorais".

- **CHEQUE AS REFERÊNCIAS DE QUEM ESTÁ CUIDANDO DE SEU NEGÓCIO — E NÃO SOMENTE DOS INTERESSES DA EMPRESA TERCEIRIZADA.** As referências mais consistentes que esses prestadores podem ter são empreendedores satisfeitos.

- **NEGOCIE TUDO.** Taxas, datas de pagamento e honorários mensais — tudo é negociável. Mesmo em tempos de fartura, não tenha receio de negociar — faz parte do jogo. Pode ser que várias empresas atrasem o faturamento até você ser financiado, caso tenha a ousadia de pedir isso.

A lógica de focar na função, não na forma, se aplica a quase tudo em uma startup. A cadeira Herman Miller Aeron foi um dos símbolos da era de loucura das empresas pontocom. Cada unidade da cadeira em questão custava US$700, o que simbolizava status.

Uma cadeira espetacular, mas não sei se, de fato, era tão formidável a ponto de valer US$700. Ajudava o pessoal a trabalhar por longos períodos de tempo e com mais afinco; porém, talvez em tarefas erradas. A propósito, 114 dessas cadeiras foram vendidas no leilão de falência da Webvan.

Adendo

PERGUNTAS EVITADAS COM FREQUÊNCIA

P: Como saber que a startup atingiu o máximo com o *bootstrapping*?

R: Você saberá que chegou a hora de parar com o *bootstrapping* quando o fluxo de caixa for positivo e tiver a certeza de que toda a venda incremental gera lucro.

P: Comprometerei o crescimento — e talvez também o sucesso — caso me exceda ao fazer *bootstrapping*?

R: Não sou capaz de citar um único exemplo de empresa que tenha exagerado na prática de *bootstrapping*. O perigo de se fazer algo errado é bem maior quando há dinheiro de mais e não de menos. Em termos negativos, pense no capital de risco como esteroides: é possível que lhe proporcione vantagem em curto prazo, mas pode matá-lo com o tempo.

Lembre-se de que sua obrigação é aumentar o valor de quem financiou, não importa se o dinheiro é seu ou de investidores externos.

154 | GUY KAWASAKI

P: **Caso tenha êxito ao fazer o *bootstrapping* em uma empresa, ainda assim preciso buscar capital externo? Qual o problema em trabalhar da maneira antiga?**

R: Respectivamente, não e nenhum. O capital externo não é o único meio — apenas mais um. O objetivo é construir algo incrível, não importa como levante o capital.

P: **Serei levado a sério mesmo sem um financiamento de milhões de dólares em capital de risco?**

R: Somente quem não interessa não o levará a sério. Se levantar essa quantia em dinheiro, empregue-a na ampliação de sua credibilidade, porém não ache que será uma garantia de sucesso. Caso não consiga tal quantia, não se preocupe. Apenas construa uma empresa formidável, e não olhe para trás.

P: **Uma startup deve evitar obter financiamento de fontes como familiares e amigos, cartões de crédito e *home equity*?**

R: As três estratégias envolvem riscos: arruinar relacionamentos, questões financeiras pessoais, além de perder sua casa. No entanto, o empreendedorismo é a arte de fazer o que for preciso. Todos adorariam dispor de um mercado grande e em crescimento, tecnologia perfeita e capital infinito. Sob essas condições, qualquer um seria capaz de ser empreendedor. A pergunta é o que você está disposto e pode fazer quando as condições estão longe de ser ideais. Se não houvesse risco, mais gente tentaria empreender.

LEITURAS RECOMENDADAS

Godin, Seth. *The Bootstrapper's Bible: How to Start and Build a Business with a Great Idea and (Almost) No Money.* Chicago: Upstart Publishing, 1998. [A bíblia do *bootstrapper*: como começar e construir um negócio sem uma boa ideia e (quase) sem dinheiro, em tradução livre.]

Hess, Kenneth L. *Bootstrapping: Lessons Learned Building a Successful Company from Scratch.* Carmel, CA: S-Curve Press, 2001. [Praticar *bootstrapping*: lições de uma empresa bem-sucedida que se recuperou, em tradução livre.]

5. A arte de levantar capital

Em uma apresentação recente, todas as perguntas feitas pela plateia tinham o mesmo foco: "Como entrar em contato com investidores de risco?" "De quanto é a participação acionária desses investidores?" Ninguém me perguntou como construir uma empresa!

— Arthur Rock

Grandes ideias para se começar algo

Levantar capital é um mal necessário ao se dar início a uma empresa. Não é divertido. Não é nada fácil. E muito menos rápido. Fazer *bootstrapping* pode reduzir o montante de verba a ser captado — e talvez até eliminar essa etapa, caso tenha sorte. No entanto, poucos empreendedores conseguem evitar o processo por completo. Neste capítulo, você aprenderá três formas de obter fundos — contribuição colaborativa; investidores-anjo e capital de risco — e como obter êxito em meio a esse mal necessário.

RECORRA À MULTIDÃO

Existem vários meios de levantar capital. No passado, a nobreza e as classes abastadas possuíam dinheiro suficiente para começar um negócio. Se precisassem levantar capital extra, contavam com garantia e os contatos certos.

Poucas centenas de anos depois, a indústria de capital de risco possibilitou que, por ano, milhares de empreendedores levantassem verba com apresentações via PowerPoint, protótipos e desenhos em guardanapos. Investidores-anjo democratizaram esse processo indo além, financiando empresas mais arriscadas que seriam desconsideradas pelos capitalistas de risco, também conhecidos como investidores de capital de risco ou apenas investidores de risco.

"Investidores de risco não fazem a menor ideia sobre o que renderá boas vendas, mas quando as pessoas participam do financiamento colaborativo de seu projeto, estão apoiando com o próprio saldo após a tributação, não com o dinheiro do fundo de pensão que estão gerenciando."

Então, em 2007, surgiu a Indiegogo e, dois anos depois, veio a Kickstarter. Essas duas plataformas populares de arrecadação de fundos marcaram o aparecimento do financiamento coletivo, que é tão democrático, aberto e transparente quanto é possível ao se levantar capital. O financiamento coletivo funciona da seguinte maneira:

- Você elabora um projeto; isso requer a criação de um vídeo e uma descrição, oferecendo recompensas aos

A ARTE DO COMEÇO 2.0 | 159

participantes e fornecendo atualizações à medida que o projeto avança.

- Em vez de levantar capital vendendo participação acionária, você aceita pré-encomendas com recompensas ou *kickers* (atrativos) para encorajar as pessoas a pagar por algo que ainda não existe. Os atrativos são descontos, lembrancinhas, presentes ou ideias inteligentes, como o direito de dar nome a um personagem em um livro ou sair para se divertir com sua equipe.

- Você divulga seu projeto de financiamento coletivo nas mídias sociais e por e-mail. Enquanto o apelo para a tradicional captação de recursos consiste em ganhar dinheiro, no financiamento coletivo o apelo reside em obter algo incrível antes dos outros ou atingir a recompensa intrínseca de ajudar quem precisa.

- As pessoas financiam seu projeto, de maneira que você pode usar o dinheiro delas para finalizá-lo. Você cumpre e entrega tudo o que foi prometido, o boca a boca se espalha e, em um mundo ideal, constrói uma grande empresa.

O modelo de financiamento coletivo se aplica mais a negociações com consumidores, abrangendo aparelhos, acessórios, jogos, produtos de artesanato e moda, assim como projetos artísticos, como filmes, vídeos e trabalho de caridade. Por outro lado, esse modelo não se aplica tanto à área de biotecnologia ou a empresas de software, pois tais projetos requerem financiamento de dezenas de milhares de dólares e não envolvem compras por impulso.

160 | GUY KAWASAKI

De acordo com a Kickstarter, em 2013, 3 milhões de pessoas de mais de duzentos países garantiram US$480 milhões usando seu serviço. Isso resultou em 19.911 projetos financiados com êxito — o que é, provavelmente, seis vezes mais do que as negociações de capital de risco fechadas no mesmo ano.

Eis alguns exemplos de campanhas de financiamento coletivo de sucesso — "de sucesso" no sentido de que os empreendedores arrecadaram dinheiro:

- Relógio Pebble. Arrecadação total: US$10 milhões.

- ElevationDock* Arrecadação total: US$1,4 milhão.

- *Veronica Mars — o filme*. Arrecadação total: US$5,7 milhões.

Esses exemplos são pontos fora da curva. Esse modelo é eficaz com relação a financiamentos no montante de US$50 mil a US$250 mil, uma quantia que, em geral, é baixa demais para uma empresa de capital de risco investir. Nem todo projeto vai angariar milhões de dólares como os exemplos anteriores, porém há muitos motivos para se gostar do modelo de financiamento coletivo:

- O processo não é tão oneroso quanto levantar capital de risco — que, em geral, demanda seis meses de trabalho, com expediente em horário integral. Por exemplo, você não tem de escrever um plano de negócios ou se submeter a um processo de *due diligence*.

Dock para iPhone com base de alumínio, propiciando firmeza sobre superfícies. (*N. da T.*)

A ARTE DO COMEÇO 2.0 | 161

- Não há diluição do capital acionário da empresa. As pessoas estão pré-pagando ou contribuindo — não estão investindo e recebendo participação acionária. Uma vantagem poderosa de não vender ações é não ter de se reportar a investidores, embora você ainda possua obrigação moral de entregar o projeto concluído no prazo prometido.

- O modelo de financiamento coletivo é um bom teste de viabilidade. Investidores de risco não fazem a menor ideia sobre o que renderá boas vendas, mas quando as pessoas participam do financiamento colaborativo de seu projeto, estão apoiando com o próprio saldo após a tributação, não com o dinheiro do fundo de pensão.

Confira as principais dicas para obter êxito em campanhas de financiamento coletivo. Há outras no Creator Handbook da plataforma Kickstarter, na seção de leitura adicional do manual, e também na plataforma Indiegogo.

- **CRIE UM VÍDEO.** Um vídeo encantador, instigante e energizante, com menos de dois minutos, é o componente primordial do projeto. Faça bem feito, pois esse vídeo pode deslanchar ou arruinar o projeto.

- **CONTE UMA HISTÓRIA PESSOAL.** O vídeo, seus e-mails e posts nas mídias sociais devem contar uma história. O melhor tipo de história é a pessoal. Por exemplo, comente que a ideia do projeto surgiu quando você identificou uma demanda não atendida do mercado, como ao criar uma maneira melhor de consertar pneus furados de bicicletas. (Veja o projeto Patchnride na plataforma Indiegogo.)

- **USE O E-MAIL E AS MÍDIAS SOCIAIS.** A menos que seja Arianna Huffington e possa ser convidada para participar do *Ellen DeGeneres Show*,* você vai promover uma campanha de marketing de guerrilha no intuito de tornar o projeto um sucesso. Isso significa recorrer a seu banco de dados de e-mails de contato e às contas de mídias sociais a fim de divulgar o projeto.

- **CAPRICHE NAS RECOMPENSAS.** O segundo componente essencial do projeto são as recompensas, lembrancinhas ou atrativos que você oferece. Os mais óbvios são descontos, agradecimentos, cópias autografadas e presentes físicos, como bolsas ecológicas e camisetas. Pode ir além e entregar ou instalar seu produto pessoalmente. Vale lembrar que você está pedindo que os outros paguem por algo que não existe, logo precisa compensá-los por assumirem esse risco.

- **APRESENTE UM ORÇAMENTO.** Uma maneira poderosa de convencer adeptos em potencial é oferecer um orçamento, mostrando como o dinheiro deles será gasto. Isso os faz acreditar que você sabe o que está fazendo, e é bem provável que finalize e entregue o projeto.

CORTEJE INVESTIDORES-ANJO

A segunda fonte de financiamento se baseia nos investidores-anjo, milhares de indivíduos ricos que investem em

---

*Arianna Huffington é a fundadora do site de notícias *The Huffington Post. The Ellen DeGeneres Show* é um dos programas de maior audiência nos Estados Unidos. (*N. da T.*)

A ARTE DO COMEÇO 2.0 | 163

startups. Enquanto os investidores de risco querem ganhar dinheiro e talvez dar uma contribuição à sociedade, os investidores-anjo visam contribuir com a sociedade e talvez queiram ganhar dinheiro.

Os investidores-anjo veem duas formas de contribuir com a sociedade: auxiliando os jovens (ou os mais jovens) a iniciar o próprio negócio e ajudando a colocar no mercado um produto significativo. Veja agora os conceitos-chave para conseguir angariar verba com eles.

- **NÃO OS SUBESTIME.** Talvez esses investidores não se preocupem tanto com o retorno financeiro quanto os investidores profissionais, mas isso não significa que sejam idiotas. Aborde-os com o mesmo nível de profissionalismo que adotaria com um renomado investidor de risco.

- **PERMITA QUE VIVAM POR INTERMÉDIO DE SEU EMPREENDIMENTO.** Um benefício que muitos anjos buscam é a chance de reviver a juventude ou um passado de empreendedorismo. Mesmo que não sejam capazes ou não queiram começar outra empresa, podem se deleitar assistindo você nessa empreitada — uma espécie de *"capital voyeur"*.

- **FAÇA COM QUE OS CÔNJUGES ENTENDAM SUA HISTÓRIA.** O "comitê de investimentos" de um anjo é o respectivo cônjuge (esposa ou marido) — não um bando de colegas, parceiros ou "gurus". Isso sugere o quão importante é tornar o negócio compreensível em termos simples e claros. Como um teste, pergunte ao cônjuge se investiria em seu empreendimento.

- **SEJA AGRADÁVEL.** Enquanto os investidores de risco talvez invistam em um idiota porque dinheiro é sempre dinheiro, muitos anjos se apaixonam por empreendedores de forma paternal: "É um garoto legal. Quero ajudá-lo a começar sua empresa." Então, seja acessível, encantador e maleável.

- **ADMITA ALGUÉM QUE ELES CONHEÇAM OU DE QUEM JÁ OUVIRAM FALAR.** Um anjo costuma investir visando convívio social e lucro. Portanto, se for capaz de atrair um membro do clube, é possível que também conquiste a adesão de outros. O indicador de qualidade mais poderoso para investidores-anjo é outro anjo, do qual ouviram falar, ter investido.

ACERTE OS INVESTIDORES DE RISCO

> *O fato é que a quantidade de dinheiro que as startups levantam, nas rodadas de investimentos "semente e série A", é inversamente proporcional a seu sucesso.*

— Fred Wilson

Quero que saiba no que está entrando: levantar capital de risco é um processo longo, perturbador e frustrante — e isso caso tudo transcorra bem. Deixe que eu lhe conte agora minha história favorita, a mais ilustrativa, sobre uma investidora de risco.

"'Como a senhora levou as chaves, não pudemos estacionar seu carro.'"

A ARTE DO COMEÇO 2.0 | 165

Uma investidora de risco levou o pai para jantar em um restaurante badaladíssimo, com manobrista. No caminho, o pai a advertiu por gastar tanto ao ostentar uma BMW. Ela estacionou o carro diante do restaurante, e ambos entraram.

Horas mais tarde, ao saírem, constataram que o carro permanecia no mesmo local onde ela estacionara. Aproveitando a chance, comentou com o pai: "Está vendo? É por isso que tenho um BMW. Os restaurantes deixam os carros sofisticados na frente. Nem temos de esperar que um manobrista vá buscá-lo."

Naquele momento, um manobrista bastante irritado se aproximou e disse: "Como a senhora levou as chaves, não pudemos estacionar seu carro."

Investidores de risco têm condições de lhe "abrir portas" para vendas iniciais e parcerias. Também podem ajudá-lo a encontrar futuros investidores. Conseguem evitar que cometa erros. São capazes de colaborar com o recrutamento. E ainda podem fazer com que o mundo o leve mais a sério, porém...

- Não necessariamente sabem mais do que você sobre engenharia, marketing, vendas, produção, finanças ou operações. Ainda assim, ninguém pode culpá-lo por pensar que esse é o caso, visto que gerenciam centenas de milhões de dólares.

- Conseguir que invistam não garante que você terá êxito. Essas empresas fazem diversas apostas, presumindo que a maioria não dará certo. Se os investidores de risco fossem jogadores de beisebol, nenhum deles estaria atuando como profissional por apresentar baixa porcentagem de acertos.

- A lealdade deles, não importa o que digam, se limita a um ano a partir do instante em que começar a não cumprir o que prometeu. Eles não são seus amigos, e o interesse primordial consiste em ganhar dinheiro. Não são pessoas ruins, mas vale lembrar que tudo se resume a negócios.

Agora que já abordamos as três principais formas de financiamento, vamos dar uma olhada nelas como matrizes. O restante deste capítulo aborda o levantamento de capital via investidores-anjo e de risco.

	Financiamento coletivo	Anjo	Capital de risco
Ponto certo do financiamento	US$25 mil a US$100 mil	US$250 mil a US$500 mil	US$1 milhão a US$5 milhões
Duração	90 dias	180 dias	270 dias
Diluição por rodada	Não se aplica: venda, não investimento	20%	25 a 35%
Nível de esforço	Moderado	Moderado	Alto
Tipo de produto/serviço	Gadgets (dispositivos), engenhocas, livros e outros projetos artísticos e artesanais, todos voltados ao consumidor	Software e serviços da web	Hardware, software, biotecnologia e serviços da web
Due diligence (auditoria)	Mínima	Moderada	Alta
Poder de penetração	Mínimo	Moderado	Alto
Experiência	Divertida	Tolerável	Penosa

CONSIGA UMA INDICAÇÃO

Obrigado por me enviar um exemplar de seu livro. Não perderei tempo lendo-o.

— Moses Hadas

No mundo editorial, do cinema, da música e do capital de risco, o cenário remete a um conto de fadas. Você submete um anteprojeto, roteiro, canção ou plano de negócios à avaliação de uma empresa. Apesar dos montes de outras propostas também enviadas, a qualidade de sua história é tão extraordinária que alguém lhe pede, de modo insistente, que compareça a uma reunião. Após uma única reunião, você chega a um acordo, prossegue, cria um grande sucesso e passa o resto da vida ajudando pessoas menos favorecidas.

Continue sonhando.

Deus é testemunha de que a história a seguir é verdadeira. Uma startup desistira de obter dinheiro junto a uma renomada firma de capital de risco ao sentir seu total desinteresse. Perguntei a um sócio da firma por que o financiamento não ocorrera, e ele me confidenciou que outro associado conhecia uma empresa na Europa, ainda iniciante, que fazia a mesma coisa. Além disso, conquistara "100% do mercado europeu e estava indo rumo aos Estados Unidos". Portanto, era tarde demais para um novo concorrente.

Indaguei ao sócio o nome da tal empresa. Ele não sabia — um amigo lhe contara a respeito. Entrei em contato com esse amigo, que também desconhecia o nome. Um outro amigo lhe falara sobre a startup europeia que detinha 98% da fatia do mercado — em um minúsculo mercado vertical na Europa Oriental.

> **"O ponto principal é 'inclinar o campo de jogo' em sua direção."**

Vamos recapitular: um amigo contou a outro, que repassou a informação a um associado de uma firma de capital de risco, que, por sua vez, orientou o sócio a nem avaliar a startup que buscava financiamento. Essa história ilustra por que é preciso ser indicado por alguém crível a fim de que o decisor, isto é, o tomador de decisões, olhe sua startup com seriedade. O ponto principal não é que o processo de apresentação de propostas deva ser no nível do "campo de jogo". O ponto principal é "inclinar o campo de jogo" em sua direção, conseguindo ser indicado por fontes respeitadas pelos investidores de risco, tais como:

- **INVESTIDORES ATUAIS.** Um dos serviços mais valiosos que os atuais investidores podem lhe oferecer é ajudá-lo a encontrar novos investidores. Isso faz parte do "jogo", então não hesite em pedir ajuda. A maioria dos investidores irá, pelo menos, escutar a recomendação de quem já possua participação em uma empresa.

- **ADVOGADOS E CONTADORES.** Ao selecionar advogados ou contadores, procure contatos assim como eficiência. Pergunte se irão indicá-lo a fontes de capital. Inúmeras firmas podem prestar esse tipo de serviço; logo, encontre uma capaz de fazer o trabalho e as indicações adequadas.

- **OUTROS EMPREENDEDORES.** Um telefonema ou e-mail de um empreendedor a seus investidores afirmando:

A ARTE DO COMEÇO 2.0 | 169

"Esta startup é promissora — vocês devem conversar com eles" tem um poder incrível. Acesse o site do investidor na internet a fim de descobrir em quais empresas ele investiu — é possível que conheça alguém em uma delas. Do contrário, tente conhecer — costuma ser mais fácil entrar em contato com os executivos dessas empresas do que com os próprios investidores. Para quem está começando organizações sem fins lucrativos, o ideal é observar aquelas financiadas pelos investidores que tem em mente.

- **PROFESSORES UNIVERSITÁRIOS.** Investidores se deixam impressionar com sugestões de professores universitários. No Vale do Silício, por exemplo, um telefonema ou e-mail de um professor de engenharia da Universidade de Stanford conseguirá a atenção da maioria dos investidores de risco ou anjos. Espero que tenha sido excelente aluno na faculdade!

E se você não conhecer esse tipo de gente? Esse mundo é cruel. Levantar capital não é uma atividade de oportunidades iguais; então, "saia em campo" e estabeleça contatos. No intuito de ajudá-lo na tarefa em questão, há um breve curso sobre como "levar alguém na conversa" ao fim do capítulo 8, "A arte de evangelizar".

CONHEÇA SEU PÚBLICO

A base de uma excelente reunião com potenciais investidores consiste em pesquisa prévia. Descubra o que é essencial a seus ouvintes. Você pode conseguir essa informação com o sócio que o está levando a participar da reunião. Basta obter as respostas para as seguintes perguntas:

- Quais são as três coisas mais relevantes que gostaria de saber a respeito de nossa empresa?

- O que o atraiu em nossa ideia e o convenceu a nos dar uma oportunidade, marcando a reunião?

- Existem questões especiais, perguntas ou campos minados para os quais devo estar preparado na reunião?

Além disso, consulte na internet o site da empresa de capital de risco, faça buscas no Google, leia relatórios e converse com seus contatos na indústria a fim de coletar o máximo de informação. Eis o que precisa saber:

- **HISTÓRIA DA EMPRESA.** Como começou? Quem eram os sócios originais? Quais os investimentos de maior êxito?

- **SÓCIOS.** Quem trabalha lá? Em quais empresas atuaram antes? Onde estudaram?

- **PORTFÓLIO ATUAL DE INVESTIMENTOS.** Quais empresas compõem o portfólio atual de investimentos? Quais os grandes sucessos no passado? Existem conflitos ou sinergias com sua startup?

O LinkedIn é uma ótima fonte de preparo para a reunião. Veja como utilizá-lo:

- Acesse o site da empresa na internet e consulte a seção de portfólio de investimentos de modo a descobrir quem tem recebido financiamentos.

A ARTE DO COMEÇO 2.0 | 171

- Pesquise no LinkedIn os nomes dessas empresas financiadas a fim de encontrar pessoas em sua rede que tenham trabalhado para qualquer uma delas.

- Faça contato com tais pessoas.

Promova um *brainstorming* no intuito de encontrar conexões, ganchos e ângulos de modo a tornar seu pitch poderoso e significativo. Há inúmeras possibilidades, porém, é difícil tentar imaginá-las durante sua apresentação. O segredo é realizar essa pesquisa com antecedência, quando ainda não se encontra sob tanta pressão.

Embora investidores-anjo talvez não possuam sites na internet, o Google e o LinkedIn lhe fornecerão bastante informação a respeito deles. Conte ainda com o AngelList, um mercado de "capital anjo". Lá, você pesquisa anjos e empresas pelo nome — uma fonte poderosa para aprender sobre os investidores-anjo.

MOSTRE TRAÇÃO

Em geral, os investidores estão à procura de uma equipe com competência, tecnologia e mercado comprovados. No entanto, um fator dribla todo o exagero: as vendas reais. (No Vale do Silício, isso é chamado de tração — no sentido de um pneu aderir à pista e fazer um veículo seguir adiante.)

"Muitos empreendedores acham que dizer 'realmente acredito na minha ideia' é uma forma de tração. Estão se enganando ao pensarem assim."

---

172 | GUY KAWASAKI

Tração é fundamental, pois demonstra que as pessoas estão dispostas a abrir as carteiras, retirar o dinheiro e colocá-lo em seu bolso. Caso tenha conseguido isso, sua equipe, tecnologia e mercado passam a ser menos importantes. Não conheço nenhum investidor que prefira perder dinheiro com uma equipe com competência, tecnologia e mercado comprovados a ganhar dinheiro com uma empresa sem nenhuma comprovação.

Esse é outro motivo que torna potente um projeto de financiamento coletivo. Talvez não apenas elimine ou retarde a necessidade de levantar capital; pode fornecer provas da viabilidade de seu produto e ajudar a atrair investidores.

A tração assume formas distintas em cada indústria. Trata-se de uma definição simples e direta para startups com produtos ou serviços:

- Número de registros

- Número de downloads

- Número de clientes pagantes

- Receitas

- Tráfego do site na internet

Os parâmetros para empresas iniciantes sem fins lucrativos são um pouco diferentes:

- Escolas: matrículas e notas dos alunos

- Igrejas: comparecimento às cerimônias

- Museus: número de visitantes

A ARTE DO COMEÇO 2.0 | 173

- Organizações de voluntariado: contribuições e número de horas de voluntariado

Surge, então, uma pergunta lógica: "Como posso mostrar tração se não tenho verba suficiente para finalizar meu produto?" Há duas respostas possíveis. Primeira, ninguém afirmou que o empreendedorismo é algo fácil; portanto, reveja o capítulo 4, "A arte de fazer *bootstrapping*", e faça o que for preciso. Segunda resposta, há uma hierarquia de tração — com todo o devido respeito à hierarquia de necessidades de Maslow.

1. Vendas reais (ou os parâmetros abordados antes para empresas sem produtos);

2. Testes de campo e sites-piloto;

3. Acordo para testar o produto em campo, disponibilizar sites-piloto ou utilizar antes de enviar para o cliente;

4. Estabelecimento de um contato a fim de prosseguir com os testes de campo.

Essa é a ordem hierárquica de desejabilidade. Porém, se não possuir ao menos um contato para o teste de campo, será difícil angariar fundos. Muitos empreendedores acham que dizer "realmente acredito na minha ideia" é uma forma de tração. Estão se enganando ao pensar assim.

CATALISE A FANTASIA

Todo — literalmente todo — empreendedor aparece em reuniões com investidores levando slides que "provam" o tamanho de seu mercado. Tais slides costumam conter uma citação de uma empresa de consultoria declarando, sem equívocos, que o tamanho do mercado de software de criação de lhamas, por exemplo, será de US$50 bilhões dentro dos próximos quatro anos.

O curioso é que os empreendedores alegam que estão indo atrás de um mercado de US$50 bilhões. No entanto, ninguém na sala, nem mesmo o empreendedor, acredita no número ou acha que ele seja imprescindível. Uma opção melhor é catalisar a fantasia. Você faz isso oferecendo um produto tão necessário que os presentes na reunião conseguem fazer os cálculos de cabeça.

Esse método não se aplica a todos os casos; afinal, alguns mercados não são óbvios. Mas, quando dá certo, os resultados são espetaculares. Apresento aqui um exemplo de como o método funciona. Imagine que seu site permite que as pessoas criem gráficos sem terem de comprar ou alugar um software e aprender a usar um produto complicado.

Veja como a fantasia seria desenvolvida no pitch:

- Todo mundo com um site, blog, livro digital ou conta em alguma rede social, no eBay, no Etsy, ou com uma apresentação precisa de gráficos de modo a chamar atenção.

- A maioria das pessoas, entretanto, não é designer nem artista gráfico, e não está disposta a gastar tempo e dinheiro para se tornar um desses profissionais.

- Um serviço gratuito e de uso fácil, produzindo resultados bonitos e rápidos, logo atrairia vários usuários.

- É fácil ganhar o dinheiro desses usuários com a venda de elementos gráficos, fotos de bancos de imagens e recursos premium.

Essa abordagem é muito mais poderosa do que citar um estudo provando que o mercado de software e serviços gráficos é de US$50 bilhões. Afinal, os investidores são capazes de concluir por conta própria que tal empresa poderia democratizar o design e se tornar uma gigante do setor.

IDENTIFIQUE OU CRIE UM INIMIGO

Diversos empreendedores acreditam que os investidores querem ouvir que não há concorrência para a startup. Infelizmente, investidores sofisticados chegam a uma de duas conclusões ao ouvir tais alegações:

- Não existe concorrência por falta de mercado. Se houvesse um mercado, teria gente na disputa.

- Os fundadores são tão "sem-noção" que sequer recorreram ao Google para descobrir que outras startups estão fazendo o mesmo.

Ora, é bem provável que uma startup, que visa atender a um mercado inexistente ou que demonstra total alienação não consiga captar fundos. Um nível moderado de concorrência é algo bom, pois valida a possibilidade de um mercado real e mostra que você fez seu dever de casa.

Compete a você mostrar como seu produto é superior ao da concorrência, e não que a concorrência seja inexistente.

Utilize um quadro como este a fim de explicar o que sua startup e a concorrência podem e não podem fazer.

Empresa	Nós podemos fazer, a concorrência não pode	Nós não podemos fazer, a concorrência pode
Nós		
X		
Y		
Z		

Ninguém jamais se questiona por que você deve listar o que pode fazer, mas a concorrência não. Muitos empreendedores se perguntam por que deve listar as coisas que não pode fazer e a concorrência pode. A razão é aumentar sua credibilidade, mostrando deter quatro habilidades desejáveis:

- Relatar a verdade;

- Avaliar a concorrência;

- Compreender as fraquezas da própria empresa;

- Comunicar conhecimento de forma clara e sucinta.

Você também pode adotar o quadro anterior para destacar a relevância de seu produto para o mercado, mapeando as características que atendem às necessidades individuais dos clientes. Ou seja, a lista de "o que podemos fazer" deve ilustrar a existência de uma demanda para o produto.

> **"Quando as pessoas percebem que podem acreditar em você mesmo quando algo é ruim, apresentam-se mais dispostas a acreditar em você quando algo é bom."**

Infelizmente, os empreendedores não costumam levar tais fatores em conta. Em vez disso, forjam uma matriz que passe uma impressão positiva — em geral, com parâmetros irrelevantes, senão absurdos por completo.

Caso não disponha de concorrentes diretos, afaste-se até encontrar alguns, porque, se não estiver competindo com ninguém, é provável que não tenha nada. Confira estes exemplos de concorrência indireta:

- **DEPENDÊNCIA DO *STATUS QUO*.** "É o modo como sempre temos feito as coisas." "Precisamos de permissão do chefe."

- **CONCORRÊNCIA POR TEMPO OU ATENÇÃO.** Por exemplo, um museu concorre com outros, assim como com aquários, jogos on-line e shopping centers.

- **GOOGLE, APPLE E AMAZON.** Visto que, em algum nível, essas empresas concorrem com todo mundo.

Seja arrojado: discuta seus pontos fortes e fracos abertamente. Quando as pessoas percebem que podem acreditar em você mesmo quando algo é ruim, apresentam-se mais dispostas a acreditar em você quando algo é bom.

NÃO SE DEIXE ENGANAR
POR PERGUNTAS CAPCIOSAS

Se tiver sorte, encontrará investidores que irão lhe fazer perguntas capciosas — "sorte" porque tais questionamentos indicam que os investidores são interessados e sofisticados. Além disso, eles lhe proporcionam uma oportunidade de mostrar que também é sofisticado. Seguem as perguntas capciosas típicas e as respostas adequadas.

Pergunta capciosa do investidor	O que deseja dizer	O que deve dizer
"O que o faz pensar que é qualificado para dirigir essa startup?"	"O que o faz pensar que é qualificado para dirigir essa empresa de capital de risco?"	"Estou indo bem até agora, trazendo a startup ao ponto em que se encontra. Mas, caso algum dia seja preciso, deixarei o cargo."
"Você se vê como CEO da startup por um bom tempo?"	"O que os imbecis de seus sócios viram em você?"	"Tenho focado em levar nosso produto ao mercado. Farei o que for necessário para que seja um sucesso — inclusive deixar meu cargo. Aqui estão os marcos lógicos pelos quais podemos realizar essa transição..."
"Ser o dono e, ao mesmo tempo, controlar a startup é fundamental para você?"	"Vou me dedicar oitenta horas semanais para tudo dar certo, e está me perguntando se me importo com minha própria empresa?"	"Não, não é. Compreendo que, para a startup obter êxito, precisamos de excelentes colaboradores e investidores extraordinários. Todos precisam ter uma participação significativa. Meu foco será 'aumentar o tamanho do bolo, não ficar com a fatia maior'."

Pergunta capciosa do investidor	O que deseja dizer	O que deve dizer
"Que caminho vislumbra para a liquidez de sua empresa?"	"Uma oferta pública inicial de ações que determine um novo recorde de valorização."	"Sabemos que temos muito a fazer antes de podermos sonhar com liquidez. Estamos planejando a empresa para ser grande, bem-sucedida e independente. Neste exato momento, estamos de 'cabeça baixa', 'trabalhando duro', o máximo possível. Uma oferta pública inicial de ações seria a concretização de um sonho — e, além do mais, estas cinco empresas são possíveis adquirentes no futuro..."

"CAPTURE UM GATO"

Talvez existam cinquenta maneiras de abandonar um amor, porém há ainda mais maneiras de investidores de risco lhe dizerem não. Infelizmente, investidores de risco não gostam de ser claros e explícitos em suas negativas; preferem a técnica MERDA: Mostre Estar Resolvido; Depois, Arrependimento.

Confira as respostas mais ordinárias (no sentido amplo do termo) que escutará:

- "Você nos procurou muito cedo. Mostre um pouco de tração e, então, investiremos."

- "Você nos procurou muito tarde. Quem dera tivesse vindo aqui antes..."

- "Caso consiga um investidor líder, faremos parte do consórcio."

GUY KAWASAKI

- "Não temos expertise em seu ramo."

- "Há um conflito de interesses com uma de nossas empresas já estabelecidas no ramo." (Confie em mim, se achassem que poderiam ganhar dinheiro com sua empresa, resolveriam esse conflito.)

- "Gostei da proposta, mas meus sócios não."

- "Você precisa provar que sua tecnologia é escalável."

Em boa parte das vezes, o que o investidor está lhe dizendo é: "Somente no dia de São Nunca." Entretanto, há certos casos nos quais os investidores estão interessados de fato, mas ainda não se sentem seguros para assumir um compromisso. Por fim, talvez consiga que invistam, todavia será tão difícil quanto "juntar uma cambada de gatos" a fim de concluir o processo.

A chave para "reunir a gataria é colocar um deles no saco em vez de se aproximar no intuito de capturar vários". Ajuda bastante se o "gato" for grande, bonito e bem conhecido, mas qualquer um que não seja seu parente servirá. Os investidores de risco — assim como a desgraça — adoram companhia.

"Continuar mantendo contato sem melhoras significativas e demonstráveis no discurso mudará seu status de 'persistente' para 'peste', ou seja, 'irritante', e ninguém financia quem é irritante."

Visando convencer um investidor de risco, não basta fornecer informações objetivas, quantificáveis e persuasivas por meio de seu pitch e de referências. Trata-se muito mais de um processo emocional do que analítico. Um investidor de risco que ainda não se comprometeu, isto é, ainda não disse sim, segue observando o que você faz:

- Você deu continuidade ao contato, elucidando as perguntas que não conseguiu responder durante o pitch?

- Você forneceu informações complementares que fundamentam seu *case* após o pitch?

- Você surpreendeu o investidor fechando negócio com grandes clientes ou alcançando metas antes do previsto?

- Você conquistou outros investidores de alto nível a ponto de obter financiamento?

A persistência nesse sentido pode valer a pena, e você consegue fornecer tal tipo de atualização relevante semanas e até mesmo meses depois do pitch inicial, no intuito de "juntar a cambada de gatos". Entretanto, continuar mantendo contato sem melhoras significativas e demonstráveis no discurso mudará seu status de "persistente" para "peste", isto é, "irritante", e ninguém financia quem é irritante.

CONSIGA UM ADVOGADO CORPORATIVO

Você precisa de um advogado, não qualquer um, mas alguém acostumado à rotina de negociações com capital de risco e financiamentos para startups em estágio inicial. Isso significa não recorrer a um amigo ou parente advogado especializado em divórcio, da área criminal, da vara de família ou do setor imobiliário. Não seja idiota: você não buscaria orientação sobre um tumor cerebral com um dermatologista, então, por que buscar orientação financeira corporativa com um advogado especializado em divórcio?

Desde uma auditoria até a transferência eletrônica interbancária (TED), também realizada via documento de ordem de crédito (DOC), você precisará de orientação legal. Em particular, necessitará desse tipo de orientação para elaborar um *term sheet*, ou seja, uma carta de intenções, o documento legal que define os parâmetros de um investimento. Nossos amigos na Wilson Sonsini Goodrich & Rosati criaram o fabuloso WSGR Term Sheet Generator, um gerador de planilhas de condições, com o objetivo de auxiliar os empreendedores a compreender tal documento.

O gerador contém 48 páginas de perguntas. Isso deve lhe dar uma ideia do quão complexo o processo é e por que tem de contar com um advogado experiente. Já vi muitos empreendedores arriscarem as finanças e gastarem dezenas de milhares de dólares visando revogar a decisão, antes considerada inteligente e ideal para economizar verba, de utilizar os serviços de um amigo ou parente advogado.

BUSQUE UMA EXISTÊNCIA PARALELA

A natureza linear de um livro talvez lhe dê a impressão de que o levantamento de capital — e, na verdade, o empreendedorismo em geral — é um processo em série. Por exemplo, angariar verba via financiamento coletivo, construir um protótipo, angariar verba junto a investidores-anjo, lançar o produto, angariar verba com os investidores de risco,

A ARTE DO COMEÇO 2.0 | 183

tornar o negócio escalável, abrir o capital e, então, adquirir vinícolas e carros Tesla.

O levantamento de capital e o empreendedorismo, em geral, fazem parte de um mesmo processo paralelo. Ou seja, talvez você esteja promovendo uma campanha de financiamento coletivo enquanto se reúne com investidores-anjo e de risco e solicita empréstimos a amigos e familiares. Esse é apenas um dos aspectos de sua existência paralela, pois, ao mesmo tempo, você está construindo um protótipo, indo atrás de clientes, formando parcerias, recrutando e treinando colaboradores.

Acostume-se a isso tudo. Esse é o estilo de vida que você escolheu.

PREVEJA O FUTURO

Provavelmente, você está lendo este livro ao mesmo tempo que começa a captar verba ou após ter levantado uma rodada de investimento "semente". Isso é muito útil para que você compreenda o panorama total do que cada rodada de capital significa.

- **SEMENTE = CHIADO DE FRITURA.** É a primeira verba externa que se arrecada. A ordem de magnitude é de US$100 mil a US$250 mil. As fontes incluem amigos e familiares, assim como investidores-anjo. Nesse ponto, você está *vendendo* sonhos, fantasias e ilusões. Em outras palavras, ao comparar as etapas de investimento às do preparo de um bife, essa rodada equivale ao chiado de fritura.

- **SÉRIE A = BIFE.** Nessa rodada, os investidores de risco entram em cena. Apostam em você cifras de US$1 milhão a US$3 milhões. Não pode mais depender do "chiado de fritura" porque há muito dinheiro em jogo (sem trocadilhos). Agora seu produto tem de gerar receita — em outras palavras, dando continuidade à comparação das etapas de investimento com as do preparo de um bife, essa rodada já corresponde ao bife, não mais ao chiado de fritura. (Eu me inspirei em Ben Narasin, da TriplePoint Ventures, empresa de capital de risco, para correlacionar a metáfora do chiado de fritura e do bife à obtenção de financiamento.)

- **SÉRIE B = ESTEROIDES.** O bife estava bom. Os clientes estão comprando e comendo-o. Agora a empresa requer uma "injeção de esteroides" para chegar à mágica taxa de rendimento anual de US$100 milhões. Você vai utilizar essa verba para fazer o negócio crescer em escala. Felizmente, nenhum exame de urina é solicitado aos empreendedores.

- **SÉRIE C = BAJULADORES.** Se você conseguir chegar à rodada em questão, é bem provável que não *precise* mais de dinheiro. Trata-se de uma série extra, usada apenas em caso de o sistema investidor sofrer um colapso ou uma empresa do porte da Google, ou da Apple ou da Amazon, decidir entrar em seu negócio. A essa altura, os investidores estão *comprando* — você não está *vendendo* — assim, encontram-se adulando-o de modo que um saia vencedor.

GASTE COMO SE NÃO PUDESSE
OBTER NOVO FINANCIAMENTO

Minha recomendação final se refere ao que deve fazer após conseguir levantar o capital — não importa o montante. Vários empreendedores, após sobreviverem à base de ar por meses, enlouquecem mediante uma infusão de capital e desperdiçam dinheiro com mobília requintada, escritório em um espaço incrível, comida gratuita, e colaboradores com MBA, vindos de grandes empresas.

"A melhor atitude é presumir que você nunca mais conseguirá levantar dinheiro."

Caso veja a si mesmo tendo os tipos de pensamento a seguir, está pisando em terreno perigoso:

- *Os investidores nos deram o financiamento, então, vamos empregar esse dinheiro.*

- *Se fornecermos alimentação aos colaboradores, não terão de sair para almoçar, e conseguiremos que trabalhem mais.*

- *Precisamos construir infraestrutura agora para dar suporte ao enorme crescimento que, com certeza, teremos.*

- *Sempre podemos levantar mais dinheiro.*

A melhor atitude é presumir que você nunca mais conseguirá levantar dinheiro. Como isso seria possível de acontecer? Você poderia deixar passar as datas de envio da proposta ou não conseguir atingir as previsões de vendas. Os inves-

186 | GUY KAWASAKI

tidores poderiam perder a confiança em sua equipe ou até mesmo ficar sem dinheiro. Poderia haver uma depressão econômica ou uma pandemia. Nunca se sabe...

Qualquer um consegue sobreviver quando tudo vai bem. Bons empreendedores são aqueles capazes de sobreviver quando tudo vai mal. Se soubesse que não poderia levantar mais dinheiro, como gastaria o que tem?

PARA DESCONTRAIR

Apenas no intuito de dar uma boa risada, antes de concluir este capítulo, deixe eu lhe contar alguns dos pitches mais incomuns que tive a honra de ouvir:

- Transformar Israel em um parque de diversões para o resto do Oriente Médio.

- Construir um domo geodésico, também conhecido como cúpula geodésica, sobre Los Angeles. (Não me lembro se o objetivo do domo era conter a poluição da cidade ou prevenir a entrada de mais poluição.)

- Construir um dirigível para funcionar como um hospital no céu.

- Vender lotes de terra na lua.

- Fazer um hotel, em forma de tartaruga gigante inflável, flutuar sobre São Francisco.

- Promover o crescimento de seios por meio de hipnoterapia.

A ARTE DO COMEÇO 2.0 | 187

- Fabricar um carro invisível — apresentado com o aviso de que seria dado ao Iraque se não fosse financiado por uma empresa dos Estados Unidos.

- Vender um dispositivo a pilha, que se prende ao nariz, para manter o corpo aquecido.

- Imprimir sanduíches.

- Criar uma nova moeda corrente para o mundo; o empreendedor estava buscando um investimento de um US$1 trilhão.

Por mais malucas que essas ideias parecessem, a impressão em 3D e o Bitcoin acabaram se tornando realidade!

Adendo

Minicapítulo: Como identificar as dez principais mentiras dos investidores de risco

Investidores de risco são pessoas simples: ou já decidiram investir e convencem a si mesmos de que sua intuição está certa (também conhecida como *due diligence*) ou não farão isso de jeito nenhum. Embora talvez pareçam simples, eles não necessariamente são acessíveis; portanto, se você acha difícil conseguir um sim definitivo de um investidor de risco, deve tentar obter um não conclusivo.

Os empreendedores também são pessoas simples: se não ouvirem um não conclusivo, presumem que a resposta seja sim. É por isso que há tanta falta de comunicação entre investidores de risco e empreendedores. Visando promover uma compreensão melhor entre os dois grupos, segue uma mostra das dez principais mentiras contadas por investidores de risco.

1. "Podemos decidir rápido." Claro, a empresa *poderia* decidir rápido — afinal, não é o dinheiro deles que estão arriscando, mas a empresa nunca *toma* uma

decisão rápida porque os sócios não são os catalisadores de inovação arrojados, intrépidos que dão a entender serem. São avessos a risco como a maioria das pessoas no setor financeiro e preferem seguir a multidão.

2. "Gostei de sua empresa, mas meus sócios não." Em outras palavras: "Não." O patrocinador está tentando dar a entender que ele é o cara legal, que ele consegue ver o valor do seu projeto, todavia os demais não, então você não deve culpá-lo. Trata-se de um pretexto; a questão não consiste no fato de que os sócios não gostaram da proposta, mas que o patrocinador não acreditou de verdade. Se realmente acreditasse no projeto, conseguiria convencer o restante do grupo.

"Se sua tia tivesse testículos, ela seria seu tio."

---

3. "Se arranjar um investidor líder, acompanharemos." Ou seja: "Não." Como os japoneses afirmam: "Se sua tia tivesse testículos, ela seria seu tio." Ela não tem testículos; portanto, isso não importa. O investidor de risco está dizendo: "Na verdade, não acreditamos no seu projeto, mas se conseguir que a Sequoia* seja o investidor líder, participaremos do negócio." Isto é, uma vez que o empreendedor não precise de dinheiro, o investidor de risco ficaria satisfeito em lhe dar um pouco mais. Por outro lado, o que você deseja

---

*Sequoia Capital, do Vale do Silício, é um fundo de capital de risco. (*N. da T.*)

A ARTE DO COMEÇO 2.0 | 191

ouvir é: "Se não conquistar um investidor líder, nós conseguiremos." Isso, sim, é uma demonstração real de adesão ao negócio.

4. "Mostre um pouco de tração, e investiremos." Em outras palavras: "Não." Essa mentira se traduz em: "Não acredito em seu discurso, mas se puder prová-lo atingindo uma receita significativa, talvez me convença. No entanto, não quero lhe dizer não porque é possível que você seja a próxima Google e, então, eu pareceria um idiota."

5. "Adoramos investir junto com outros investidores de risco." Assim como dependemos de que o sol nasça e os canadenses adorem hóquei, você pode depender da ganância dos investidores de risco. Ganância aqui se traduz em: "Caso se trate de uma boa negociação, quero tudo só para mim." O que os empreendedores almejam ouvir é: "Queremos toda a rodada. Não desejamos nenhum outro investidor." Então, o trabalho do empreendedor é convencê-los por que outros investidores são capazes de "aumentar o tamanho do bolo em vez de repartir novamente as fatias".

6. "Estamos investindo em sua equipe." Trata-se de uma declaração incompleta. Embora o investimento na equipe seja verdade, os empreendedores estão ouvindo: "Não iremos demiti-lo — por que faríamos isso se investimos por sua causa?" A declaração significa: "Vamos investir na equipe enquanto as coisas estiverem 'correndo bem'; contudo, se derem errado, iremos 'colocá-lo na rua' porque ninguém é indispensável."

7. "Há bastante largura de banda para sua empresa." Talvez o investidor de risco esteja falando sobre a linha de fibra ótica até o escritório dele, mas não menciona a agenda pessoal, pois já possui dez reuniões marcadas. Ao contabilizar as reuniões de diretoria, um empreendedor deve partir do princípio de que um investidor de risco gasta de cinco a dez horas por mês em uma empresa. É isso. Lide com a situação. E encurte as reuniões de diretoria!

8. "É um *term sheet* simples." Não existe nada como um *term sheet* simples, isto é, um tipo de carta de intenções comuns. Comparando os *term sheets* aos sabores de sorvete, o simples é o de baunilha. No entanto, o sabor mais comum é o crocante, ou seja, um caminho pedregoso. Você precisa de um advogado corporativo, com experiência em finanças — diferentemente do tio Joe, advogado especialista em divórcio — a fim de desbravar as complexidades e as armadilhas dos *term sheets*.

9. "Podemos 'abrir portas' para você em empresas que são nossas clientes." Trata-se de uma mentira em dose dupla. Em primeiro lugar, um investidor de risco nem sempre é capaz de "abrir portas" em empresas clientes. A empresa cliente talvez o odeie, e a pior coisa no mundo seria obter uma referência dele. Segundo, mesmo que o investidor de risco *consiga* "abrir a porta", os empreendedores não podem esperar que, de fato, a empresa em questão se comprometa com o MVVVP (produto mínimo viável valioso válido) deles.

A ARTE DO COMEÇO 2.0 | 193

10. "Gostamos de investimentos em estágio inicial." Investidores de risco fantasiam sobre colocar, no início, de US$1 milhão a US$2 milhões em uma startup e terminar com 33% de uma empresa considerada a próxima Google. Trata-se do investimento em estágio inicial. Você faz ideia de por que todos nós sabemos sobre o surpreendente retorno sobre o investimento da Google? Pelo mesmo motivo que sabemos a respeito de Michael Jordan: Googles e Michael Jordans são raros. Caso fossem comuns, ninguém escreveria a respeito deles. Se conseguir ver além do óbvio, investidores de risco querem investir em equipes de competência comprovada (por exemplo, os fundadores da Cisco) com tecnologia também comprovada (a base de um prêmio Nobel) em um mercado igualmente comprovado (comércio eletrônico).

PERGUNTAS EVITADAS COM FREQUÊNCIA

Esta seção de perguntas é a maior do livro. O tamanho reflete o quão difícil é levantar dinheiro. Respondi às perguntas mais comuns sobre o tópico em questão ao longo do próprio capítulo e incluí aqui apenas as mais específicas.

P: Quanto capital devo tentar levantar?

R: Há duas respostas. Primeira: você poderia levantar apenas o necessário para atingir o próximo marco imprescindível — por exemplo, desde o primeiro protótipo ao primeiro produto a ser enviado. O raciocínio é que a

194 | GUY KAWASAKI

realização desse marco tornará possível que você levante dinheiro a uma valoração muito maior.

Segunda resposta: se os investidores estão gastando com você a uma valoração maior, então poderia aceitar tanto quanto estão oferecendo. A meta seria nunca ter de voltar a angariar fundos, o que seria uma preocupação a menos.

No entanto, não importa a valoração, quanto mais você pegar, mais terá de devolver. Ou seja, captar US$50 milhões tem duas implicações. Primeira, a empresa acumulou um financiamento de grande porte. Além disso, a empresa tem de retornar US$500 milhões para deixar os investidores satisfeitos. Esta última consequência gera bastante pressão.

A probabilidade de que os investidores gastem com você nos estágios iniciais é baixa; portanto, para a maioria das startups, a solução é obter o suficiente a fim de alcançar o marco seguinte.

P: Como estabelecer uma valoração para a minha startup?

R: Eu costumava dizer que um engenheiro, trabalhando em horário integral, vale US$500 mil e cada MBA, US$250 mil. (E tenho um MBA.) As pessoas achavam que eu estava fazendo piada — mas não estava.

Alguns conselhos. Em primeiro lugar, *você* não estabelece a valoração a menos que seja uma das raras startups rejeitando investidores. Para o restante de nós, investidores tentam fixar a valoração, e você busca elevá-la. Isso se chama negociação.

Em segundo lugar, a informação sobre a valoração de empresas privadas é imprecisa. Não é como se você descobrisse pelo *Wall Street Journal* o que a bolsa está

A ARTE DO COMEÇO 2.0 | 195

negociando. O melhor que se pode fazer é utilizar estimativas fundamentadas em empresas comparáveis.

O cálculo funciona da seguinte forma: suponha que uma empresa similar levante US$3 milhões. Em geral, uma startup vende 20% a 25% de seu patrimônio líquido durante tal financiamento. Voltando à matemática, se US$3 milhões equivalem a 20-25%, então 100% são de US$12 milhões a US$15 milhões. Essa cifra é um ponto de partida e, daí em diante, você negocia.

É possível descobrir mais sobre esses financiamentos consultando sites como Mashable, TechCrunch e o Verge. Wilson Sonsini Goodrich & Rosati também publica um relatório bastante útil baseado nos financiamentos dos clientes.

Em terceiro lugar, você não precisa obter oitocentos pontos, o valor máximo, na seção de matemática do SAT*, para pensar que é melhor deter uma porcentagem maior da startup. No entanto, essa não é a história na íntegra — o que conta é quanto valem as ações, não seu percentual na empresa. Exemplificando: é muito melhor possuir 0,001% da Google do que 51% de uma empresa de US$10 milhões.

Portanto, não enlouqueça tentando maximizar a valoração da startup a fim de minimizar os efeitos de diluição do ato de levantar capital. Ou ganhará bastante dinheiro, muito além do que alguma vez sonhou, ou terminará sem nada. O quanto sua empresa vale é mais relevante do que a porcentagem que você detém.

---

*SAT (*Scholastic Aptitude Test*) é o exame de admissão para as universidades dos Estados Unidos; é uma espécie de versão norte-americana do ENEM (Exame Nacional do Ensino Médio) no Brasil. (*N. da T.*)

P: Os empreendedores têm de aceitar a valoração proposta pelo investidor de risco que quer investir no negócio?

R: Qualquer que seja a primeira oferta, solicite uma valoração 25% maior, porque é esperado que você, como parte da negociação, force um valor maior — na verdade, se não forçar, talvez assuste os investidores de risco, levando-os a pensar que você não é um bom negociador. Também seria ótimo estar "armado" com alguns argumentos para mostrar por que acredita que sua valoração deva ser mais alta — dizer que este livro lhe orientou a forçar não é suficiente.

Mas se, ao fim do dia, a valoração for razoável, aceite o dinheiro e siga em frente. Dificilmente, valorar e possuir uma porcentagem um pouco maior fazem diferença.

P: Consegui um investidor de risco que quer colocar US$5 milhões na startup! O que devo esperar em termos de sua interação com a empresa?

R: Contanto que tudo esteja "correndo bem", um investidor de risco não irá incomodá-lo. Entenda a vida de um investidor de risco: esse profissional faz parte de cerca de dez diretorias que se reúnem a cada três meses, pelo menos, e, às vezes, todo mês; ele tem de levantar dinheiro para investir e manter cerca de 25 investidores informados e satisfeitos; avalia diversas propostas de financiamento por dia; e ainda lida com outros cinco sócios. Ele não dispõe de tempo para microgerenciar você — e, caso pensasse dispor, em primeiro lugar, não teria investido na sua empresa.

A pergunta primordial é: "Que tipo de apoio posso esperar de um *bom* investidor de risco?" Eis a resposta:

A ARTE DO COMEÇO 2.0 | 197

cinco horas mensais de troca de ideias, durante as quais ele lhe "abre portas" para potenciais clientes e parceiros, e ainda entrevista candidatos a cargos de alto nível em sua empresa.

P: Como identificar as empresas de capital de risco que dispõem de novos fundos, com maturidade o suficiente para se alinhar a meu prazo de liquidez?

R: Você está pensando demais. O momento de obter um fundo não costuma ser um fator imprescindível. Você pode convencer a empresa de que é capaz de ganhar dinheiro ou não. Se conseguir, encontrarão fundos para você. Além disso, é a empresa que vai escolhê-lo, não o contrário, e não há como prever o prazo de liquidez.

P: Qual é a ordem de abordagem das linhas de investidores de risco: primeira linha, segunda linha, então terceira linha, ou vice-versa?

R: Você continua pensando demais. Faça seu pitch para qualquer empresa à qual consiga acesso. Depois de tentar levantar verba por nove meses, perceberá que todo dinheiro é bem-vindo. Além disso, não é tão óbvio assim quem pertence à primeira, segunda ou terceira linha.

P: Qual é a taxa de retorno interna esperada de investidores de risco de primeira, segunda ou terceira linha? O quanto eles dependem dessa projeção?

R: De novo, você está pensando *demais*. Em primeiro lugar, é improvável que um investidor de risco admita que a empresa dele não seja de primeira linha. Mesmo que admitisse, não estaria dizendo aos parceiros e investidores:

198 | GUY KAWASAKI

"Uma vez que somos uma empresa de segunda linha, vamos apenas tentar conseguir 10%."

Todos os investidores de risco estão à procura de um retorno alto sobre seu investimento específico, não um retorno que atinja o preço-alvo médio. (Lembre-se: eles sabem que é alta a probabilidade de sua empresa falir.) Mas a pergunta não inclui outra questão. Embora empresas de capital de risco sejam classificadas de acordo com o desempenho referente à Taxa Interna de Retorno (TIR), os investidores de risco não avaliam negociações individuais calculando potenciais TIRs.

Em termos práticos, os investidores buscam retornos *cash-on-cash*, isto é, rentabilidade nominal — ou seja, se colocarem US$1 milhão hoje, o que podem esperar conseguir de volta em quatro ou cinco anos? (Um retorno de cinco vezes o investimento equivaleria a US$5 milhões.) As expectativas de rentabilidade nominal variam de acordo com o tipo de investidor e o setor de investimento, não conforme o prestígio da empresa. No caso de um investimento de estágio inicial, de alta tecnologia, seria melhor estar apto a convencer o investidor da existência de um plano realista para um retorno de cinco a dez vezes o valor aplicado, dentro de três a cinco anos.

P: Devo admitir que as vendas ainda são inexpressivas (ou até mesmo inexistentes)?

R: Sim, porém eu inverteria o discurso: as vendas não são inexpressivas — você "somente se encontra no início do ciclo de vendas com um produto inovador." Além do mais, é por isso que, quanto maior o tempo fazendo *bootstrapping*, melhor.

A ARTE DO COMEÇO 2.0 | 199

P: Devo admitir para o investidor de risco que não tenho experiência?

R: Não é necessário, porque isso será óbvio. Então você pode contar a verdade. Entretanto, no intuito de melhorar a situação, cerque-se de diretores e consultores experientes. Afirme ainda: "Irei fazer o que for melhor para a empresa e me afastarei do cargo de CEO se necessário", e disponha-se a isso!

P: Até que ponto os investidores de risco conversam entre si? Uma gafe diante de um deles será motivo de conversa de bar a ponto de queimar minha imagem com os outros?

R: É improvável que os investidores de risco falem a seu respeito, pois não há tempo suficiente ao longo do dia para que comentem sobre todas as reuniões horríveis de que participaram e os empreendedores "sem-noção" que encontraram. Você teria de fazer algo extremamente estúpido para se tornar tema das conversas deles.

P: É necessário já ter contratado uma empresa de advocacia e uma de contabilidade antes de levantar capital?

R: Não, mas é melhor já contar com uma empresa de advocacia por três motivos. Primeiro, presumindo que você escolha uma empresa de advocacia reconhecida por sua atuação na área de finanças corporativas/capital de risco, isso demonstra que sabe o que está fazendo. Além disso, um bom advogado pode ajudá-lo a encontrar investidores. O último motivo é que você precisa de um advogado corporativo, experiente em finanças, a fim de lidar com toda a papelada de um financiamento. Uma empresa de contabilidade é menos importante; afinal, a essa altura ainda não há muitas contas a prestar.

P: **É melhor pedir dinheiro a fim de sustentar o projeto inteiro até um evento de liquidez ou apenas o necessário para o primeiro ou os dois primeiros anos?**

R: Nenhuma das opções. Você não tem como prever se haverá um evento de liquidez, quando ocorrerá e de quanto precisará para chegar a tal ponto. No entanto, o que quer conseguir arrecadar, e o que os investidores se dispõem a dar, é capital suficiente para se atingir o próximo marco significativo da empresa, mais seis meses de caução para quando estiver atrasado com seu cronograma.

P: **O negócio tem de estar em plena atividade e ser rentável a fim de atrair capital de investimento?**

R: O negócio de capital de risco é cíclico — alguns diriam bulímico. Em períodos favoráveis, os investidores de risco financiam qualquer um capaz de manusear o PowerPoint. Em tempos de crise, a maioria dos investidores de risco passa a ser cautelosa e visa empresas "em plena atividade e rentáveis".

Seu trabalho é encontrar investidores de risco que apostem em startups em estágio inicial, de competência ainda não comprovada. Quando os investidores de risco lhe dizem que apenas se interessam por empresas de competência comprovada, estão mentindo. O que estão dizendo é: "Não entendemos o que você pretende, então, o estamos descartando ao lhe dizer isso. Se realmente entendêssemos e acreditássemos, assumiríamos o risco com você."

A ARTE DO COMEÇO 2.0 | 201

P: A existência de um líder evidente no mercado-alvo me impede de obter financiamento?

R: Posso responder sem ambiguidades: "Depende." Caso o ciclo de vida do mercado esteja em fase inicial e fique claro que o mercado será imenso, você pode conseguir financiamento. A Commodore era a líder incontestável do mercado de microcomputadores, e inúmeras empresas foram financiadas depois dela. Por outro lado, em uma indústria madura, de capital intensivo, como a de automóveis, isso seria difícil.

Também depende do investidor. Alguns se assustarão com a existência de um líder no mercado. Outros assumirão que isso é uma prova da existência de mercado e estarão dispostos a competir com ele.

Há mais uma questão a se pensar. Sua pergunta é sobre financiamento. No entanto, "financiabilidade" e viabilidade não são a mesma coisa. A ideia de competir com o líder do mercado talvez não seja financiável, porém ainda pode ser viável. Então, não deixe que respostas negativas de investidores o detenham.

P: É melhor ter poucos investidores de grande porte ou muitos de pequeno porte?

R: Caso tenha a chance de optar, você deve se considerar uma pessoa de sorte. Um número reduzido de investidores denota que existem menos relacionamentos a gerenciar. Além disso, atrair mais investidores talvez indique que está conseguindo aqueles menos sofisticados.

Entretanto, há diversos motivos convincentes para obter um número maior de investidores: (1) Mais investidores significam mais gente ajudando você com

202 | GUY KAWASAKI

"abertura de portas", recrutamento e "geração de burburinho", ou seja, marketing "boca a boca"; (2) Ao requerer capital extra, é ótimo contar com várias fontes já envolvidas na negociação; (3) É perigoso dispor de um investidor "dando as cartas" quando (não se) você e ele discordam.

P: Ao aceitar dinheiro de um investidor-anjo, é razoável ou de praxe ter uma cláusula de aquisição de controle acionário a fim de manter minhas ações, caso seja capaz de pagar o empréstimo com juros?

R: Pode tentar, mas é estranho. Os anjos não são bancos tentando conquistar margens entre o custo do capital e os juros que você pagará. Anjos estão investindo em sua empresa no período de maior risco, portanto devem obter vantagens. Se conseguir incluir uma cláusula de aquisição de controle acionário, você acumulará pontos de carma negativo — e uma startup precisa de todo o carma positivo possível.

P: Os investidores atuais devem participar dos pitches apresentados a potenciais investidores?

R: Caso o potencial investidor não coloque nenhuma objeção, isso costuma ser visto como algo positivo: "Os investidores atuais se importam demais a ponto de virem com a empresa à nossa reunião." Se o investidor atual for alguém famoso, faça de tudo para levá-lo.

P: O que atrairia mais os investidores: um conceito de produto com um mercado certo de US$1 bilhão, no qual já existem alguns grandes jogadores financeiros, ou uma ideia de

A ARTE DO COMEÇO 2.0 | 203

produto que irá gerar um novo mercado com potencial de US$1 bilhão, sem concorrentes em curto prazo?

R: Depende do investidor. Há um punhado deles que gosta de apostar em um "admirável mundo novo", porém a grande maioria se parece com uma "manada de búfalos: correndo com as cabeças baixas rumo a um penhasco porque o restante da manada está fazendo o mesmo". Até certo ponto, levantar fundos é como "brincar com números": é preciso fazer inúmeros pitches a fim de encontrar um investidor disposto a aplicar dinheiro em você; portanto, não pode ser exigente.

P: **Qual deve ser o foco do pitch: como o produto soluciona os problemas do cliente, além de uma análise da concorrência, ou como os investidores podem conseguir um retorno de tantos por cento?**

R: A primeira opção, jamais a última. Ninguém é capaz de prever quando e como a liquidez ocorrerá. Você parecerá um tolo se tentar fazer isso.

P: **Quando um empreendedor deve desistir de obter capital de um investidor?**

R: Nunca vi um empreendedor reverter uma decisão negativa por meio de uma discussão. Quando um investidor disser não (recorrendo a comentários longos, já abordados na lista de mentiras de um investidor de risco), aceite educadamente.

No entanto, retorne quando for capaz de fornecer uma comprovação. Como? Finalizando o produto, abrindo contas de prestígio, levantando dinheiro de outras fontes

GUY KAWASAKI

e construindo uma equipe notável. Persistência, acompanhada de comprovação, pode resultar em sucesso.

P: Que salário um CEO deve atribuir a si mesmo de modo a ser razoável e não assustar os investidores?

R: É difícil responder em números absolutos. Por volta de 2014, para startups de tecnologia, provavelmente, a resposta seria US$125 mil por ano. Uma resposta que possa resistir melhor ao teste do tempo é a seguinte: o CEO não deve ganhar quatro vezes mais do que o colaborador de tempo integral que tenha o menor salário da empresa.

P: Anjos querem empreendedores que tenham participação financeira no investimento. Não disponho de dinheiro para investir na empresa. Como superar isso? O que os investidores de risco procuram hoje em dia em termos de participação financeira no investimento?

R: Para um investidor de risco ou um anjo, contar com um empreendedor que tenha participação financeira no investimento é algo bom — mas não se trata de uma necessidade. Você não deve achar que só porque foi estúpido o bastante para colocar dinheiro em uma péssima ideia, outros investidores farão o mesmo.

Caso pense que o único motivo pelo qual um potencial investidor desistiu foi porque você não entrou com parte do capital, é porque já receberia uma resposta negativa. O essencial é o tempo em que você vem trabalhando no produto e os progressos que fez.

Mas se o investidor concordar em fornecer capital, sobretudo por você ter financiado parte do negócio, ele é um idiota, e é melhor não o manter por perto. Além disso,

A ARTE DO COMEÇO 2.0 | 205

em quase todos os casos, você terá investido bastante na empresa sob a forma de meses de aporte de trabalho, conhecido como "capital suor".

P: Caso um investidor-anjo pergunte qual será o retorno dele, qual é a melhor resposta?

R: A melhor resposta é dizer que ele não deve ser um investidor sofisticado; afinal, se fosse, saberia que esta é uma pergunta sem resposta. No entanto, aposto que não terá coragem para tanto. Então, em vez de uma resposta dessa, você pode lhe pedir que examinem a projeção financeira juntos e depois questionar: "O que considera ser realista?"

P: Como devo me vestir para reuniões com investidores de risco?

R: Depende de onde estiver. Na costa leste dos Estados Unidos, por exemplo, você deve usar terno e gravata. Na costa oeste, pode adotar um estilo muito mais informal — calça esporte fino, de algodão, e camisa polo servem. Mas se for um geek, um gênio da tecnologia, não interessa o local, pode até mesmo se apresentar de camiseta e jeans.

P: Haveria interesse por parte dos investidores em receber retorno com participação nos lucros ou aquisição de controle acionário pelos fundadores da empresa, em cinco a dez anos?

R: Apenas se o investidor for sua mãe. Caso os investidores sejam profissionais, esqueça a ideia de levantar dinheiro mencionando uma oferta pública inicial (IPO) ou aquisição. Se forem anjos, investir em sua startup

206 | GUY KAWASAKI

talvez represente uma ideia visionária ou empatia — e a liquidez não interessa tanto. Mas poucos investidores são atraídos pela participação nos lucros ou aquisição de controle acionário.

P: Como proteger uma ideia, visto que poucos investidores assinarão um acordo de confidencialidade?

"Implementar é difícil — e é aí que está o dinheiro."

R: Você está certo. Poucos investidores assinarão e, mesmo que o façam, ouvir sua ideia não a deixa desprotegida. Nunca vi um caso em que um empreendedor contasse uma ideia a um investidor e este a roubasse.

Investidores estão à procura de gente que possa não apenas ter ideias, mas implementá-las. Ter ideias é fácil. Implementar é difícil — e é aí que está o dinheiro. Sendo bem franco, poucos investidores são capazes de implementar uma ideia — é por isso que são investidores... mas estou divagando.

Aqui estão os argumentos ideais para um acordo de confidencialidade:

Se estiver solicitando um acordo de confidencialidade apenas no intuito de apresentar sua ideia, mantenha seu emprego fixo porque você está sem noção. Ninguém que assine um acordo desse somente para ouvir sua ideia é um investidor que valha a pena.

Distribua livremente o sumário executivo e o pitch em PowerPoint. Esses documentos devem incitar os investidores a dar o passo seguinte. No entanto, não devem jamais revelar sua "fórmula secreta", o segredo do negócio.

A ARTE DO COMEÇO 2.0 | 207

Solicite um acordo de confidencialidade se um investidor se mostrar interessado em negociar e quiser saber mais a respeito de código-fonte ou ciência pura. É razoável para um investidor requisitar tal tipo de informação no estágio de *due diligence*. E também é razoável que você peça um acordo de confidencialidade nesse mesmo estágio da negociação.

Uma vez que os pedidos de patentes tenham sido encaminhados, você deve se sentir bem à vontade para falar sobre sua "fórmula secreta" sob um acordo de confidencialidade — consciente de que não irá dispor de tempo nem de recursos para mover um processo contra quem infrinja patentes. A melhor proteção consiste em uma maravilhosa implementação da ideia.

P: Quando paro de tentar encontrar/negociar algo melhor e aceito a oferta feita?

R: É uma boa ideia parar de procurar e negociar se não consegue cumprir com a folha de pagamento. Caso lhe ofereçam 20% do que queria, aceite. Foque em construir sua empresa, não em encontrar a melhor negociação. Com o tempo, a qualidade do empreendimento é que vai determinar quanto ganhará, não a negociação feita com um investidor anos antes.

P: Com que devo me preocupar mais: a diluição, as necessidades reais da empresa ou a quantia que o investidor quer aplicar?

R: Aqui está a prioridade: as necessidades reais da empresa, a quantia que o investidor quer aplicar e, por último, mas não menos importante, a diluição.

LEITURA RECOMENDADA

Stross, Randall E. *eBoys: The True Story of the Six Tall Men Who Backed eBay, Webvan, and Other Billion-Dollar Start-Ups.* Nova York: Crown Business, 2000. [eBoys: a verdadeira história dos seis homens altos que construíram o eBay, a Webvan e outras startups bilionárias, em tradução livre.]

6. A arte de fazer um bom pitch

Concertai um pouco vossas palavras, para não deitardes a perder vossa dita.

— William Shakespeare

Grandes ideias para se começar algo

Esqueça a expressão: "Penso, logo existo." Para os empreendedores, a expressão em vigor é: "Faço um bom pitch, logo existo." Fazer um pitch, ou seja, apresentar ideias e/ou projetos em muito pouco tempo, não serve apenas para levantar verba — é essencial também para se chegar a um consenso. E um consenso pode render ótimos resultados, incluindo vendas, parcerias e novas contratações.

Pergunta: Como você percebe que um empreendedor está fazendo um pitch?

Resposta: Quando os lábios dele se movem.

Neste capítulo, você aprenderá como fazer um pitch para apresentar sua startup e seu produto em um curto espaço de tempo, de forma simples e eficaz.

ESTEJA PREPARADO

Ao chegar para uma reunião, se não houver nenhum projetor disponível, a culpa é sua. Caso o laptop e o projetor sejam incompatíveis, a culpa é sua. Se a lâmpada do projetor queimar no meio da apresentação, a culpa é sua. Caso comece devagar, dê a impressão de ser desorganizado e perca a atenção dos ouvintes, a culpa é sua.

Está percebendo um padrão?

É quase impossível se recuperar de um começo ruim, então chegue cedo e prepare o cenário. Leve o próprio projetor, dois laptops com a apresentação e dois adaptadores VGA. Leve ainda uma cópia da apresentação em pen drive, e também cópias impressas caso nada funcione.

PREPARE O TERRENO

Quando a reunião começar, você deve preparar o terreno para o pitch. A primeira pergunta deve ser: "Quanto tempo temos?" A pergunta mostra que respeita o valor do tempo dos ouvintes, não tendo a intenção de extrapolar seu limite. Isso também faz com que os ouvintes se comprometam com um montante de tempo mínimo.

"Caso prepare o terreno de modo que todos tenham as mesmas expectativas, você já estará saindo na frente."

Depois, pergunte: "Quais as três informações primordiais que posso fornecer a vocês?" Talvez você constate que eles já sabem ou acreditam em algo que ia tentar comunicar,

A ARTE DO COMEÇO 2.0 | 211

então pode pular essa parte. E é possível que descubra que não pode pular algo que pensou estar claro.

Por fim, questione: "Posso fazer minha rápida apresentação e responder às perguntas ao final?" É uma forma de tentar fazer com que os ouvintes se comprometam a não interrompê-lo para que o pitch flua melhor.

Você deve ter obtido todas essas informações de seu patrocinador antes da reunião, mas é capaz de precisar de uns cinco minutos para conseguir tais respostas. E, caso prepare o terreno de modo que todos tenham as mesmas expectativas, você já estará saindo na frente.

EXPLIQUE-SE NO SEXTO MINUTO

Nunca assisti a um pitch desejando que o apresentador tivesse passado os primeiros 15 minutos explicando a própria história de vida e, então, outros 15 minutos relatando a formação de cada integrante da equipe ali presente.

Infelizmente, muitos empreendedores acreditam que um pitch é uma narrativa cujo capítulo de abertura tem de ser sempre autobiográfico. Essas histórias pessoais deveriam convencer os ouvintes de que a equipe é incrível. No entanto, nesse meio-tempo, todos estão se perguntando: *O que essa startup faz?* Em uma analogia com a aviação, a apresentação se parece com um 747 emitindo um ronco estrondoso por uns três quilômetros. Em vez disso, você deve simular um caça F18 sendo catapultado do convés de um porta-aviões, com uma pista de uns 100 metros.

No mais tardar, aos seis minutos da apresentação, você deve explicar o que a startup faz. (Lembre-se de que os primeiros cinco minutos são destinados a obter as respostas às três perguntas mencionadas antes.) Uma vez que saibam o que a startup faz, os ouvintes podem assistir ao restante do pitch com calma e focados no que você diz.

Não enlouqueça com declarações na linha de "patente pendente, saltos de qualidade, âmbito empresarial, escalável, revolucionário, vantagem do pioneirismo, mudança de paradigma, soluções focadas no cliente". Em vez disso, recorra a declarações de duas a cinco palavras:

- "Vendemos software."

- "Vendemos hardware."

- "Ensinamos crianças carentes."

- "Combatemos a violência infantil."

EXERCÍCIO

Usando um cronômetro com alarme, marque um minuto. Até o alarme tocar, explique a alguns amigos o que sua startup faz. Depois, peça que relatem, por escrito, a atuação da startup. Colete as respostas e compare-as com o que pensa que disse.

OBSERVE A REGRA 10/20/30

Fui diagnosticado com a doença de Ménière, termo médico para a combinação de zumbido no ouvido, perda de audição e vertigem. Não há cura, mas existem diversas teorias relacionadas à sua causa e ao tratamento. Estou convencido de que a minha doença de Ménière foi causada pelos milhares de pitches porcarias que já escutei.

> **"Estou convencido de que a minha doença de Ménière foi causada pelos milhares de pitches porcarias que já escutei."**

Conforme o princípio de Pareto, 80% dos efeitos advêm de 20% das causas. Segundo a lei de Metcalfe, o valor da rede é proporcional ao quadrado do número de usuários. E, de acordo com a regra de apresentação 10/20/30, você deve usar dez slides em vinte minutos com um texto com fonte tamanho trinta. Trata-se da regra mais importante a se aprender para fazer um bom pitch, e ainda ajudará a prevenir uma epidemia da doença de Ménière.

Dez slides

O propósito de um pitch é estimular o interesse, não cobrir cada aspecto da startup e coagir os ouvintes à submissão. Seu objetivo é gerar interesse suficiente para conseguir uma segunda reunião.

Assim, dez é o número ideal de slides para um pitch. Esse número tão baixo força você a se concentrar no que é absolutamente essencial. Pode acrescentar mais alguns, porém não deve jamais passar de 15 — quanto mais slides precisar, menos convincente a ideia. Eis os dez slides:

- **TÍTULO.** Nome da empresa; seu nome e cargo; endereço, e-mail e número de telefone celular. Durante a exibição desse slide, você faz as três perguntas que preparam o cenário e, em seguida, explica a atividade da startup. Vá direto ao ponto!

> **"Se uma imagem vale mil palavras, um protótipo vale dez mil slides."**

- **PROBLEMA E OPORTUNIDADE.** Relate o problema e o que tem feito em relação a ele. A meta é conseguir que todos acreditem na utilidade do produto e o apoiem. Evite dar a impressão de propor uma solução à procura de um problema. Minimize ou elimine citações de estudos de consultoria relativos ao futuro tamanho de seu mercado.

  Caso seu produto (ou sua empresa) não resolva um problema, mas capacite as pessoas a fazer coisas que não poderiam jamais pensar em fazer antes, é a hora de retratar "o admirável mundo novo" que está oferecendo.

- **PROPOSTA DE VALOR.** Explique como alivia ou resolve o problema e o sentido do que está oferecendo. Assegure-se de que os ouvintes compreendam o que você vende e sua proposta de valor.

  Aqui não é o lugar para uma explicação técnica detalhada. Forneça a ideia fundamental da startup. Por exemplo: "Somos uma agência de viagens on-line que oferece descontos. Desenvolvemos um software de pesquisa que coleta os preços nos sites dos concorrentes, disponibilizando-os em um relatório."

- **"TOQUE MÁGICO."** Retrate a tecnologia, a "fórmula secreta" ou o "toque mágico" por trás do produto. Quanto menos texto e mais diagramas, esquemas e fluxogramas, melhor. Com esse único slide, você tem de convencer as pessoas de que sua ideia é tecnicamente viável.

A ARTE DO COMEÇO 2.0 | 215

Caso possua um MVVVP (produto viável valioso válido mínimo), um protótipo funcionando ou um demo, é a hora de fazer a transição e apresentar um deles. Se tiver sorte, não chegará ao restante dos slides. Como Glen Shires, da Google, afirmou: "Se uma imagem vale mil palavras, um protótipo vale dez mil slides."

- **MODELO DE NEGÓCIOS.** Esclareça como ganha dinheiro: quem lhe paga, seus canais de distribuição e margens de lucro brutas. Em geral, um modelo de negócios exclusivo e ainda não testado é uma proposta apavorante. Caso disponha de um modelo de negócios revolucionário, relate-o adotando termos conhecidos. É a oportunidade de citar os nomes das empresas que já estão adotando seu produto.

- **PLANO DE ENTRADA NO MERCADO.** Elucide como vai atingir seu consumidor e resuma os pontos para alavancar o marketing. Convença os ouvintes de que possui uma estratégia de entrada no mercado eficaz e a preços razoáveis. (Resista à tentação de adotar o verbo "viralizar" por se tratar de um desejo, de um excesso de otimismo, não de uma estratégia.)

- **ANÁLISE COMPETITIVA.** Apresente um panorama completo da concorrência. É melhor ter informação de mais do que de menos. Nunca desconsidere a concorrência. Todos — clientes, investidores e parceiros — querem saber por que você é bom, não por que a concorrência é ruim.

- **EQUIPE GERENCIAL.** Descreva os integrantes-chave da equipe gerencial, diretoria e junta de conselheiros, assim como os principais investidores. Caso não tenha uma equipe perfeita, não se preocupe — se você fosse o cofundador da Cisco ou do YouTube não precisaria levantar verba.

Você precisa apenas mostrar que sua formação e sua experiência profissional são relevantes ao mercado que está tentando conquistar. Todas as startups possuem falhas — compreender a *existência* de tais falhas e estar disposto a resolvê-las é imprescindível.

- **PROJEÇÕES FINANCEIRAS E MÉTRICAS-CHAVE.** Ofereça uma previsão de três a cinco anos contendo não apenas dólares, mas também métricas-chave, como número de clientes e taxa de conversão. Elabore uma previsão "de baixo para cima" (Veja o capítulo 4, "A arte de fazer *bootstrapping*"). Leve em conta longos ciclos de vendas e sazonalidade. Fazer com que as pessoas compreendam as assunções subjacentes de sua previsão é tão indispensável quanto os números que "fabricou".

- **STATUS ATUAL, REALIZAÇÕES, LINHA DO TEMPO E USO DE FUNDOS.** Esclareça a situação do produto hoje, o que o futuro próximo parece lhe reservar e como empregará a verba que está tentando levantar. Compartilhe os detalhes de seu *momentum* positivo e tração. Depois, utilize esse slide no intuito de encerrar com um viés para a ação.

Uma palavrinha sobre liquidez: nenhum empreendedor sabe quando, como ou se atingirá liquidez e, mesmo assim, vários insistem em incluir um slide afirmando: "Há duas opções de liquidez: uma oferta pública inicial de ações (IPO) ou uma aquisição." Ora, se um investidor o questionar a

A ARTE DO COMEÇO 2.0 | 217

respeito de sua estratégia de saída, isso denota que ele não tem noção do assunto. Se você responder com essas duas opções, é tão sem noção quanto o investidor.

A única circunstância em que deve incluir um slide sobre liquidez é quando tiver condições de listar três potenciais compradores, pelo menos, dos quais o investidor nunca tenha ouvido falar — isso comprova que você conhece a indústria. Por outro lado, declarar que a Google, ou a Google de sua indústria, irá comprá-lo somente fará com que todos os investidores, com exceção dos idiotas, riam de você.

Além dos dez slides, você pode adicionar alguns com mais detalhes sobre sua tecnologia, marketing, clientes/consumidores atuais e outras estratégias-chave. É bom prepará-los com antecedência e tê-los à disposição caso lhe solicitem uma explicação minuciosa. No entanto, não lance mão deles a menos que lhe perguntem a respeito.

Vinte minutos

Grande parte dessas reuniões dura uma hora; no entanto, você deve ser capaz de fazer seu pitch em vinte minutos. Há três motivos para isso:

- Se estiver usando um laptop com o sistema operacional Windows, é possível que precise de quarenta minutos para fazê-lo funcionar com o projetor. Caso tenha realizado uma atualização recente no Windows, talvez necessite de uma hora inteira.

- Existe a possibilidade de não conseguir uma hora inteira se a reunião anterior se estender e, para ser sincero, nunca vi a reunião anterior terminar no horário agendado. Infelizmente, é provável que sua reunião tenha de encerrar no horário agendado de modo que o cronograma volte ao normal, sem atrasos.

- Você quer dispor de bastante tempo para o debate. Não faz diferença se forem vinte minutos de apresentação e quarenta de debate, ou uma sequência de slide/debate, slide/debate, slide/debate.

É bem capaz que esteja pensando: *O Guy está se referindo ao povão, às massas ignorantes e aos bobos. Eles devem utilizar apenas dez slides e vinte minutos, mas não é o nosso caso. Dispomos de "saltos de qualidade", mudança de paradigma, pioneirismo e tecnologia a ser patenteada.*

Estou me referindo a *você* mesmo. Não me interessa se vende ração para cachorros, vida eterna, nanopartículas, componentes ópticos ou a cura para o câncer: bastam dez slides e vinte minutos.

Texto com fonte tamanho trinta

Tal recomendação se aplica a qualquer pitch que conte com a presença de um projetor. Pense a respeito: a maioria dos investidores é composta por gente mais velha e com problemas de visão. Uma boa regra prática para o tamanho da fonte é dividir a idade do investidor mais velho por dois e, então, usar esse tamanho. Outra boa regra prática é que quanto maior a fonte, melhor o apresentador — Steve Jobs usava uma fonte tamanho 150. Você costuma usar uma fonte tamanho oito.

Os slides têm por função guiá-lo durante a apresentação. Eles não são feitos para serem lidos; daí a fonte de tamanho grande e a escassez de texto. Na verdade, devem parafrasear e dar suporte a seu discurso. Como as pessoas conseguem ler mais rápido do que você fala, caso coloque muitos detalhes no slide, irão ler o assunto seguinte, deixando de prestar atenção ao que está dizendo.

EXERCÍCIO

Suponha que alguém se ofereceu para lhe pagar US$100 por cada palavra que retire do discurso. Como ficaria seu pitch?

Caso tenha de adotar uma fonte menor de modo que a apresentação comporte seu material, está exagerando nos detalhes. Cada slide deve retratar um ponto fundamental. Todo o texto e os marcadores visam apenas apoiá-lo.

DOMINE OS PORMENORES

Em alguns casos... a faca pode se voltar violentamente contra a pessoa que a maneja... Você usa a faca com cuidado, pois sabe que ela não se importa com quem é cortado.

— Stephen King

Se obedecer à regra 10/20/30, seus pitches serão melhores do que aqueles de 90% dos empreendedores. Para se aproximar ainda mais da perfeição, domine os pormenores:

- **NUNCA. LEIA. OS. SLIDES.** Jamais. O texto nos slides deve ser um ponto de ancoragem. É o seu discurso que vai explicar e abrilhantar a apresentação.

"Você acha que um efeito de transição de slide, com a imagem sendo dissolvida a partir do canto inferior esquerdo, vai mesmo tornar uma apresentação melhor?"

- **ADOTE FUNDO ESCURO.** Um fundo escuro comunica seriedade e solidez. Um fundo branco ou claro passa a ideia de algo sem qualidade e amador. Além disso, assistir a uma apresentação em tela branca, de vinte a sessenta minutos (dependendo do tipo de computador que utilizar), cansa os olhos. Por acaso, você já viu créditos de filmes em fundo branco com texto preto?

- **INCLUA SEU LOGOTIPO NO DESIGN-PADRÃO.** Toda apresentação representa uma chance de aprimorar o conhecimento da marca de sua startup; então, coloque o logotipo no design dos slides. Ao fazer isso, o logotipo aparecerá em cada slide.

- **USE FONTES COMUNS, NÃO SERIFADAS.** Uma apresentação não é o local para mostrar que detém a maior coleção de fontes do mundo. Utilize fontes simples porque, algum dia, talvez tenha de apresentar seu pitch no computador de outra pessoa. Adote também fontes sem serifa por serem muito mais fáceis de ler do que aquela fonte serifada, delicada, da qual tanto gosta.

A ARTE DO COMEÇO 2.0 | 221

- **ANIME COM O CORPO, NÃO COM OS SLIDES.** O Power-Point conta com mais de sessenta formas de animação. São 59 além do necessário. Vários empreendedores se valem de animações e transições entre slides de modo a dar um toque sofisticado às apresentações. Você acha que um efeito de transição de slide, com a imagem sendo dissolvida a partir do canto inferior esquerdo, vai mesmo tornar uma apresentação melhor? Recorra ao próprio corpo, não aos efeitos e às animações do PowerPoint, no intuito de demonstrar expressividade, emoção e entusiasmo.

- **"EMPILHE" MARCADORES.** Quase todos os empreendedores não adotam marcadores (bullets). Exibem e leem grandes blocos de texto. Isso é um erro. Em vez disso, recorra aos marcadores: fragmentos de texto que captam o ponto principal. Até quando empregam os marcadores, os empreendedores costumam agrupá-los, permitindo que as pessoas leiam o texto a seguir. Isso também é um erro. Crie seus marcadores e empilhe-os: clique com o mouse, marcador um, explique; clique, marcador dois, esclareça; clique, marcador três, elucide. É a única animação da qual necessita em qualquer parte da apresentação.

- **MANTENHA SOMENTE UM NÍVEL DE MARCADORES.** O uso de submarcadores denota que está tentando passar muita informação em um mesmo slide. Cada slide deve comunicar apenas um ponto relevante, com marcadores dando apoio ao tal ponto. Caso observe a parte relativa à fonte tamanho trinta na regra 10/20/30, perceberá que será difícil adotar submarcadores.

222 | GUY KAWASAKI

- **UTILIZE DIAGRAMAS E GRÁFICOS.** Melhor dispor de um marcador do que de um bloco de texto, porém muito melhor do que um marcador é contar com um diagrama ou gráfico. Sirva-se de diagramas a fim de esclarecer como seu negócio funciona. Recorra a gráficos no intuito de explicar tendências e resultados numéricos. E monte diagramas e figuras, inserindo tais elementos com cliques do mouse, como se fossem marcadores.

- **PREPARE SLIDES PARA IMPRESSÃO.** Existe um aspecto que requer cautela no que diz respeito a adicionar diagramas e gráficos. Às vezes, esses objetos gráficos são criados com base nos anteriores e acabam por encobri-los. Tudo bem durante uma apresentação, mas não quando o arquivo se destina à impressão. Logo, assegure-se de que os slides também possam ser impressos.

DEIXE APENAS UMA PESSOA FALAR

Diversos empreendedores acreditam que os investidores aplicam o capital em equipes, logo devem demonstrar trabalho conjunto durante os pitches. Adotando essa linha de raciocínio, quatro ou cinco colaboradores participam do pitch e cada um tem sua parte da fala.

A lógica de que todos devem ter uma parte da fala é fabulosa quando se trata de uma peça escolar. Pais e avós assistem a suas "pedras preciosas" em ação, e não faltam oportunidades para vídeos. A vida é boa, imparcial e justa. No entanto, um pitch não é uma peça escolar.

Em um pitch, o CEO deve falar 80% do tempo. O restante da equipe (não mais que outras duas pessoas) pode apresentar um ou dois slides relativos às respectivas áreas de expertise. Ainda podem dar detalhes caso surjam perguntas. Porém, caso não consiga conduzir a maior parte do pitch por conta própria, o CEO deve praticar até conseguir. Ou, então, ele precisa ser substituído.

Em geral, os integrantes de uma equipe tentam auxiliar o CEO quando os ouvintes o pressionam com algo mencionado por ele antes. Por exemplo, suponha que alguém quer debater o marketing multinível ou de rede, ou seja, o sistema de distribuição de múltiplos níveis para produtos de venda. Um integrante da equipe, com a melhor das intenções, afirma: "Penso que esteja certo. Há tempos cogito que deveríamos vender diretamente ao consumidor."

Péssimo movimento. Esse comentário não demonstra pensamento flexível, ambiente aberto ou expertise ampla. Ao contrário, evidencia falta de coesão. O correto é que ninguém diga nada além do CEO, que, mediante tal pergunta, deve responder: "Você levantou um ponto interessante. Podemos falar sobre isso depois?"

"SUBA UNS TREZENTOS METROS E FIQUE POR LÁ"

Prometo que se trata da única analogia com guerra neste livro. Leve em conta três métodos de aplicar força letal:

- **B-1 LANCER.** É um bombardeiro de longo alcance para missões intercontinentais, capaz de penetrar em sofisticados sistemas de defesa. Consegue atingir uma altitude de mais de 9 mil metros e custa US$200 milhões.

"Se os pitches fossem armas, a maioria, infelizmente, seria B-1 Lancers ou Navy Seals."

- **NAVY SEALS.** Integrantes da equipe de elite da Marinha dos Estados Unidos. Recebem treinamento para operações especiais em território inimigo. Proporcionam capacitação para ações de combate não convencional e visão em tempo real dos alvos, atacando a partir do mar e a ele retornando.

- **A-10 WARTHOG.** Avião de apoio aéreo às tropas. É simples e resistente. Sua vantagem primordial é voar a uns trezentos metros de altitude. Custa US$13 milhões.

Se os pitches fossem armas, a maioria, infelizmente, seria B-1 Lancers ou Navy Seals. O pitch "tipo B-1" está lá nas nuvens. Conta com bastante gesticulação, incríveis animações de PowerPoint, além do uso de termos como "estratégico", "parceria", "aliança", "vantagem do pioneirismo" e "tecnologia patenteada". Em geral, costuma ser feito por alguém com MBA e formação em finanças ou consultoria.

Já o pitch "tipo Navy Seal" conta com a apresentação de um geek, fanático por tecnologia ou engenheiro. Ele explica as nuances técnicas e usa várias siglas, entendidas apenas por quem é do meio. É óbvio que o apresentador sabe tudo a respeito da própria tecnologia — e adoraria explicá-la a você.

A ARTE DO COMEÇO 2.0 | 225

O pitch "tipo B-1" se apresenta em um nível bem superior, pois os ouvintes querem saber o que a empresa faz e por que terá êxito, não estão interessados em megamarcas nem em ambições megalomaníacas. Por outro lado, o pitch "tipo Navy Seal" se encontra em um nível bem inferior por focar em bits, bytes e nits.

A analogia correta para fazer seu pitch é adotar o "tipo A-10 Warthog" (a uns trezentos metros de altitude). Sua apresentação não deve "estar nem nas nuvens nem no chão com uma faca entre os dentes". Simplesmente forneça bastantes detalhes a fim de atestar que é capaz de entregar resultados e que tem "visão aérea" suficiente para provar que possui um plano de negócios.

RESPONDA AO HOMENZINHO

Quando Bill Joos, um ex-colega da Garage Technology Ventures, iniciou carreira na IBM, a empresa o treinou para imaginar que havia "um homenzinho sentado em um de seus ombros". Durante as apresentações, sempre que Bill dizia algo, o homenzinho sussurrava: "E daí?"

Você também deve imaginar esse "homenzinho em um dos ombros" e escutá-lo; afinal, a relevância do que você está dizendo nem sempre é evidente, muito menos inspiradora. Toda vez que fizer uma declaração, idealize o homenzinho fazendo tal pergunta.

Após respondê-la, prossiga com as duas palavras mais poderosas em um pitch: "Por exemplo..."* Em seguida, discuta um uso ou cenário real de uma característica do produto. Ilustrando:

---

*Richard C. Borden, *Public Speaking as Listeners Like It!* (Nova York: Harper & Brothers, 1935), 53. (*N. do A.*)

Você disse	O homenzinho perguntou	Você respondeu	Você elaborou
"Utilizamos processamento de sinais digitais em nossos aparelhos auditivos."	"E daí?"	"Nosso produto aumenta a nitidez dos sons."	"Por exemplo, em um coquetel com muitas conversas paralelas, você será capaz de ouvir o que estão lhe dizendo."
"Oferecemos criptografia de 128 bits em um aparelho portátil."	"E daí?"	"É praticamente impossível alguém invadir nosso sistema."	"Por exemplo, caso esteja em um quarto de hotel e queira ter uma conversa telefônica confidencial com a sede de sua empresa."
"A Srta. (nome de uma celebridade) faz parte de nosso conselho consultivo."	"E daí?"	"O que estamos fazendo é interessante o bastante para atrair grandes talentos."	"Por exemplo, ela já nos 'abriu as portas' de sua indústria."
"Adotamos o método montessoriano em nossa nova escola."	"E daí?"	"Nossa escola foca nas crianças como indivíduos, capacitando-as para que aprendam a gerenciar o próprio estudo de forma independente."	"Por exemplo, capacitamos as crianças com talentos específicos para que sigam progredindo em relação ao restante dos alunos."

FAÇA PITCHES COM FREQUÊNCIA

Familiaridade suscita conteúdo. Quando estiver totalmente familiarizado e confortável com o próprio pitch, terá condições de fazê-lo com maior eficácia. Não há atalhos para se atingir tal familiaridade — você tem de fazer a apresentação inúmeras vezes.

"Se você se sair mal nos ensaios, se sairá mal na hora do pitch a valer."

Visando chegar a tal ponto, boa parte das pessoas necessita fazer um pitch cerca de 25 vezes. Todas essas apresentações não têm de ser para seus ouvintes — cofundadores, colaboradores, familiares, amigos e até seu cachorro são bons auditores.

Nem pense em fazer um pitch sem praticar. Steve Jobs treinava suas apresentações de produto por "horas a fio", e você não é o novo Steve Jobs. Se você se sair mal nos ensaios, se sairá mal na hora do pitch a valer; portanto, comece logo a treinar — porque se existe algo pior do que ter a doença de Ménière é ser a causa dela.

EXERCÍCIO

Faça um vídeo fazendo um pitch. Se conseguir assisti-lo e não se sentir constrangido, é sinal de que está pronto.

FORNEÇA OS NÚMEROS CORRETOS

O socialismo nunca criou raízes nos Estados Unidos porque os pobres veem a si mesmos não como um proletariado explorado, mas como milionários temporariamente constrangidos por dificuldades financeiras.

— John Steinbeck

Investidores não espalham pitches sobre a mesa e selecionam aqueles que irão financiar com base em projeções financeiras e taxas de retorno. Quase todos os pitches apresentados a investidores de risco possuem mais semelhanças do que diferenças entre si. De modo específico, projetam vendas no valor de US$50 milhões em um período de quatro a cinco anos. A verdade é que, na teoria, qualquer um capaz de utilizar o Excel pode atingir esses resultados.

Em geral, os investidores de risco querem três a cinco anos de projeções de modo a conseguir fazer três coisas: compreender a escala de seu negócio, avaliar as alegações de seu modelo de negócios e determinar o montante de capital necessário. Veja como três investidores líderes descrevem o que buscam em projeções financeiras.

- **MOHANJIT JOLLY — DRAPER FISHER JURVETSON.** "Procuro uma previsão de cinco anos com algumas assunções detalhadas para os primeiros dois anos, quando existe algum nível de visibilidade. Os últimos anos são mais para entender o crescimento das receitas como um indicador: se o empreendedor está pensando grande assim e, ao mesmo tempo, compreendendo os fatores-chave, como intensidade de capital, crescimento do número de colaboradores etc. No geral, as projeções financeiras são mais uma 'verificação das prioridades' do que qualquer outra coisa. O negócio consegue ser grande o suficiente em um tempo razoável de modo a proporcionar os retornos que buscamos? E as assunções subjacentes são sensatas?"

- **DOUG LEONE — SEQUOIA CAPITAL.** "Acredite ou não, as projeções financeiras para startups se tornaram irrelevantes", declarou Doug. Logo, questionei: "Então, em um plano de negócios ou pitch para a Sequoia, não é preciso nem mencionar essas projeções? Não se importam com isso?" Ao que ele respondeu: "Nem um pouco quando se trata de startups. Nossa preocupação é com o tamanho do mercado, o tempo para construir o produto, o número de engenheiros, a utilização e o comprometimento, e por aí vai."

- **IAN SOBIESKI — BAND OF ANGELS.** "Sei que meus investimentos em estágio inicial/'semente' não alcançarão os relatórios *pro forma* de cinco anos, mas ainda quero que o empreendedor tenha um bem detalhado para mostrar seu raciocínio a respeito do negócio. Não se trata de ciência, contudo é uma espécie de pintura impressionista retratando os números que o empreendedor está tentando construir. Depois, então, quero ver como esse plano é decomposto em prováveis hipóteses e experimentos, que permitem ao empreendedor testar partes do modelo à medida que a empresa cresce. Essas partes são pontos de inflexão naturais no plano de negócios em que pivôs podem ser feitos, e também são locais naturais para rodadas distintas de levantamento de capital: as séries A, B e C."

230 | GUY KAWASAKI

A questão é que os investidores não estão à procura de previsões detalhadas contendo cada item imaginável. Eles estão em busca do panorama geral e tentando entender os tipos de assunções que você está criando a respeito do próprio negócio.

Uma maneira de aprimorar suas previsões é construir modelos de baixo para cima e não ao contrário, de cima para baixo. Em primeiro lugar, vamos avaliar a maneira errada: começar com um número alto e multiplicá-lo por uma fatia de mercado fácil de ser alcançada. Então, apliquemos esse método à venda de ração para cachorros:

- De acordo com a Sociedade Humana Internacional, o número de cachorros domésticos nos Estados Unidos é de 85 milhões.

- Cada cachorro come duas latas de ração por dia.

- O mercado total, portanto, é de 170 milhões de latas diárias.

- Vamos admitir, com cautela, que você consiga atingir 1% da fatia de mercado, ou seja, 1,7 milhão de latas diárias.

- Vamos assumir que cada lata custe US$1.

- Isso significa que sua empresa terá US$1,7 milhão em receita por dia — sendo cauteloso mais uma vez. São meros US$620 milhões de receita anual.

Agora vamos examinar a maneira correta, começando com um modelo de baixo para cima, isto é, a partir de zero dólares e estimar quantos clientes você consegue atingir e conquistar:

A ARTE DO COMEÇO 2.0 | 231

- Usando cada truque da otimização de sites para mecanismos de busca (SEO, na sigla em inglês), parceria e técnica de mídias sociais, você é capaz de obter cinquenta mil visitas mensais ao site.

- Um por cento dos visitantes, isto é, quinhentos comprarão todas as sessenta latas necessárias em um mês. Logo, a receita mensal consiste em 500 pessoas x 60 latas x US$1/lata = US$30 mil.

- Talvez consiga mais visitantes e melhore a porcentagem de vendas fechadas, porém esta é uma linha de base realista: US$30 mil mensais ou US$360 mil anuais.

- O montante de US$360 mil está bem longe de US$620 milhões. É possível que o valor de US$360 mil seja bastante pessimista, mas seus resultados reais estarão muito mais próximos de US$360 mil do que de US$620 milhões.

RELATE TUDO

Caso exista um problema muito sério em sua empresa, que não foi ou não possa ser eliminado de imediato, relate-o logo aos investidores, ainda no início do processo de levantamento de capital. Quanto maior a demora para contar tal problema, maior a dificuldade para revelá-lo depois e, assim, mais abalada ficará sua credibilidade.

Por exemplo, certa vez, a Garage Technology Ventures investiu em uma empresa que revelou ter um acordo de consultoria com um potencial investidor. O acordo veio à tona poucos dias antes de o financiamento ser liberado. Esse investidor estava comprando ações, assim como recebendo ações

232 | GUY KAWASAKI

e dinheiro por serviços de consultoria. No entanto, nenhum outro investidor tinha um acordo similar com a empresa.

Quando os demais investidores descobriram a existência do acordo, o financiamento quase foi cancelado. Se a empresa tivesse logo revelado a questão, explicando por que isso era bom para todos (o que, de fato, era), tudo teria transcorrido com mais tranquilidade. Infelizmente, um investidor muito importante desistiu no último minuto por causa desse fato. E se houver uma mancha na sua formação, como ter começado uma empresa ou trabalhado em uma que não obteve êxito? É inútil tentar esconder tal fato, pois os investidores irão descobri-lo. Também é inaceitável culpar alguém ou as circunstâncias pelo fracasso, quer tenha sido o mercado, outros colaboradores, clientes ou, em particular, os investidores, não importa qual seja a verdade.

Minha recomendação é: faça *mea culpa*, ou seja, aceite tanta culpa pelo fracasso quanto for possível justificar e ainda confesse seus pecados. Investidores sofisticados consideram tal honestidade admirável e muitos deles já ganharam bastante dinheiro com empreendedores que não foram bem-sucedidos em esforços anteriores. O primordial é ter aprendido com as falhas e estar ávido para tentar de novo.

FIQUE CALADO, ANOTE, RESUMA, PROCESSE TUDO E ACOMPANHE

> *Existem pouquíssimas pessoas que não se tornam mais interessantes quando param de falar.*
>
> — Mary Lowry

Certa vez, acompanhei um CEO e um diretor de operações de uma startup a um pitch para um investidor de risco. Al-

A ARTE DO COMEÇO 2.0 | 233

guns dias mais tarde, eu me encontrei com o tal investidor. Ao começarmos a discutir a Gestão (com G maiúsculo), ele comentou: "Notei que o CEO falou muito, porém o diretor de operações ficou lá sentado, apenas fazendo anotações. O CEO não escreveu nada. Acho que o diretor de operações é um sujeito de grande valor."

"Ser visto fazendo anotações revela: 'Considero você esperto. Está dizendo algo que vale a pena anotar. Estou disposto e ansioso para aprender. Estou prestando atenção.'"

Não me lembro se o que o investidor de risco dizia na reunião valia mesmo a pena ser anotado, mas a questão não é essa. Ficar calado, tomar nota e escutar com atenção para detectar meios de melhorar são coisas boas a serem feitas em um pitch, pois até as menores ações podem gerar uma grande impressão.

Ser visto fazendo anotações revela: "Considero você esperto. Está dizendo algo que vale a pena anotar. Estou disposto e ansioso para aprender. Estou prestando atenção." Fazer anotações proporciona tais benefícios, além do valor da informação que está sendo registrada. Não dá para causar uma impressão ainda melhor do que essa.

Além disso, ao término da reunião, faça um resumo do que ouviu e revise tudo a fim de assegurar que captou a informação correta. Depois, busque cumprir, dentro de um dia, as promessas que fez durante o pitch — por exemplo, enviando mais informações.

REESCREVA DO ZERO

Após a Segunda Guerra Mundial, muitos jipes militares norte-americanos foram cedidos ou vendidos aos filipinos. Esses veículos, chamados Jeepneys, eram modificados para aumentar a capacidade de assentos e eram decorados com cores fortes até ficarem bonitos e não lembrarem em nada a forma original. Alguns Jeepneys chegaram inclusive a ser reformados no intuito de se tornarem Mercedes.

Após um certo tempo, vários pitches começam a ser parecidos com esses carros. Iniciaram como documentos básicos, funcionais, mas os empreendedores ficaram editando e remendando tudo em resposta ao feedback dos potenciais investidores. Cada reunião levava a outras modificações, consertos, emendas, até ser difícil reconhecer seus pontos fundamentais.

Recomendo o seguinte: depois de cinco ou mais apresentações, jogue fora seu pitch e dê início a um totalmente novo. Em vez de ser uma colcha de retalhos, deixe que essa versão 2.0 reflita o melhor do que aprendeu.

PRIMEIRO O PITCH, EM SEGUIDA O PLANO — E POR QUE NÃO HÁ UM CAPÍTULO SOBRE PLANOS DE NEGÓCIOS NESTE LIVRO

Não vi um plano em cinco anos. Somente apresentações.

— Doug Leone, Sequoia Capital

Segundo a Biblioteca Britânica, existiam vasos mágicos nos mitos celtas que "satisfaziam os gostos e as necessidades de todos os que comiam e bebiam deles". Esses mitos levaram à lenda do Santo Graal. Até bem pouco tempo atrás, o equivalente moderno do Santo Graal era um plano de negócios.

No passado, os empreendedores redigiam um plano de negócios e, então, elaboravam os slides do PowerPoint com base no texto do plano. Viam o plano como o início e o fim de tudo, ou seja, algo de suma importância, e o pitch era um subconjunto de tanta magnificência. Acreditava-se que o plano de negócios devesse satisfazer os gostos e as necessidades dos que o lessem e induzir a efeitos mágicos — especificamente, ao ímpeto irresistível de financiar.

Esse pensamento está ultrapassado, e o plano de negócios, assim como o Santo Graal, permanece inatingível e mitológico. Na prática, não se escrevem mais planos de negócios. Poucos investidores sofisticados lerão um como o primeiro passo — todos querem ouvir seu pitch, não ler seu plano.

Para empresas em estágio inicial, você precisa apenas de um pitch com base no modelo de apresentação em PowerPoint ou Keynote. A chance de que os potenciais investidores lhe peçam um plano de negócios será muito pequena, mas, mesmo assim, já tomaram sua decisão.

Bem mais tarde, quando levantar uma rodada de capital mezanino pouco antes da oferta pública inicial, talvez tenha de elaborar um plano de negócios. Porém, a essa altura, já estará contando com banqueiros de investimento e advogados para redigir baboseiras de modo a isentá-lo de qualquer culpa ou problema legal.

Adendo

Minicapítulo:
Como remodelar um pitch

Presto consultoria a uma empresa chamada Enthrill, que oferece às editoras de livros uma forma de vender seus e-books por meio de varejistas tradicionais. O CEO da empresa, Kevin Franco, pediu que eu revisasse seu pitch de noventa segundos para o TechShowcase2014, um evento de tecnologia em Calgary, Alberta, Canadá. Estou fornecendo a versão original, que ele me enviou, e a editada por mim (a fim de não dizer coisa pior) de modo a ilustrar como se elabora um pitch eficaz.

ANTES (meus comentários — a US$0,02 — para Kevin estão em *itálico* no texto):

Olá, meu nome é Kevin Franco. Sou cofundador e CEO da Enthrill Distribution Inc.

Estamos buscando US$750 mil em capital social para ajudar a comercializar nossa tecnologia de distribuição de e-books. **MEUS US$0,02:** *Não forneça nenhum número. E se alguém quiser investir US$2 milhões?*

Um dos maiores problemas na indústria editorial hoje é a barreira apresentada pelos "jardins murados". **MEUS US$0,02:** *"Jardins murados" não é uma expressão conhecida para as pessoas a menos que estejam familiarizadas com o mundo editorial. Conheço bem esse mundo e, mesmo assim, não tenho certeza do que quis dizer...*

Os dispositivos da Amazon, Apple, Kobo, Nook e Sony não são compatíveis entre si. Isso limita as editoras às vendas somente por meio do comércio direto com o consumidor, que representa apenas uma porção do total das vendas editoriais. **MEUS US$0,02:** *Quantas pessoas irão compreender o que significa "vendas por meio do comércio direto com o consumidor"?*

A Enthrill solucionou esse problema. Nossa tecnologia permite a leitura de e-books em todos os tipos de dispositivos. Contamos com dois aplicativos que auxiliam as editoras a vender e-books:

A. Vendas B2B (ou vendas de e-books por atacado para corporações) **MEUS US$0,02:** *Entendo bem o ramo editorial. Também sei o que quer dizer venda B2B. Estou tentando descobrir a correlação da venda B2B com o ramo editorial.*

B. Vendas a varejo (ou vendas de e-books em cadeias varejistas)

No segmento B2B, visualizamos uma oportunidade de vendas inexploradas de mais de US$4 bilhões a serem capitalizados pelas editoras, no mundo inteiro, por meio do uso de nosso SaaS (software como serviço). **MEUS US$0,02:** *O que quer dizer com "vendas* *inexploradas"? Agora você me fez pensar: "O que o SaaS tem a ver com a questão de capacitar uma editora a vender livros? Ah, você quer dizer que a Enthrill é um SaaS, não o que as editoras farão. Mas o SaaS é como a Salesforce. com. Então, como a Enthrill atua como a Salesforce? O que é isso? Do que é que esse sujeito está falando?"*

No segmento varejista, enxergamos uma grande oportunidade para as editoras alavancarem o tráfego do varejo tradicional e a explosão do mercado de cartão-presente com a venda de conteúdo digital via cartões-presente para e-books.

Em poucas semanas, a Enthrill estará lançando oficialmente nossa tecnologia no mercado. A Walmart estará inaugurando uma livraria virtual de e-books abastecida pela Enthrill e, em todas as suas lojas presenciais no Canadá, um programa também da Enthrill de cartões-presente para e-books. A Enthrill estará vendendo cartões-presente para e-books em mais de mil pontos varejistas no Canadá nesta temporada de festas de fim de ano. **MEUS US$0,02:** *Três quartos da apresentação já se foram e, por fim, está começando a ficar interessante. Isto aqui está "uma completa zona".*

Assinamos contratos com a HarperCollins, MacMillan, Harlequin, Scholastic e muitas outras editoras, e também com as empresas Wallmart, Target, Safeway, Air Miles, Toys "R" Us, Home Hardware, InComm, Blackhawk Network e CMMI.

Adoraria me reunir com vocês, um a um, de modo que pudéssemos discutir um pouco mais essa oportunidade.

240 | GUY KAWASAKI

Esta é a versão que escrevi para substituir a enviada por ele.

Meu nome é Kevin Franco. Sou o cofundador e também CEO da Enthrill Distribution Inc. É provável que sejamos a única empresa neste evento com um contrato, assinado e autenticado, de um serviço prestes a ser lançado em parceria com a Walmart.

Em poucas semanas, os clientes das lojas físicas da Walmart terão condições de comprar um e-book de editoras como HarperCollins, MacMillan, Harlequin e Scholastic. Vocês já estão familiarizados com os cartões-presente. [Mostre um cartão neste momento.] Nosso produto é semelhante, mas, em vez de um crédito na compra de qualquer produto da loja, esse crédito é para um livro específico.

As pessoas compram o cartão referente a um e-book, vão para casa, acessam a internet, digitam o número do código do cartão e fazem o download do respectivo e-book. Ou, então, dão o cartão como presente. Sem a nossa tecnologia, as editoras não conseguem oferecer e-books por meio das lojas varejistas tradicionais. Dependem por completo das vendas on-line via Amazon, Apple, Kobo, Nook e Sony — e vocês sabem como as editoras se sentem com relação a isso.

Com o nosso produto, as três partes saem ganhando. As editoras nos adoram porque a Amazon e outras varejistas deixam de controlar sua distribuição de e-books. A Walmart e as demais varejistas também gostam muito de nós, pois podem participar do mercado de livros digitais, não apenas do mercado de livros impressos. Além

A ARTE DO COMEÇO 2.0 | 241

disso, nossos cartões demandam bem menos espaço, de modo que os varejistas conseguem oferecer um número maior de títulos, e é superfácil lidar com o retorno dos cartões em vez de despachar pilhas de livros.

E as pessoas têm apreço por nós por descobrirem novos e-books enquanto estão fazendo suas compras em lojas físicas.

Ah, mais uma coisa... Assinamos contratos com as empresas Target, Safeway, Toys "R" Us e ainda com a Home Hardware. No próximo Natal, os cartões da Enthrill estarão disponíveis em mais de mil pontos de venda no Canadá.

As lições tiradas dessa minha reescrita são:

- **COMECE COM FORÇA.** Se está prestes a fazer negócio com um "gigante" como a Walmart, você deve anunciar isso em alto e bom som. Inicie com sua melhor notícia, qualquer que seja.

- **CORTE QUALQUER JARGÃO INDUSTRIAL.** Diga às pessoas o que faz, como faz e quem é seu cliente na linguagem mais simples possível.

- **CITE TODOS OS GRANDES NOMES QUE PUDER.** Caso se relacione com outras empresas de peso no mercado, divulgue-as também. Seus ouvintes estão à procura de provas que lhe assegurem ser bem-sucedido. Clientes de peso contribuem bastante para que isso aconteça.

- **CATALISE A FANTASIA.** Observe que não há números referentes à receita industrial e à besteirada de dimensionamento de mercado. Uma solução como essa atrairia inúmeras editoras, logo você não precisa ser um matemático para saber que muitos e-books são vendidos.

- **TERMINE COM FORÇA.** Como Steve Jobs costumava dizer: "Mais uma coisa..." Reserve algo maravilhoso para o encerramento.

Adendo

Minicapítulo: Como vencer uma competição de planos de negócios

Empresas no mundo inteiro dirigem competições de planos de negócios a fim de promover a inovação e o empreendedorismo. A boa notícia é que essas competições forçam os empreendedores a se organizarem para atender dentro do prazo, além de estarem adquirindo experiências que os impele a simular a existência da equipe de uma startup.

A notícia ruim é que planos de negócios não são mais necessários, logo as competições em questão estão adotando o formato errado. As empresas deveriam dirigir competições de pitches de negócios. Já fui juiz de várias competições de planos de negócios; lia apenas os primeiros sumários executivos e escutava os pitches para votar.

Outra questão é que essas competições são preparadas para fazer com que as startups se tornem atraentes aos investidores. Em minha humilde opinião, tal ênfase é um desserviço aos empreendedores. O que é mais relevante do que tornar startups atraentes a investidores em um belo formato de competição é torná-las viáveis na vida real.

Por exemplo, sem mirar um mercado com equipe gerencial e tecnologia, tudo testado e aprovado (as três qualidades

244 | GUY KAWASAKI

que a maioria dos investidores afirma estar procurando), talvez os investidores não considerem atraente a entrada no negócio. No entanto, equipes de competência não comprovada, em mercados com tecnologias também sem comprovação, costumam produzir startups épicas.

No mundo real, a viabilidade é mais importante do que a "financiabilidade" por três motivos: Primeiro, você requer menos capital inicial porque tudo é gratuito ou de baixo custo — infraestrutura, métodos de marketing e ferramentas. Segundo, o financiamento coletivo pode proporcionar até diversas centenas de milhares de dólares em dinheiro vivo. Não interessa se não dispõe da startup mais financiável caso não precise de financiamento. Terceiro, a parte difícil de começar uma empresa é atingir viabilidade, não levantar capital. De que adianta ter a startup mais financiável se ela não for viável?

Mas abrindo parênteses...

Não posso argumentar que é ruim vencer uma competição de planos ou de pitches de negócios, pois visibilidade é sempre algo bom. Essas competições são os últimos bastiões dos planos de negócios, logo é possível que tenha de *escrever* um para entrar, contudo o julgamento final é baseado no pitch. Portanto, no intuito de vencer um deles, o foco em seu pitch deve ser:

- **ENSAIAR.** Ensaie até cansar de sua apresentação. Poucas pessoas conseguem improvisar. A probabilidade de que seja uma delas é zero.

"Você vai ganhar ou perder no primeiro minuto, mais ou menos."

A ARTE DO COMEÇO 2.0 | 245

- **IR DIRETO AO PONTO.** Explique o que seu produto faz nos primeiros trinta segundos. Esclareça o problema ou esforço ao qual se dirige nos trinta segundos seguintes. Você vai ganhar ou perder no primeiro minuto, mais ou menos. Lembre-se: seja um F18, não um 747.

- **CONTAR UMA HISTÓRIA.** Forneça uma razão lógica para haver interesse no produto, serviço e setor. Histórias como "Minha namorada queria vender seus brinquedos de coleção on-line" contribuíram para a emissão de milhares de cheques, isto é, captaram bastante financiamento.

- **CATALISAR FANTASIA.** Pare de tentar provar a existência de um grande mercado para seu produto, citando estatísticas e estudos de consultoria. Todas as equipes farão isso. Elabore uma história que seja tão convincente e incrível que os juízes fantasiem a respeito de seu potencial e façam os cálculos matemáticos mentalmente.

- **ADOTAR UMA FONTE DE TAMANHO GRANDE.** É bastante provável que os juízes sejam idosos e não consigam ler o texto nos slides caso a fonte seja pequena. Também é provável que a plateia seja imensa; portanto, lembre-se de que as pessoas nos assentos de trás precisam ler os slides também.

- **UTILIZAR GRÁFICOS BEM VISÍVEIS.** A concorrência vai utilizar texto com fonte pequena e nenhum gráfico. Pense diferente. Use o máximo possível de gráficos e fotos, e o mínimo de palavras. Capturas de tela também são poderosas, pois fazem sua ideia parecer mais real.

246 | GUY KAWASAKI

- **PESQUISAR.** Você saberá com antecedência quem serão os juízes. Descubra tudo o que puder a respeito e, então, adapte sua apresentação a eles. O benefício evidente é uma apresentação mais relevante e adequada, porém há uma consequência extra: os juízes perceberão que você foi inteligente e aplicado o bastante para ter feito isso.

- **FOCAR NOS PONTOS INTERESSANTES NA FORMAÇÃO DE SUA EQUIPE.** Por definição, caso participe de uma dessas competições, há grandes chances de que você e a respectiva equipe não tenham currículos impressionantes. Tentar minimizar uma fraqueza não gera força. Apenas mostre que a sua formação, assim como a dos demais integrantes da equipe, é imprescindível ao negócio.

- **ENSAIAR AINDA MAIS.**

Adendo

Minicapítulo: As dez principais mentiras dos empreendedores

Em um dia comum, um investidor se reúne com representantes de duas ou três startups e lê outros quatro ou cinco sumários executivos. Cada empresa alega representar uma oportunidade única e revolucionária, com uma equipe de competência comprovada, tecnologia e mercado também testados e aprovados. Nenhuma empresa argumenta ser um bando de fracassados que não sabe o que está fazendo.

Para o bem dos investidores, cansados de ouvir as mesmas velhas "lorotas", e ainda dos empreendedores, que se prejudicam por inventá-las, listamos as dez mais comuns. Estude cada uma de modo que possa, pelo menos, contar mentiras novas.

1. "Nossa projeção é conservadora." Sua projeção é conservadora, mas você alega que estará ganhando US$100 milhões no terceiro ano. Na verdade, a empresa vai apresentar o crescimento mais rápido na história da humanidade.

A verdade é que você não tem a menor ideia de como serão as vendas, e sonho com o dia em que um empreen-

248 | GUY KAWASAKI

dedor me confesse: "Nossa projeção consiste em números escolhidos ao acaso. Estamos tentando torná-los altos o bastante de modo a captar seu interesse, porém baixos o suficiente para não passar a impressão de sermos idiotas. No entanto, não teremos a menor ideia do que acontecerá até liberarmos o produto e vermos sua aceitação no mercado." Ao menos esse empreendedor seria honesto.

2. "Especialistas afirmam que nosso mercado será de US$50 bilhões em cinco anos." Não cite uma cifra como essa e espere impressionar os investidores. Ninguém chega e declara: "Nosso mercado é minúsculo e insignificante." Ao contrário, todos dizem a mesma coisa. É melhor, então, atuar como catalisador de fantasias.

3. "A Amazon vai assinar um contrato conosco na próxima semana." Tração é bom. Faz com que se torne financiável. Mas até um contrato ser assinado, o negócio não está fechado. Se o investidor lhe pedir o contrato na semana seguinte, e ele ainda não estiver assinado, você tem um problema: sua credibilidade estará em risco. Ao longo de anos no ramo, nunca vi um contrato ser assinado dentro do prazo. Fale sobre a Amazon e seus grandes contratos somente depois de estarem fechados.

4. "Colaboradores-chave irão se juntar a nós assim que conseguirmos financiamento." Vamos direto ao ponto: você e seu sócio são dois sujeitos trabalhando em uma garagem, tentando levantar algumas centenas de milhares de dólares, seu produto ainda levará um ano até ficar pronto, e está me dizendo que essas pessoas renomadas vão "abrir mão" do salário de US$250 mil por ano, além de bônus e *stock options*, para trabalhar na sua empresa?

Quando os investidores entram em contato com tais colaboradores-chave, supostamente prontos a se juntarem à equipe da empresa, a resposta costuma ser: "Tenho uma vaga lembrança de ter conhecido o CEO em uma festa." Caso vá contar essa mentira, certifique-se de que esses potenciais colaboradores estejam dispostos, prontos e preparados para se juntarem à sua equipe.

5. "Diversos investidores já estão na etapa de *due diligence*." Ou seja: "Caso não se apresse, alguém investirá em nós e você não terá mais a chance." Isso funciona bem em fases de exuberância irracional, porém, em fases distintas, é uma tática risível. A realidade, e o que o interlocutor está pensando, é: *Você fez seu pitch para alguns outros investidores e eles ainda não o rejeitaram.*

É provável que os investidores conheçam melhor uns aos outros do que você a eles. Podem ligar para os próprios camaradas e descobrir até que ponto certa empresa está interessada em sua negociação. No intuito de conseguir que acreditem nessa mentira, é melhor que saiba blefar muito bem ou seja bastante atraente; do contrário, não terá a mínima chance com a rede de investidores.

6. "A Microsoft é antiga, grande, burra e lenta demais de modo a ser uma ameaça." Microsoft, Oracle, Apple, Facebook... Escolha uma empresa de sucesso. Vários empreendedores pensam que, com esse tipo de declaração, conseguem (a) convencer o investidor de que são arrojados, (b) provar que têm condições de derrotar um concorrente bem-estabelecido no mercado e (c) estabelecer uma vantagem competitiva.

Na realidade, estão revelando apenas total ingenuidade com relação ao que é preciso a fim de construir um negócio de sucesso. Há uma razão pela qual pessoas como Larry Ellison conseguem manter o aeroporto de San Jose, na Califórnia, aberto até tarde para seu jatinho particular

250 | GUY KAWASAKI

enquanto você e eu comemos amendoim em uma aeronave da Southwest Airlines. E isso não ocorre porque a empresa dele é antiga, grande, burra e lenta.

O fato de estar competindo com uma empresa já estabelecida no mercado é algo bastante assustador para os investidores. Não afunde sua startup demonstrando insensatez ao difamar concorrentes de tal porte. Em vez disso, explique como pode evitar a concorrência atuando em segmentos diferentes ou sem chamar a atenção. Ao menos, admita que está realizando um empreendimento de alto risco e difícil para, no mínimo, indicar que tem consciência da magnitude do desafio.

7. "As patentes tornam nosso negócio defensável." Patentes não tornam um negócio defensável. É possível que proporcionem uma vantagem competitiva temporária — sobretudo em ciência de materiais, equipamentos médicos e na área de biotecnologia — mas nada além.

Definitivamente, dê entrada nos pedidos de patentes se puder, porém não dependa deles muito mais do que o indispensável a fim de impressionar seus pais, a menos que disponha de tempo (anos) e de dinheiro (milhões) para ir à justiça.

Quando estiver conversando com investidores, o ideal é mencionar apenas uma vez que sua tecnologia é patenteável. Não mencionar vez nenhuma é ruim, pois implica não ser proprietário de nada. E mais de uma denota inexperiência.

8. "Tudo o que temos de fazer é conseguir 1% do mercado." Isso é o que os investidores de risco chamam de a "Mentira do refrigerante chinês". Esclarecendo: "Se apenas 1% da população na China beber nosso refrigerante, teremos mais sucesso do que qualquer outra empresa na história da humanidade."

A ARTE DO COMEÇO 2.0 | 251

Há alguns problemas com essa linha de raciocínio: Primeiro, não é assim tão fácil conseguir que 1% da população na China beba seu refrigerante. Segundo, poucos empreendedores tentarão, de fato, obter um mercado tão vasto quanto a população na China. Além disso, a empresa que veio antes de você disse algo similar sobre outro mercado, e a que virá a seguir também dirá. Outro problema é que uma empresa visando apenas 1% do mercado não é assim tão interessante.

9. "Dispomos da vantagem do pioneirismo." Com relação a essa mentira, existem dois problemas, no mínimo. Primeiro, talvez não seja verdade. Como saber que ninguém mais está fazendo o mesmo? Em geral, caso esteja desenvolvendo algo bom, outras cinco startups também estarão. E se estiver criando algo notável, haverá outras dez em situação idêntica.

O outro transtorno é que a vantagem do pioneirismo não é tão boa assim quanto dizem. Talvez seja melhor ser o segundo mais ágil — deixar alguém lançar o conceito e aprender com os erros do pioneiro — e, depois, ultrapassá-lo.

10. "Contamos com uma equipe de nível internacional e competência comprovada." A definição aceitável de "nível internacional" e "competência comprovada" nesse contexto é que os fundadores geraram uma riqueza enorme para os investidores na empresa anterior ou, então, possuíam cargos em empresas de grande porte e altamente respeitadas. Sobreviver à "tormenta" de uma empresa de sucesso, realizando uma função de menor importância; trabalhar para a McKinsey como consultor ou passar alguns anos em um banco de investimento, nada disso conta como experiência empreendedora comprovada.

EXERCÍCIO

Dê a lista de mentiras a um amigo e lhe peça para escutar seu pitch. Quantas dessas mentiras você contou? Será reprovado no exercício caso conte mais de duas.

PERGUNTAS EVITADAS COM FREQUÊNCIA

P: Como tornar meu pitch memorável?

R: O problema não consiste no fato de os pitches não serem memoráveis. À primeira vista, sem levar em conta o mercado, muitos são empolgantes por causa de suas promessas de vantagens de pioneirismo, tecnologia patenteada, mercado de US$50 bilhões e equipes com gênios altamente motivados.

A questão é que os pitches passam a ficar parecidos uns com os outros porque todos alegam as mesmas coisas. Você consegue tornar o seu memorável aderindo às regras básicas: uma apresentação curta (dez slides, vinte minutos), com uma história cativante de como pretende solucionar um problema real ou aproveitar uma oportunidade atraente.

Há mais uma coisa que pode fazer: uma demonstração que "leve os ouvintes à loucura" por ser tão incrível. Então, não terá de se preocupar mais com os slides do PowerPoint. De fato, talvez nem volte aos slides após a demonstração, pois haverá muito o que falar.

Imagine sempre que os ouvintes se encontram ao fim de um longo dia de reuniões entediantes; todos mal

A ARTE DO COMEÇO 2.0 | 253

conseguem se manter despertos, muito menos prestar atenção em algo; e só querem ir para casa. Via de regra, é esse o cenário que encontrará, então esteja preparado.

P: Devo imprimir meu pitch em cores e encadernar cópias para entregar aos investidores?

R: É bobagem encadernar cópias coloridas. Eu me preocuparia com coisas mais relevantes, como o conteúdo e o pronunciamento em vez da impressão e da encadernação.

P: Devo enviar minha apresentação com antecedência aos participantes?

R: Não. Em geral, uma boa apresentação exibe apenas trechos de texto (com fonte grande!), portanto será bem provável que as pessoas tenham dificuldade em compreender sem a sua fascinante explicação oral.

P: Devo entregar minha apresentação no início da reunião?

R: Não. Caso faça isso no início, as pessoas adiantarão a leitura dos slides impressos, pois conseguem ler mais rápido do que você fala, o que, por outro lado, dificulta que tomem notas. Então, uma estratégia alternativa é entregar a apresentação no início da reunião, mas pedir para não lerem slides que ainda não foram exibidos.

LEITURAS RECOMENDADAS

Nesheim, John. *High Tech Start Up: The Complete Handbook for Creating Successful New High Tech Companies*. Nova York: Free Press, 2000. [Startup de alta tecnologia: o manual completo para iniciar empresas de alta tecnologia bem-sucedidas, em tradução livre.]

Reynolds, Garr. *Apresentação zen: ideias simples de como criar e executar apresentações vencedoras*. Rio de Janeiro: Alta Books, 2010.

Proliferação

7. A arte de montar uma equipe

Para contratar, é essencial confiar e recompensar aqueles com visão, capacidade e julgamento radicalmente diferentes dos seus. Fazer isso é raro, pois exige humildade, tolerância e sabedoria incomuns.

— Dee W. Hock

Grandes ideias para se começar algo

Poucas tarefas são mais empolgantes do que recrutar pessoas incríveis para uma startup a todo o vapor, e existem poucos fatores mais importantes para o sucesso do que pessoas incríveis. Não basta que os candidatos sejam qualificados a fim de trabalhar na startup; também têm de acreditar no produto; afinal, o trabalho em uma startup se assemelha mais a uma religião do que a um modo de ganhar a vida. Este capítulo explica como construir uma equipe incrível.

IGNORE O IRRELEVANTE

Existe uma escassez de bons colaboradores no mundo. Logo, é estupidez (e ilegal em muitos lugares) recrutar com base em considerações irrelevantes. A arte de montar uma equipe requer enxergar além de raça, credo, cor, orientação sexual e religião. Eu também acrescentaria educação formal e experiência profissional à lista. Em vez disso, foque nestes três fatores:

1. O candidato consegue fazer aquilo de que você precisa?

2. O candidato acredita no que você está fazendo?

3. O candidato é agradável e digno de confiança?

"Colaboradores antigos da Google, do Facebook, da Apple, do Twitter e da Microsoft não serão, de maneira alguma, ótimas contratações para uma startup."

Muita gente supervaloriza a experiência e a formação dos candidatos. Às vezes, convém ignorar a ausência de perfeição e a formação relevante; já em outras ocasiões, vale a pena desconsiderar uma formação perfeita e relevante:

- **EXPERIÊNCIA EM UMA STARTUP BEM-SUCEDIDA.** O fato de alguém haver trabalhado em uma empresa na época em que ela atingiu o sucesso não denota que, de fato, essa pessoa contribuiu para tal êxito. Colaboradores antigos da Google, do Facebook, da Apple, do Twitter e da Microsoft não serão, de maneira alguma, ótimas contratações para uma startup. Ademais, a essa altura, é possível que estejam ricos demais e não queiram "trabalhar duro" de novo.

- **EXPERIÊNCIA EM UMA GRANDE EMPRESA.** Ter trabalho em uma empresa de grande porte não é um indicador confiável de sucesso em um ambiente de startup. As habilidades indispensáveis são diferentes em cada contexto. Um vice-presidente da Google (com sua marca estabelecida, recursos infinitos e 80% de participação no mercado) talvez não seja a pessoa certa para uma operação com "dois sujeitos em uma garagem".

- **EXPERIÊNCIA EM UMA EMPRESA FRACASSADA.** É o outro lado da experiência em uma empresa com êxito, seja de grande porte ou uma startup. Diversos fatores poderiam ter ocasionado o fracasso — talvez o candidato fosse um deles. Ou não. No entanto, em geral, o fracasso é um professor melhor do que o sucesso — sobretudo quando é à custa de outra empresa.

- **FORMAÇÃO EDUCACIONAL.** Você quer gente inteligente, não obrigatoriamente diplomada. São duas coisas distintas. Steve Jobs nunca concluiu o curso na Reed College. Steve Case, o fundador da AOL, estudou em Punahou (uma piada entre havaianos). Metade dos engenheiros da Divisão Macintosh não terminou a faculdade. Eu abandonei o curso de direito e fui rejeitado pela Escola de Negócios da Universidade de Stanford.

- **EXPERIÊNCIA NA MESMA FUNÇÃO.** A experiência funcional também é uma "faca de dois gumes". Certa ocasião, a Apple admitiu um executivo do ramo de absorventes femininos por achar que, para vender

260 | GUY KAWASAKI

Macintoshes, precisaria de conhecimento sobre o mercado de bens de consumo embalados. No entanto, sua experiência não se aplicava ao ramo de computadores — óbvio. Existem áreas como contabilidade, por exemplo, que demandam um conjunto de habilidades específicas. Mas, no tocante a várias áreas em uma startup, o mais eficaz é recrutar o "melhor atleta".

- **EXPERIÊNCIA NO MESMO SETOR INDUSTRIAL.** A experiência na indústria é outra "faca de dois gumes". Por um lado, é de grande utilidade compreender a indústria de modo geral e já possuir contatos. Por outro, um candidato preso a ideias preconcebidas sobre determinada indústria ("Um fabricante de computadores não consegue dar suporte à própria rede varejista") pode se transformar em um problema. Mais uma vez, leve em consideração a abordagem do "melhor atleta".

Há uma última característica a ignorar: fraqueza. Você não diria que um dos pontos fortes de Steve Jobs era a compaixão. Nem que o design estético fosse o forte de Bill Gates. Então, deixaria de contratar o próximo Steve Jobs ou Bill Gates? Existem duas teorias:

- Encontre o candidato que não mostre fraquezas (embora também não mostre pontos fortes).

- Encontre o candidato que mostre pontos fortes (embora também mostre fraquezas).

A primeira linha de raciocínio é falha, pois todos mostram fraquezas — trata-se apenas de uma questão de constatar quais são. Sair-se bem em uma área já é difícil o bastante; tentar encontrar pessoal que faça tudo é uma missão impossível.

A segunda linha de raciocínio é a que deve ser adotada. Uma equipe formada por gente que mostra pontos fortes e diversos é o que você deseja no início, quando o número de colaboradores é reduzido e não há lugar para redundância. Excelentes executores tendem a possuir grandes fraquezas. Quem não mostra fraquezas tende a ser medíocre.

EXERCÍCIO

Relembre seus primeiros empregos. Verdadeiro ou falso?
— Eu era perfeitamente qualificado.
— Estou demandando mais qualificações dos candidatos do que quem me contratou.

DRAMATIZE SUAS EXPECTATIVAS

Deixe claro, a qualquer contratado, que trabalhar em uma startup é bem diferente do que ele estava acostumado (caso tenha vindo de uma empresa de grande porte) e dos filmes e *sitcoms* (caso assista muito à TV).

A um candidato vindo de uma empresa de grande porte, você precisa questionar: "Você está disposto a voar na classe econômica, trabalhar sem secretária e se hospedar em hotéis baratos de beira de estrada?" É possível que afugente candidatos desejáveis, porém vale mais a pena se arriscar a isso do que admitir gente que não é capaz de atuar em um ambiente de startup.

Habilidades para atuar em uma empresa de grande porte	Habilidades para atuar em uma startup
Bajular o chefe	Ser o chefe
Gerar lucros contábeis	Gerar fluxo de caixa
Rebater acusações sobre monopólio	Estabelecer uma "cabeça de ponte"*
Desenvolver produtos	Criar produtos
Realizar pesquisa de mercado	Despachar produtos
Pressionar o canal de distribuição	Estabelecer um canal de distribuição

A um candidato que costuma assistir muito à TV, é primordial alertar que startups não dispõem de sala de recreação com mesa de pingue-pongue, comida grátis, festas divertidas, nem são um caminho rápido para alguém enriquecer. Uma descrição realista: startups levam de quatro a cinco anos de longas horas, salários baixos, momentos "de altos (incríveis) e baixos (depressivos)", além do medo constante de a verba acabar. E isso se tudo fluir bem.

COLETAR DADOS ADEQUADOS

Quando compelido a utilizar a própria intuição, você encontrará dois cenários de recrutamento. No primeiro, a edu-

---

*Criar um "cabeça de ponte" é uma tática militar de invasão que, transposta para o mundo empresarial, significa conquistar um mercado em que a concorrência já está instalada. (*N. da T.*)

cação e a formação do candidato não conferem, e outros da equipe sustentam que não deve admiti-lo. Seu lado racional afirma: "Não o contrate. Não possui a experiência certa." Porém, a intuição aconselha: "Fique com ele."

No segundo cenário, a educação e a formação do candidato parecem perfeitas, e o restante da equipe insiste para que o contrate. Seu lado racional declara: "Não o deixe escapar." Entretanto, a intuição adverte: "Deixe que ele vá embora."

"Você deve recorrer à verificação das referências como meio de decidir se o candidato é admissível, e não como confirmação de uma escolha já feita."

De acordo com a sabedoria popular, nesse tipo de situação, você deve confiar na própria intuição. Infelizmente, a intuição costuma falhar — talvez tenha gostado de um candidato porque ele era fisicamente atraente, frequentou a mesma faculdade que você ou compartilhava de sua paixão por hóquei; então, acabou não sendo minucioso no momento da entrevista nem na hora de checar as referências.

Ou talvez você tenha uma percepção inflada sobre a qualidade da própria intuição, lembrando-se de quando estava certa e esquecendo-se de quando estava errada. Eis um procedimento a fim de auxiliá-lo a tomar as decisões corretas:

- **ESTRUTURE AS ENTREVISTAS.** Você e sua equipe devem decidir que atitude, conhecimento, personalidade e experiência são imprescindíveis ao cargo antes do início das entrevistas. Não permita que colaboradores conduzam entrevistas desestruturadas por pensarem que são bons em julgar pessoas.

- **PERGUNTE SOBRE SITUAÇÕES ESPECÍFICAS DE TRABA-LHO.** Preparo e química são importantes assim como competência. Comece determinando se a pessoa é capaz de fazer o trabalho antes de decidir que gosta dela. Para um candidato ao cargo de vice-presidente de marketing, por exemplo, estas perguntas são ótimas:

  - Como gerenciou o lançamento de um produto?
  - Como determinou o conjunto de características de um novo produto?
  - Como convenceu a equipe de engenharia a implementar tais características?
  - Como selecionou sua empresa de relações-públicas?
  - Como escolheu sua agência de propaganda?
  - Como lidou diante de uma crise, por exemplo, no caso de um produto com defeito?

- **ATENHA-SE AO ROTEIRO.** Minimize perguntas espontâneas. Você quer obter uma amostra de candidatos que respondam às mesmas perguntas de modo a compará-las com precisão.

- **CONDUZA ENTREVISTAS INICIAIS POR TELEFONE.** Uma maneira de criar igualdade de condições de concorrência dos candidatos é conduzir entrevistas iniciais por telefone. Isso reduz o efeito de certos fatores como atributos físicos, vestuário e raça.

- **NÃO INSISTA EM PERGUNTAS DELICADAS.** Um bom candidato pode blefar em meio a perguntas como "Por que quer trabalhar nesta startup?" Uma abordagem bem direta é muito melhor: "Quais realizações são seu maior orgulho?" "Qual foi sua experiência de

A ARTE DO COMEÇO 2.0 | 265

aprendizado mais gratificante?" De novo, preocupe-se primeiro com a competência.

- **VEJA SE A PESSOA ATENDE AO CARGO.** Cuidado com o resultado falso-positivo: contratar alguém agradável, porém incompetente. E atenção ao contrário, o resultado falso-negativo: rejeitar alguém menos agradável, mas competente. Os melhores engenheiros, por exemplo, não são necessariamente carismáticos, e os carismáticos não são necessariamente os melhores engenheiros.

- **FAÇA ANOTAÇÕES.** Tome notas durante a entrevista para se lembrar do que cada candidato disse. Não dependa da memória, pois o passar do tempo e suas reações subjetivas dificultarão uma avaliação precisa e justa dos candidatos.

- **CHEQUE LOGO AS REFERÊNCIAS.** Muitas empresas verificam as referências dos candidatos selecionados para contratação. É um "arranjo" para uma profecia autorrealizável porque, a essa altura, o que quer é ouvir comentários que confirmem sua decisão. Trata-se de um erro grave. Você deve recorrer à verificação das referências como meio de decidir se o candidato é admissível, e não como confirmação de uma escolha já feita. (Mais dicas sobre a verificação das referências ao final deste capítulo.)

- **UTILIZE O LINKEDIN.** Candidatos fornecerão referências que dirão coisas boas a respeito deles (embora talvez se surpreenda), porém você pode recorrer ao LinkedIn no intuito de encontrar ex-colegas de trabalho. Essa ferramenta é capaz de proporcionar uma visão de 360 graus de cada candidato.

A beleza desse processo é que sua natureza rígida e padronizada irá auxiliá-lo a coletar informações melhores, o que pode aprimorar sua intuição. Agora você é capaz de seguir a própria intuição. Tomar decisões com base na intuição já me ajudou bastante (com certeza, mas minha memória também é seletiva), e seria hipócrita se lhe dissesse para contar apenas com os fatos, porque a Apple me admitiu — um ex-vendedor de joias graduado em psicologia — a fim de atuar como evangelista do produto mais importante da história da empresa.

(Os primeiros avaliadores deste livro pediram informações sobre meu processo seletivo. Se quiser saber a história completa, a Apple me contratou porque meu colega de quarto na faculdade, Mike Boich, era o responsável pela decisão. No papel, não havia motivo para a Apple me admitir como o segundo evangelista de software. Ao me entrevistar pela primeira vez, Steve disse a Mike: "Gosto dele, mas ele não tem nenhuma experiência relevante, então, a menos que queira apostar seu emprego nessa contratação, eu diria não.")

USE TODAS AS SUAS FERRAMENTAS

Tanto em tempos favoráveis quanto nos de crise, é difícil contratar gente "tipo A+", então, prepare-se para utilizar todas as ferramentas que estiverem à disposição. A maioria das pessoas pensa que o arsenal de recrutamento se limita a salário, participação acionária e patrimônio líquido, além de benefícios adicionais, porém há mais a oferecer:

A ARTE DO COMEÇO 2.0 | 267

- **SUA VISÃO.** Para muita gente, o dinheiro não é o principal motivador. Esse tipo de pessoa trabalhará por menos a fim de fazer mais, produzindo algo significativo e mudando o mundo.

- **SUA EQUIPE.** Não limite as entrevistas do candidato a seu provável supervisor imediato e colegas. Caso disponha de diretores, conselheiros e investidores, acrescente-os à lista do processo de sedução.

- **POTENCIAL DE APERFEIÇOAMENTO DO CURRÍCULO.** Vamos encarar a verdade: poucas pessoas trabalham na mesma empresa durante a vida inteira. Não há nada errado em obter alguns bons anos de pessoas maravilhosas e auxiliá-las a aprimorar os próprios currículos trabalhando em sua empresa. E nunca se sabe: talvez permaneçam mais tempo do que você previra.

EVANGELIZE TODOS OS DECISORES

Raramente a decisão de trabalhar em uma startup é tomada apenas pelo candidato. Embora empregadores mais esclarecidos também considerem o cônjuge do candidato, a decisão do processo envolve uma teia complexa de relacionamentos.

Os decisores-chave podem incluir pais, amigos e colegas do candidato. É fácil imaginar um jovem perguntando aos pais se ele deve ou não aceitar um cargo em uma startup e recebendo a resposta: "Não. É muito arriscado. Consiga uma colocação em uma empresa boa e segura, que irá durar bastante."

Por isso, pergunte aos candidatos quem são seus conselheiros, as pessoas que o ajudam a tomar decisões e, em seguida, direcione as entrevistas para as potenciais preocupações das pessoas-chave. No entanto, esteja ciente de que alguns candidatos talvez interpretem a pergunta como capciosa — *Caso admita que meus pais participam do processo, pensarão que sou um fraco, sem iniciativa, e não irão me contratar.* Logo, faça o melhor que puder a fim de lhes garantir que se trata de uma maneira de aumentar a probabilidade de recrutar, com sucesso, candidatos dos quais gosta.

ESPERE PARA COMPENSAR

Diversas startups erram ao enviar uma carta de oferta cedo demais ao longo do processo de contratação. Utilizam essa carta como isca, salientando detalhes sobre o salário no papel de modo a mostrar o quanto estão interessadas e querem fechar a contratação. Trata-se de um grande erro.

Uma carta de oferta deve vir ao término do processo de recrutamento. Não é uma ferramenta de negociação para o candidato dizer sim, mas um meio de confirmar um acordo verbal. Pense em uma carta de oferta como um pedido de casamento: faça a oferta, no caso, envie a carta quando souber que a resposta será sim, não para mostrar seriedade.

INTERPRETE AS MENTIRAS

Quando trabalhava na Garage, Amy Vernetti, agora sócia na True Capital, apresentou esta lista com as dez principais mentiras contadas por candidatos a emprego. Estude todas, pois irão ajudá-lo a evitar erros na contratação. Trata-se de uma lista de mentiras considerada completa e insuperável; portanto, caso seu candidato lhe conte outras, bem diferentes, ao menos ele é criativo.

A ARTE DO COMEÇO 2.0 | 269

Mentira	Verdade
"Tenho outras três propostas, então é melhor se apressarem."	Já fui a outras três entrevistas, e ninguém me rejeitou ainda.
"Fui responsável pela aliança estratégica de minha empresa com a Google."	Peguei o envelope enviado por FedEx pela Google.
"Estou deixando minha empresa atual, depois de apenas alguns meses, por não ser o que o CEO me disse que era."	Não sei como realizar o *due diligence*.
"Nunca fiquei em uma empresa por mais de um ano porque fico entediado com facilidade."	Leva cerca de um ano para as pessoas perceberem que sou um palhaço.
"Não me reportava a ninguém, de fato, na antiga empresa."	Ninguém me queria em seu departamento.
"Quase todas as minhas referências são pessoais; afinal, os amigos me conhecem muito bem."	Ninguém para quem trabalhei está disposto a dar referências minhas.
"Nunca ouviu falar de meus três últimos empregadores, pois estavam na fase de trabalhar em segredo."	Todas as empresas para as quais trabalhei faliram.
"Não trabalho mais para a empresa, porém mantenho um excelente relacionamento com o pessoal de lá."	Fui forçado a assinar um acordo com uma cláusula de não depreciação a fim de obter meu pacote de rescisão.
"Sou um vice-presidente, mas ninguém se reporta a mim."	Fui aposentado.
"Estou esperando, no mínimo, dobrar meu último pacote de compensação."	Ganhava muito bem e compreendo que talvez tenha de receber menos em troca de uma boa oportunidade.

APLIQUE O TESTE DO SHOPPING CENTER

Há mais um teste a ser aplicado aos candidatos: o teste do shopping center. Sua origem remonta ao dia em que eu estava no shopping center de Stanford e avistei um desenvolvedor de software da Macintosh, porém ele não havia me notado ainda. Logo me desviei, entrando em outro corredor, para evitar ser obrigado a conversar com ele, pois era um sujeito bastante desagradável. Essa experiência me levou a conceber o teste do shopping center.

"A vida é curta demais para se trabalhar com gente de quem não se gosta — especialmente em uma startup."

O teste funciona assim: suponha que esteja em um shopping center e aviste um candidato antes de ele notá-lo. A essa altura, você pode fazer uma destas três coisas:

1. Aproximar-se e cumprimentá-lo.

2. Imaginar que, caso esbarre nele, tudo bem. Do contrário, tudo bem também.

3. Entrar no carro e ir a outro shopping center.

Não importa o que a intuição e seu sexto sentido lhe digam, estou lhe aconselhando a admitir apenas gente de quem iria se aproximar e iniciar uma conversa. Caso se depare escolhendo a opção 2 ou a 3, não faça a contratação. A vida é curta demais para se trabalhar com gente de quem não se gosta — especialmente em uma startup.

(A propósito, se adotar a opção 2 ou a 3 para alguém já empregado em sua startup, ou resolva a situação ou livre-se da pessoa.)

DEFINA UM PERÍODO DE REVISÃO INICIAL

Apesar de tanto empenho, o processo de recrutamento (ou intuitivo) às vezes dá errado e o novo contratado não atende às suas expectativas. A meu ver, uma das tarefas mais difíceis é admitir esse erro e corrigi-lo.

No entanto, se há algo mais complicado do que demitir alguém com quem não se quer trabalhar é reduzir o quadro de colaboradores, dispensando gente que gostaria de manter. Se não corrigir o rumo da situação ou exonerar aqueles que não apresentam desempenho satisfatório, você eleva a probabilidade de ter de reduzir o quadro, dispensando colaboradores de qualidade caso a startup fracasse.

Visando simplificar esse processo, tanto para a empresa quanto para o colaborador (porque também é o correto para ele — não trabalhar mais na empresa errada), você deve estabelecer um período de revisão inicial com marcos graduais. Quanto mais concretos os objetivos de desempenho, melhor. Dos objetivos direcionados a um vendedor podem constar, por exemplo:

- Concluir o treinamento sobre o produto

- Finalizar o treinamento de vendas

- Participar de cinco contatos de vendas

272 | GUY KAWASAKI

Tal período deve ser maior do que o entusiasmo inicial da contratação, mas menor do que o tempo indispensável para que o sentimento predominante passe a ser algo do tipo *Por que contratei essa pessoa?*

Em suma, noventa dias.

Combine que, após esse período, ambos os lados, em uma revisão conjunta, discutirão o que está dando certo, o que está dando errado e como aprimorar o desempenho. Certos problemas poderão ser atribuídos a você!

NÃO SUPONHA QUE ACABOU

Em 2000, a Garage recrutou um renomado banqueiro de investimentos, de uma empresa de grande prestígio. O processo levou semanas de "namoro" e duas rodadas de ofertas e contrapropostas, visto que o empregador dele na época "adoçava" o pacote de compensação.

Por fim, conseguimos admitir o tal homem. Ele e a família compareceram a um churrasco da Garage. A vida estava boa, tudo transcorria bem. Algumas semanas mais tarde, ele começou a trabalhar. Apareceu alguns dias, mas depois ligou dizendo estar doente. Certa noite, já tarde, recebi seu e-mail com o pedido de demissão.

Ele deixou a Garage e foi trabalhar para um ex-cliente do banco de investimentos. Alguns meses depois, retornou à empresa de origem. Aprendi, então, que nunca se deve supor que algo está concluído. O recrutamento não chega ao fim quando um candidato aceita a oferta, nem quando pede demissão da empresa atual, nem no último dia de expediente nessa empresa — nem mesmo após passar a integrar sua equipe.

Cada dia é um novo contrato entre startups e seus colaboradores.

Adendo

Minicapítulo: A arte de checar as referências

Você não consegue construir uma reputação com base no que ainda vai fazer.

— Henry Ford

Verificar as referências é uma parte crucial para se montar uma equipe excelente. No entanto, a maioria das startups faz isso de forma superficial e casual — depois de a empresa ter decidido pela contratação. No intuito de aprimorar seus resultados, segue um curso básico de verificação das referências, cortesia de Amy Vernetti.

O objetivo de pedir referências não é desqualificar um candidato, porém buscar coerência entre a maneira como ele se apresentou e o que suas referências têm a dizer. Você também procura pistas para saber se o candidato pode ser eficaz na startup.

Para ter um quadro completo do candidato, você deve falar com subordinados, colegas na mesma função, superiores e clientes, no mínimo, dois de cada. Investidores e membros da diretoria da empresa atual também são referências interessantes. Estas são as perguntas sugeridas:

- Como e quando conheceu essa pessoa?

- Quais suas impressões gerais a respeito dela?

- Como a classificaria em comparação com outras em cargos similares?

- Quais foram as contribuições dela à empresa?

- Como os colegas a veem?

- Quais as habilidades específicas? Em que é melhor/pior?

- Quais os estilos de comunicação e gerenciamento?

- Em que áreas necessita se aperfeiçoar?

- É capaz de atuar com eficácia em uma empresa de pequeno porte?

- Que comentários faria sobre a ética profissional dela?

- Contrataria/trabalharia para/trabalharia com ela de novo?

- Devo falar com mais alguém a respeito dela?

Além de seguir as sugestões de Amy, você deve obter referências junto a outras pessoas não indicadas pelo candidato. O LinkedIn é ótimo para isso. Descubra alguém que conheça um colaborador da empresa e, então, cheque as informações fornecidas pelo candidato.

A ARTE DO COMEÇO 2.0 | 275

PERGUNTAS EVITADAS COM FREQUÊNCIA

P: Devo ser sincero sobre as fraquezas tanto quanto sobre os pontos fortes da startup?

R: Vamos ver se entendi direito: você deseja saber se deve mentir para os candidatos, mesmo ciente de que, caso assumam o cargo, acabarão descobrindo que sua startup é uma porcaria?

Diga sempre a verdade. Baixe as expectativas deles. Você irá se deparar com três tipos de reações à sua franqueza:

- Alguns candidatos precisam apenas de uma avaliação sincera de quaisquer problemas. O mais provável é que queiram apenas saber onde "estão entrando", e você não irá afugentá-los.
- Outros candidatos ambicionam o desafio. Para eles, problemas representam oportunidades. No que diz respeito a esse tipo, seu discurso deve ser: "São pessoas como você que vão nos ajudar a ser uma empresa bem-sucedida. Concorda em começar a colaborar e ser um herói?
- Os candidatos do terceiro tipo são os que você afugentará. Essas pessoas não tinham um perfil condizente com sua startup, então você fez um favor a si mesmo.

P: A startup vai passar uma ideia errada, para quem está de fora, caso tenha poucos colaboradores? Não é melhor dispor de seis colaboradores em tempo parcial em vez de três em tempo integral, em prol dos números?

R: É loucura ter seis colaboradores em tempo parcial somente para dar a impressão de ser maior. Caso faça isso

276 | GUY KAWASAKI

por outros motivos — oferecer horário flexível a fim de obter gente bastante qualificada, por exemplo — tudo bem, mas não por um motivo idiota como esse.

P: Qual a hora certa de recrutar executivos de alto escalão: antes ou depois de receber financiamento?

R: Muita gente acha que o processo de iniciar uma startup é em série. Lembre-se: o empreendedorismo é um processo paralelo. Você faz A, B e C ao mesmo tempo. A resposta à sua pergunta é que vai recrutar antes, durante e depois do processo de financiamento.

No entanto, não caia na armadilha de reagir a um investidor caso lhe diga que colocaria dinheiro na empresa, se você tivesse um executivo com gabarito internacional. Você pode entender isso como um sim; então, recruta a tal pessoa e retorna ao investidor. Em seguida, ele é capaz de colocá-lo à prova de novo: "Bom trabalho. Agora mostre que os clientes estão pagando pelo seu produto." A lição é a seguinte: não recrute para agradar um investidor. Recrute para construir uma empresa notável.

P: Devo investir em pesquisas sobre retenção de talentos ou confiar em minha própria capacidade de atrair os melhores?

R: Antes do financiamento, seu trabalho é recorrer à própria rede de contatos a fim de encontrar a pessoa certa sem ter de custear honorários. Após o financiamento, faça o que for preciso — inclusive pesquisas sobre retenção de talentos. Mas, antes disso, não pague a nenhum *headhunter* para localizar colaboradores; afinal, você não tem verba para isso.

A ARTE DO COMEÇO 2.0 | 277

P: Se me perguntarem, devo fornecer a faixa salarial ainda no início do processo de recrutamento?

R: Não. Caso perguntem, responda assim: "Pagaremos o que for necessário para obter um ótimo candidato." Em seguida, questione: "Qual seu nível salarial atual de modo a termos um ponto de partida?" Isso os ensinará a fazer perguntas bem-elaboradas.

O início do processo de entrevista é cedo demais para começar a mencionar números. Os candidatos se recordarão do que disse — sobretudo, o teto salarial. E qualquer cifra que citar poderia afetar as respostas deles nas entrevistas.

P: Se quero recrutar gente melhor do que eu, como detenho o controle do empreendimento e evito ser destituído de meu próprio negócio?

R: Essa pergunta revela mais sobre você do que imagina. O objetivo não deve ser "deter o controle" e "evitar ser destituído", mas sim construir uma startup notável. Talvez chegue um momento em que você deva sair. Lide com isso. Você preferiria ter uma startup que não deu certo, mas permanecer no controle até o dia em que encerrasse as atividades?

P: Estou trabalhando com meu melhor amigo. Necessito de um acordo legal?

R: Sim, com certeza, e talvez requeira até mais por ele ser seu melhor amigo. Os tempos mudam, as pessoas também, assim como as empresas. Por mais difícil e inapropriado que possa parecer, você tem de fazer isso. É possível que

278 | GUY KAWASAKI

um acordo legal se torne a melhor coisa, tanto para a amizade quanto para a startup.

Você deve providenciá-lo logo no início da startup, antes de haver muito pelo que disputar. Quanto maior a espera, mais complicado será celebrar um acordo legal. A dificuldade atingirá o ápice quando mais precisar desse acordo.

P: **Em que consistem incentivo e remuneração razoáveis para um membro de diretoria?**

R: Em geral, a faixa é de 0,25 a 0,5%, porém, para um superastro absoluto, eu chegaria a 1% da empresa. Se for preciso ir além disso para conseguir o candidato, procure outro. A pessoa está mais interessada em ganhar dinheiro do que em fazer a diferença.

P: **O que fazer quando se tem de demitir o sócio que concebeu o negócio, trouxe-o para ajudar a administrá-lo, confia em você, e agora "está todo enrolado", não sendo capaz de "dar conta de nada"?**

R: Leve-o a um canto e tenha uma conversa particular, discutindo a situação. Ofereça-lhe opções de assumir algum papel secundário, porém deixe claro que tal mudança se faz necessária.

Um papel secundário pode denotar assumir outro cargo ou atender apenas aos diretores ou conselheiros. Tente preservar a dignidade dele. Na maioria dos casos, a reação será de revolta. Espere por isso. É provável que o relacionamento de ambos leve anos para voltar ao normal, mas faz parte.

LEITURAS RECOMENDADAS

Lewis, Michael. *Moneyball — o homem que mudou o jogo*. Rio de Janeiro: Intrínseca. 2015.

Myers, David G. *Intuition: Its Powers and Perils*. New Haven, CT: Yale University Press, 2002. [Os poderes e perigos da intuição, em tradução livre.]

8. A arte de evangelizar

Em vez de impor novas obrigações, (cristãos) devem parecer pessoas que desejam compartilhar sua alegria, que apontam rumo a um horizonte de beleza e convidam os outros para um banquete delicioso.

— Papa Francisco

Grandes ideias para se começar algo

Evangelização (ou evangelismo) vem da palavra grega que significa algo como "proclamar as boas-novas". Fui o segundo evangelista de software da Apple e anunciei a boa notícia de que o Macintosh podia tornar as pessoas mais criativas e produtivas.

> **"Quando as pessoas acreditarem em seu produto, irão ajudá-lo a ter sucesso por meio do proselitismo, ou seja, da evangelização verossímil, contínua e rentável."**

GUY KAWASAKI

A evangelização não está maculada com desejos de matar os concorrentes e fazer fortunas. Os clientes não se importam se você quer destruir a concorrência. Eles querem saber quais benefícios obtêm por usarem seu produto. Além disso, a evangelização tem a ver com o que faz pelos clientes — não é sobre o que você quer se tornar.

Na Apple, e depois como empreendedor, aprendi que, quando as pessoas acreditarem em seu produto, irão ajudá-lo por meio do proselitismo, ou seja, da evangelização verossímil, contínua e rentável. Este capítulo explica tanto como utilizar a evangelização quanto como recrutar evangelistas.

TOQUE DE OURO

Tentei evangelizar as pessoas com coisas maravilhosas, mas também com porcarias. É muito mais fácil evangelizar coisas maravilhosas. Chamo isso de "Toque de ouro do Guy". Não quer dizer que tudo o que toco vira ouro. Adoraria. Apenas significa: "Tudo o que for de ouro, o Guy toca."

Expliquei o conceito de produto DICEE anteriormente, porém vamos revisá-lo aqui. Se quiser adotar a evangelização, precisa criar ou encontrar um produto que se encaixe no perfil de um DICEE.

- **PROFUNDO.** Um produto profundo apresenta inúmeras características porque você já previu as necessidades das pessoas ao chegarem à curva de potência.

- **INTELIGENTE.** Um produto inteligente reflete seus insights sobre como aliviar a dor, isto é, o problema das pessoas ou aumentar o prazer delas.

- **COMPLETO.** Um produto completo incorpora tudo de que um cliente precisa, como suporte, documentação e melhorias.

- **EMPODERADOR.** Um produto empoderador torna as pessoas melhores. Um produto maravilhoso não rivaliza com você — passa a fazer parte de sua essência.

- **ELEGANTE.** Um produto elegante não é apenas funcional; também apresenta um design adequado de modo que as pessoas possam usá-lo com facilidade e rapidez.

ALCANCE O PONTO MAIS ALTO E À DIREITA

Outra maneira de compreender e posicionar um produto destinado a evangelizar é situá-lo, o máximo que puder, no alto e à direita:

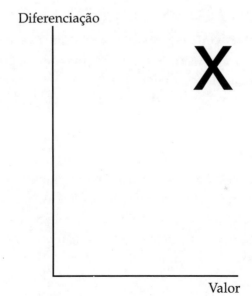

O eixo vertical mede o grau de diferenciação; o eixo horizontal, o valor, conforme queira um produto único e valioso. No total, há quatro tipos de produtos:

- **VALIOSOS, MAS NÃO DIFERENCIADOS.** Esses produtos atendem a uma necessidade, porém atuam como os já existentes. Você até consegue vender bastante, contudo sua margem está sempre sob pressão porque as pessoas podem comprar produtos similares de outras empresas.

- **DIFERENCIADOS, MAS SEM VALOR.** Tais produtos são absurdos. Servem a um mercado que não existe ou proporcionam uma funcionalidade que ninguém quer.

- **INDIFERENCIADOS E SEM VALOR.** São os piores de todos. Não existe demanda para sua função, além do fato de inúmeras empresas fabricarem produtos similares.

- **DIFERENCIADOS E VALIOSOS.** É o Santo Graal da evangelização. Ao fornecer um produto de valor que ninguém mais possa apresentar, a evangelização fica fácil. É o canto do diagrama onde significado, margem e dinheiro são produzidos.

Caso seja um engenheiro, deve estar pensando sobre como criar um produto de valor que nenhuma outra empresa possa oferecer. Se for um evangelista, deve estar ponderando sobre como convencer o mundo de que o produto tem valor e difere de tudo o que existe no mercado. Aqui estão exemplos de tais produtos.

A ARTE DO COMEÇO 2.0 | 285

- **RELÓGIO BREITLING EMERGENCY.** Esse relógio consegue transmitir um sinal de emergência captado por aviões. É um dos poucos relógios capazes de salvar sua vida; portanto, se é adepto de aventuras pesadas, trata-se de um produto diferenciado e de grande valor.

- **CARRO SMART.** Existem diversos carros fáceis de estacionar paralelamente ao meio-fio quando há bastante espaço. Com um carro Smart, no entanto, é possível estacionar em posição perpendicular ao meio-fio. Não há muitos carros tão pequenos assim.

- **TESLA MODEL S.** Outro exemplo de carro. Não existem tantos carros capazes de ir de zero a cem quilômetros por hora em menos de quatro segundos, alimentados por bateria com um alcance de 425 quilômetros, e que possam comportar cinco pessoas. Se quiser um carro que não queime gasolina e percorra grandes distâncias, levando sua família com rapidez, o Tesla Model S é a única escolha.

COLOQUE OS MELHORES INTERESSES DOS OUTROS NO CORAÇÃO

A diferença entre evangelistas e a maioria das pessoas é que os evangelistas carregam no coração os melhores interesses dos outros. Acreditam tanto em seu produto que querem que o restante do mundo também o utilize.

O carro Tesla Model S é um exemplo. Mais ou menos em 2014, o governo de Iowa proibiu as vendas da Tesla Motors, pois a empresa não possui concessionárias de automóveis licenciadas no estado. Proprietários de carros Tesla foram de Minnesota até Urbandale, Iowa, e convidaram a população a conhecer seus carros e fazer um test-drive. Esses proprietários não eram colaboradores da Tesla e, a menos que fossem acionistas, não dá para argumentar que se beneficiariam financeiramente de tal ação.

Mesmo que fossem acionistas, duvido que a principal motivação fosse elevar o preço das ações da Tesla. Não, eles eram evangelistas da Tesla, e fizeram isso porque queriam que as pessoas comprassem um carro do qual gostavam muito. Eis o poder da evangelização.

PROCURE ATINGIR A NATUREZA HUMANA

Considere diversas marcas notáveis: Virgin, Levi Strauss, Nike, Harley-Davidson e Etsy. Todas atingiram a natureza humana, ou seja, humanizaram-se — por exemplo, o encantamento da Virgin, a juventude da Levi Strauss, a garra da Nike, a rebeldia da Harley-Davidson, e a excelência artesanal da Etsy.

Sem dúvida, há marcas superconhecidas que não apresentam tais qualidades — Microsoft, Oracle e United Airlines, para citar algumas. Você até pode me considerar um romântico, contudo é bem mais fácil evangelizar um produto enraizado em valores humanos. Se você concordar, aqui está como conseguir tal façanha:

- **MIRE OS JOVENS.** Não importa quem compre seu produto, ao mirar os jovens, você acaba sendo forçado a construir uma marca humana. Não tenho dados que confirmem tal teoria, mas parece que vários idosos estão adquirindo produtos voltados para os jovens. Há muitos senhores de idade dirigindo Toyotas Scions e MINI Coopers.

- **"FAÇA GRAÇA" DE SI MESMO.** A maioria das empresas é incapaz de cultivar o senso de humor sobre si próprias. Trata-se de uma atitude vista como suicida: "As pessoas não nos levarão a sério caso não nos levemos a sério." Ou, então, encontram-se tão presas à autoimagem que temem dar a impressão de que perderam o controle total. Como no ditado: "Errar é humano." Logo, não tenha medo de errar e saiba rir de sua startup.

- **DIVIRTA-SE TAMBÉM.** A capitalização de mercado de uma determinada empresa, por volta de 2014, era cerca de US$400 bilhões. A fim de comemorar aniversários e feriados, assim como celebrar histórias de vida de gente interessante, a empresa altera sua logo para o dia. Isso não é divertido e humano?

Outro exemplo ainda melhor: Richard Branson, da Virgin, perdeu uma aposta para Tony Fernandes, dono da companhia AirAsia. Por haver perdido, Branson teve de depilar as pernas, passar batom, vestir-se como uma comissária de bordo e trabalhar em um voo da AirAsia. Você já viu o CEO da United Airlines de saia? Por acaso sabe quem é o CEO da United Airlines?

- **DÊ DESTAQUE AOS CLIENTES.** Empresas que dão destaque aos clientes nos materiais de marketing irradiam humanidade. Existe exemplo melhor do que o da

GoPro? Ao postar em seu site e no canal do YouTube os vídeos dos clientes, a empresa faz parecer que qualquer um pode filmar um vídeo maravilhoso com uma câmera GoPro.

- **AJUDE OS MENOS FAVORECIDOS.** Os esforços de filantropia corporativa representam um ganho duplo: você não somente está cumprindo uma obrigação moral para com a sociedade, como ainda está aumentando a presença da marca. De fato, trata-se de um ganho triplo, pois os programas de filantropia corporativa também são uma ferramenta relevante com relação ao recrutamento e à retenção de colaboradores.

EXERCÍCIO

Visite os sites de suas empresas favoritas na internet e tente encontrar informações sobre como solicitar subsídios e ser voluntário.

TORNE O NEGÓCIO PESSOAL

Para seu cachorro, todo homem é Napoleão; daí a popularidade constante dos cachorros.

— Aldous Huxley

Certa vez, conheci uma empreendedora que queria dar início a um serviço on-line para as pessoas criarem fundos fiduciários para seus animais de estimação. Sua argumen-

A ARTE DO COMEÇO 2.0 | 289

tação se baseava no fato de que, todo ano, 9 milhões de animais de estimação sofrem eutanásia nos Estados Unidos. Minha primeira reação foi que 9 milhões de animais de estimação talvez possam sofrer eutanásia, mas somente alguns poucos porque seus donos faleceram. Logo, o mercado não era tão amplo quanto ela pensava. Minha segunda reação, como dono de cachorro, foi de que ela estava certa: o que aconteceria com Bane e Jersey se todos nós morrêssemos? Não tínhamos incluído nenhum dos animaizinhos em nossos testamentos e fundos fiduciários.

"O posicionamento adquire um poder maior quando é pessoal, por ser mais fácil para potenciais clientes imaginarem como um produto atende a uma necessidade."

A lição é esta: posicione seu produto de forma pessoal. "O que pode acontecer a Bane e a Jersey?" é muito mais impactante do que "O que acontece aos animais de estimação de dois milhões e meio de pessoas que morrem a cada ano nos Estados Unidos?" Caso consiga estabelecer uma conexão das pessoas com uma inquietação relacionada a seus animaizinhos, elas serão capazes de extrapolar as próprias emoções, alcançando milhões de outras pessoas também preocupadas com seus animaizinhos. O posicionamento adquire um poder maior quando é pessoal, por ser mais fácil para potenciais clientes imaginarem como um produto atende a uma necessidade.

Impessoal	Pessoal
Nosso sistema operacional é um padrão da indústria que capacita os departamentos de SIG (Sistema de Informação Gerencial) a manter controle e a reduzir custos.	Apple: "Nosso sistema operacional faz com que você seja mais criativo e produtivo."
Nosso compromisso é reduzir o tamanho do buraco na camada de ozônio.	Evitamos que você contraia melanoma, mais conhecido como câncer de pele.
Dispomos de dezenas de aviões voando em rotas com pontos de conexão no país inteiro.	Southwest Airlines: "Você agora está livre para rodar pelo país."
Elevamos a média das notas de testes das crianças em sua área escolar.	Garantimos que seu filho consiga ler.

APRENDA A "LEVAR NA CONVERSA"

> *Não se trata do que você sabe ou quem conhece, mas de quem conhece você.*
>
> — Susan RoAne

É muito mais fácil evangelizar quem você já conhece — ou, mais precisamente, quem já o conhece. O processo de estabelecer tais conexões sociais se chama levar na conversa.

A ARTE DO COMEÇO 2.0 | 291

Caso hesite levar na conversa — ou por timidez ou por considerar algo ofensivo ou manipulador — precisa mudar sua forma de pensar. Em seu livro, *The Frog and Prince: Secrets of Positive Networking to Change Your Life* [O sapo e príncipe: segredos do networking positivo para mudar sua vida, em tradução livre], Darcy Rezac define o networking (rede de contatos, mas que, para os leigos, significa "levar na conversa") como "a descoberta do que você pode fazer por alguém".

"Ninguém é mais fascinante do que um bom ouvinte."

Aqueles que "levam os outros na conversa", de nível internacional, adotam a atitude aberta, do tipo "o que posso fazer por você", citada por Rezac. É a chave para estabelecer contatos amplos e duradouros. Veja como passar a ser conhecido por mais gente:

- **SAIA POR AÍ.** "Levar na conversa" é um esporte de contato. Você não consegue fazer isso se estiver no escritório, então, obrigue-se a comparecer a feiras de exposições, convenções, seminários, conferências e coquetéis. Por mais maravilhosos que o Skype e o Google Hangouts sejam, o aperto de mão ainda é o melhor meio de se "levar alguém na conversa".

- **FAÇA BOAS PERGUNTAS; DEPOIS, FIQUE CALADO.** Peritos em "levar na conversa" não dominam os bate-papos. Começam com perguntas interessantes e, depois, escutam. Ninguém é mais fascinante do que um bom ouvinte.

- **FACILITE O CONTATO.** Isso é irônico, mas muitos que querem ser ou já são peritos em "levar na conversa" costumam dificultar o contato. Por exemplo, não colocam o número do telefone celular nos cartões de visitas ou não incluem dados de contato na área de assinatura dos e-mails.

- **CONTINUE O CONTATO.** Após conhecer alguém, procure essa pessoa em 24 horas, no máximo. Mande um e-mail. Telefone. Envie um exemplar de seu novo livro. Poucas pessoas dão continuidade ao contato; logo, aquelas que fazem isso conseguem se distinguir, merecendo atenção.

- **REVELE SUAS PAIXÕES.** Caso consiga falar apenas sobre trabalho, você é um chato. Peritos em "levar na conversa" demonstram paixão por diversos e múltiplos temas. Uma vantagem de ter todas essas paixões é conseguir estabelecer contatos com as pessoas de outras maneiras. Não estou dizendo que deva adotar um hobby porque será melhor para os negócios. Por exemplo, eu preferiria ser pobre a jogar golfe. No entanto, já travei vários contatos por meio do hóquei — assim como já fiz diversos contatos no âmbito do hóquei por meio dos negócios.

- **FAÇA FAVORES.** Há um placar cármico no céu (mais sobre o assunto no capítulo 13, "A arte de ser *mensch*"). Esse placar acompanha o que você faz pelas pessoas. Caso queira ser perito, de nível internacional, em "levar os outros na conversa", assegure-se de marcar inúmeros pontos nesse placar.

APRENDA A USAR O E-MAIL

Esta [carta] saiu tão longa porque não tive tempo de fazê-la mais curta.

— Blaise Pascal

O e-mail é uma ferramenta imprescindível a um bom evangelista. É rápido, quase gratuito e onipresente. Infelizmente, é muito mal utilizado pela grande maioria das pessoas. Confira como aprimorar a eficácia de seu e-mail e torná-lo uma ferramenta poderosa para evangelizar.

- **OTIMIZE O ASSUNTO.** Se as pessoas não reconhecerem seu nome no e-mail, a próxima coisa que olham é a linha do assunto. Pense nela como um sumário executivo da mensagem. Caso não incite as pessoas a ler seu e-mail, você terá fracassado antes mesmo de começar. Linhas de assunto que me convencem a ler: "Apreciei seu livro", "Gostei de sua palestra" e "Recomendado a você por [alguém que eu conheça ou de quem tenha ouvido falar]".

- **PROGRAME OS E-MAILS PARA TERÇA-FEIRA.** Stephen Brand, professor de empreendedorismo na Olin College of Engineering, promove um conceito interessante de que as manhãs de terça-feira são a melhor hora para enviar e-mails. Segundo esse conceito, na terça-feira as pessoas já solucionaram a questão do acúmulo de mensagens causado pelo fim de semana e ainda não foram inundadas com as do restante da semana.

- **REENVIE OS E-MAILS NÃO RESPONDIDOS.** Outra ideia de Stephen Brand é reenviar um e-mail ao destinatário com um breve comentário: "Você conseguiu ler isto?" Ele acredita que, ao receber o mesmo e-mail duas vezes, o destinatário sente um sobressalto (ou culpa) que o leva a agir, ou seja, a ler a mensagem.

- **RESPONDA EM 48 HORAS.** Como disse antes, a capacidade de reação é um fator de suma importância ao se estabelecer um contato. É indispensável responder enquanto o assunto do e-mail ainda é recente. Em geral, mensagens que ficam abaixo da primeira tela da caixa de entrada acabam sendo esquecidas.

- **NÃO ESCREVA TUDO EM LETRAS MAIÚSCULAS.** É muito mais difícil ler um texto inteiro com letras maiúsculas, além de dar a impressão de estar GRITANDO. No mínimo, é um sinal óbvio de que você não entende nada de e-mail, e essa falta de noção não é propícia se desejar ser bem-sucedido ao "levar o outro na conversa".

- **INSIRA NA RESPOSTA O TRECHO AO QUAL SE REFERE.** Selecione a pergunta ou parte do e-mail a que está respondendo e a inclua na nova mensagem de modo a refrescar a memória do remetente. As pessoas recebem dezenas de mensagens por dia, logo um simples "Sim, concordo" é inútil.

- **SEJA SUCINTO E SIMPLES.** Vá direto ao ponto. O tamanho ideal de um e-mail consiste em cinco frases. Caso não seja capaz de dizer em cinco frases tudo de que precisa, é sinal de que não tem muito a dizer.

A ARTE DO COMEÇO 2.0 | 295

- **USE TEXTO SIMPLES, NÃO HTML.** Pressuponho que todos os e-mails em HTML sejam spam e, por isso, dou somente uma olhadela neles. Se tiver algo interessante a escrever, também não é necessário utilizar negrito, sublinhado, sombreado, letras vermelhas nem gráficos.

- **NÃO ANEXE ARQUIVOS ACIMA DE CINCO MEGABYTES A MENOS QUE TENHA PERMISSÃO.** Imagine que o destinatário esteja em um quarto de hotel com uma conexão lenta, e você enviou um arquivo em Power-Point de dez megabytes. Acha que obterá uma reação positiva? Além do mais, muita gente presume que arquivos anexos a mensagens, vindos de desconhecidos, sejam vírus.

- **CÓPIAS OCULTAS (CCO) PARA GRUPOS GRANDES.** Ao enviar um e-mail para mais de duas pessoas, deve ser sempre com cópia oculta a fim de impossibilitar respostas inadvertidas a todos e ainda impedir que os endereços eletrônicos dos outros destinatários sejam revelados.

- **REDUZA AS CÓPIAS (CC).** Quando recebo uma cópia, suponho que os outros destinatários estejam tratando do assunto. Ou uma pessoa necessita receber o e-mail ou não. Uma cópia é um meio-termo que gera dúvidas. Os objetivos mais comuns de um e-mail com cópia são: "tirá-lo da reta" ("Mas você estava copiado na mensagem!") ou ameaçá-lo, de forma implícita ("Mandei com cópia para o seu chefe, então é melhor fazer o que pedi").

- **INCLUA UMA BOA ASSINATURA.** Uma assinatura é a informação que o programa de e-mail inclui ao fim de toda mensagem enviada. Uma boa assinatura contém seu nome, o nome da empresa, o endereço postal, o número de telefone, o endereço eletrônico e o site. Vale a pena copiá-la e colá-la em um calendário ou base de dados. "Deus o livre" de alguém querer entrar em contato com você e ainda ter de buscar meios de encontrá-lo.

- **ESPERE SE FICAR COM RAIVA.** Embora deva responder aos e-mails antes de 48 horas, há um caso em que o ideal é esperar um pouco mais: quando se sentir irritado, ofendido ou disposto a discutir. Mensagens redigidas quando influenciado por esses estados de espírito tendem a agravar problemas.

SOLICITE AJUDA

Vamos prosseguir, deixando de falar sobre o uso da evangelização, passando à etapa do recrutamento de evangelistas. O ponto de partida é pedir ajuda aos próprios clientes. Diga a esses clientes, também consumidores, que visa atingir massa crítica e necessita da colaboração deles para espalhar a notícia por aí, isto é, divulgar. Trata-se de um sinal de inteligência, não de fraqueza.

Se o produto for excepcionalmente contagiante, talvez nem precise pedir ajuda — é possível que os clientes já tenham começado a evangelizar, divulgando-o. Foi o que aconteceu com o Macintosh. Porém, se pedir, você pode conseguir bastante auxílio e bem rápido. No entanto, várias empresas hesitam em pedir ajuda, pois acreditam que:

A ARTE DO COMEÇO 2.0 | 297

- "Se pedirmos ajuda, pensarão que somos fracos. Uma empresa forte nunca pede a cooperação dos clientes."

- "Irão esperar algo em troca: descontos, tratamento especial etc. E, depois, o que faremos?"

- "Nossos clientes, por mais que os adoremos, não têm condições de nos auxiliar. Sabemos o que fazer e podemos atuar por conta própria."

- "O custo para manter programas especiais será alto. Tais programas não são rentáveis."

As justificativas anteriores não procedem, e mais: estupidez e arrogância são uma combinação irônica. Quando os clientes quiserem colaborar, você deve se alegrar, não os rejeitar. Então, deixe a paranoia e o orgulho de lado, e aceite a colaboração. Os evangelistas serão seus melhores vendedores.

CRIE UM PROGRAMA

No final da década de 1990, um grupo de executivos e líderes comunitários deu início a uma empresa chamada Calgary Flames Ambassadors, no Canadá. Eram os embaixadores dos Flames, fãs alarmados com a perspectiva de que seu time da Liga Nacional de Hóquei da América do Norte pudesse se mudar de Calgary para outra cidade. Segundo o presidente do grupo, Lyle Edwards, "os embaixadores percorreram Calgary inteira tentando convencer a população a comprar mais ingressos".

> **"Não seja exigente com relação à forma como os evangelistas podem cooperar com você. Deixe que o ajudem tanto quanto puderem."**

Por volta de 2014, os Flames não precisavam mais de colaboração com a venda de ingressos, mas o programa ainda continua. Os integrantes atuam como voluntários, dão apoio a programas comunitários e patrocinam os momentos *meet and greet*, promovendo encontros de fãs com os jogadores nos acessos à arena, assim como auxiliam nas vendas dos ingressos. Os integrantes têm de comprar o bilhete que dá direito a todos os jogos da temporada — em outras palavras, eles são fãs pagantes e realizam tais serviços de forma gratuita. Trata-se de um exemplo claro de evangelização!

O objetivo de recrutar evangelistas é construir uma comunidade ao redor de seu produto. Na lista a seguir, há exemplos de empresas com esses tipos de comunidades. Dê uma olhada no que fazem e, então, adapte os programas delas às suas necessidades.

- Adobe groups

- Apple user groups

- Articulate

- Flipboard Club

- Google Android developers

- Google Top Contributors

- Harley Owners Group

- HubSpot user groups

- Ubuntu LoCo teams

Tais comunidades oferecem atendimento ao consumidor, assistência técnica, relacionamentos sociais e, assim, proporcionam uma experiência melhor a quem é dono de um produto. Você pode ser proativo e criar uma também, basta implementar estas práticas:

- **"DEIXE CEM FLORES DESABROCHAREM."** Esse princípio se aplica a evangelizar e a "fazer chover". Não seja exigente com relação à forma como os evangelistas podem cooperar com você. Deixe que o ajudem tanto quanto puderem. Eles lhe mostrarão meios de lançar seu produto no mercado, que jamais teria desenvolvido por conta própria.

- **DELEGUE TAREFAS E ESPERE QUE SEJAM CUMPRIDAS.** Alguma vez você já se apresentou como voluntário no intuito de auxiliar uma empresa e, então, nunca aceitaram sua oferta? Se há algo pior do que ser chamado a fim de fazer inúmeras coisas ao mesmo tempo, é não ser chamado para colaborar com nada. Se os evangelistas aderiram à sua causa, você tem a obrigação de fazer bom uso deles.

- **CONCEDA AS FERRAMENTAS PARA A EVANGELIZAÇÃO.** Facilite o trabalho de quem acredita em seu produto e está disposto a promovê-lo. Basta fornecer pilhas de informações e material promocional. Por exemplo, a SCOTTeVEST inclui diversos cartões "VESTimonial" em cada peça. Esses cartões contêm um depoimento de um cliente, além de informações sobre como comprar os produtos da marca SCOTTeVEST.

- **RESPONDA ÀS SOLICITAÇÕES.** Há duas razões pelas quais deve revisar seu produto de modo a refletir os desejos dos evangelistas. Eles sabem o que é imprescindível para aprimorar seu produto e, além disso, trata-se de uma forma de demonstrar que você leva em conta o que dizem, o que fomenta ainda mais lealdade e entusiasmo.

- **DISTRIBUA BRINDES.** Você se surpreenderia diante do poder de uma camiseta, caneca, caneta ou bloquinho, tudo gratuito. (A certa altura, os gastos da Apple com camisetas chegavam a US$2 milhões por ano.) Evangelistas adoram esses mimos exclusivos. Sentem-se como se fizessem parte da equipe, especiais. É um dinheiro bem gasto, porém jamais dê algo acima de US$25, dificultando a distinção da linha tênue entre brinde e suborno.

- **CONTRATE ALGUÉM CUJO ÚNICO OBJETIVO SEJA PROMOVER O DESENVOLVIMENTO DE UMA COMUNIDADE.** Um representante internacional que cuide das necessidades da comunidade tanto irá preparar futuros evangelistas quanto liderar a luta pelos recursos essenciais. À medida que obtiver êxito, construa um departamento, comandado por pessoa, de modo a institucionalizar o apoio à comunidade.

- **CRIE UM ORÇAMENTO A FIM DE SUBSIDIAR A COMUNIDADE.** A verba não terá de ser alta, e intenção não é comprar evangelistas. Mesmo assim, ainda será ne-

A ARTE DO COMEÇO 2.0 | 301

cessário um orçamento para viagens, entretenimento, reuniões e tudo o mais mencionado antes.

- **INTEGRE OS EVANGELISTAS ÀS SUAS INICIATIVAS DE VENDAS, MARKETING E AOS ESFORÇOS ON-LINE.** A existência de evangelistas denota qualidade e elegância — "O produto é tão bem-sucedido que as pessoas formaram grupos de usuários." Logo, deve divulgar tais grupos por dois motivos: receber colaboração para fechar vendas e oferecer recursos adicionais aos clientes.

- **HOSPEDE AS ATIVIDADES DA COMUNIDADE.** Isso significa permitir reuniões da comunidade na sede da empresa, assim como fornecer assistência digital — ceder uma seção do site, hospedar webinars e serviços de bate-papo on-line.

- **PROMOVA UMA CONFERÊNCIA.** Ninguém gosta mais de comunicações eletrônicas do que eu, porém reuniões presenciais são indispensáveis à evangelização. Nessas conferências, os evangelistas podem se encontrar e também interagir com os colaboradores.

- **PROSSIGA COM A CAMARADAGEM.** A relação entre um bom pai e um filho exemplifica o modelo de evangelização eficaz. Os filhos serão sempre suas crianças — nunca deixam o ninho. O mesmo acontece com os evangelistas — requerem amor constante e eterno.

Adendo

Minicapítulo:
Como ser aplaudido de pé

Não fale a menos que possa melhorar o silêncio.

— Jorge Luis Borges

Quando comecei a trabalhar na Apple, em 1986, eu tinha medo de falar em público. Para começar, trabalhar na divisão dirigida por Steve Jobs era algo que me intimidava: "Como eu poderia estar à altura de Steve?" Mas caso queira ser um evangelista e um CEO de sucesso, você tem de aprender a elaborar bons discursos.

"É muito mais fácil dar uma ótima palestra se tiver algo a comunicar. Ponto final."

Levei vinte anos para me sentir confortável ao falar em público, e este minicapítulo explica o que aprendi. Não vou me contentar que você apenas sobreviva às palestras. Quero que seja aplaudido de pé.

- **TENHA ALGO INTERESSANTE A DIZER.** Isso representa 80% da batalha. É muito mais fácil dar uma ótima palestra se tiver algo interessante a comunicar. Ponto final. Caso não tenha nada a dizer, recuse o convite. Se não quiser recusar, então, pesquise algo interessante para dizer.

- **NÃO FAÇA PITCH DE VENDAS.** O objetivo da maioria das apresentações é entreter e informar a plateia. Assim, é raro proporcionarem uma oportunidade para que faça um pitch de vendas sobre seu produto. A pior coisa é ter o discurso interpretado como um pitch de vendas.

- **PERSONALIZE.** A técnica que mais me ajudou a falar em público foi personalizar os primeiros três a cinco minutos de cada palestra. Isso demonstra que você fez o dever de casa e se esforçou para elaborar, artesanalmente, uma palestra que tenha valor e seja uma experiência especial. Faço isso de duas formas:

  - Em primeiro lugar, tento encontrar um vínculo pessoal com a plateia. Por exemplo, quando dei uma palestra sobre a Acura, mostrei fotos de dois carros Acura e de dois Hondas que tenho. Quando falei em nome da S. C. Johnson, mostrei fotos de seus produtos de limpeza nos armários de minha casa.
  - Além disso, quando viajo para o exterior, costumo chegar um dia antes e visitar os pontos turísticos. Então, mostro as fotos dos lugares que conheci e demonstro minha admiração pela cultura local.

- **FOCO NO ENTRETENIMENTO.** Muitos consultores em comunicação oral discordarão disso, porém eles não dão cinquenta palestras por ano como eu. Minha teoria é a seguinte: a meta de uma palestra é entreter. Se as pessoas estiverem entretidas, você também consegue incluir pequenas doses de informação. Mas se a palestra for um tédio, não haverá informação, seja em pequenas ou grandes doses, que a tornará maravilhosa.

A ARTE DO COMEÇO 2.0 | 305

- **VISTA-SE COM ELEGÂNCIA.** Meu pai, que foi político no Havaí, era um bom orador. Quando comecei a dar palestras, ele me aconselhou o seguinte: nunca se vista abaixo do nível da plateia. Por exemplo, se estiverem de terno, use um também. Vestir-se abaixo do nível da plateia é como dizer: "Sou mais inteligente/rico/poderoso que vocês. Posso insultá-los e não os levar a sério, e não há nada a fazer com relação a isso." Não é uma forma adequada de conseguir que o público goste de você.

- **NÃO FALE MAL DA CONCORRÊNCIA.** Não critique a concorrência em uma palestra, pois isso indica que está se aproveitando, indevidamente, do privilégio de ter a atenção da plateia. Você não está fazendo um favor à plateia. Ao contrário, a plateia é que está lhe fazendo um favor; portanto, não se rebaixe usando-a como uma oportunidade para difamar a concorrência.

- **CONTE HISTÓRIAS.** Ao dar uma palestra, a melhor maneira de relaxar é contar histórias. Histórias da juventude. Histórias de seus filhos. Histórias de clientes. Histórias sobre coisas que leu a respeito. Quando conta uma história, você mergulha na narração. Não está mais "dando uma palestra". Está estabelecendo uma conversa. Bons oradores são ótimos contadores de histórias; oradores notáveis contam histórias que embasam sua mensagem.

- **ESTABELEÇA UM CONTATO PRÉVIO COM A PLATEIA.** Verdadeiro ou falso: a plateia quer que a palestra transcorra bem. A resposta é "verdadeiro". A plateia não deseja vê-lo fracassar — por que as pessoas iriam se dispor a desperdiçar tempo para ouvi-lo e assistir a um fiasco? A maneira de elevar o interesse dos presentes em seu sucesso é circular pela plateia antes da palestra. Fale com as pessoas. Deixe que façam contato com você. De preferência, aquelas nas primeiras fileiras. Depois, quando estiver no palco, verá esses rostos amigos. Terá mais confiança e acabará relaxando. E, então, será maravilhoso.

- **FALE NO INÍCIO DE UM EVENTO.** Se tiver escolha, fale no começo de um evento. A plateia está cheia de energia e mais propensa a escutá-lo, rir das piadas e acompanhar as histórias. Em uma conferência de três dias, no último, a plateia já está cansada, em número reduzido, e pensando em ir para casa. É muito difícil dar uma ótima palestra — por que aumentar o desafio tendo de "levantar" a plateia, tirando-a do marasmo?

- **SOLICITE UMA SALA PEQUENA.** Se for possível, use a menor sala do local. Caso o espaço seja grande, peça uma arrumação similar a uma sala de aula — ou seja, com mesas e cadeiras — em vez de somente cadeiras, como em um teatro. Uma sala lotada tem muito mais energia, emoção. É melhor ter duzentas pessoas em uma sala com essa capacidade máxima do que quinhentas em uma sala para mil.

- **ENSAIE O TEMPO INTEIRO.** Algo óbvio, mas, mesmo assim, relevante. É preciso fazer um discurso vinte vezes, no mínimo, de modo que fique bom. Se quiser, pode dá-lo 19 vezes ao seu cachorro, porém isso demanda prática e repetição. Como Jascha Heifetz, famoso violinista lituano, declarou: "Caso não pratique um dia, apenas eu sei. Dois dias, os críticos percebem. Três dias, todos notam."

Espero que não leve vinte anos até chegar a tal ponto. Parte do motivo pelo qual demorei tanto é que ninguém me explicou a arte da oratória, e era bobo para pesquisar a respeito. Agora minha meta é ser aplaudido de pé sempre que falo em público.

Adendo

Minicapítulo: Como "agitar" um painel de debates

O homem clama pela liberdade de se expressar e por saber que é levado em conta. Mas, uma vez que lhe sejam oferecidas essas condições, ele fica assustado.

— Robert C. Murphy

Em qualquer conferência, há dez vezes mais debatedores do que palestrantes, logo é muito mais provável que participe de um painel de debates em vez de dar uma palestra. Portanto, "agitar" um painel de debates também é uma importante habilidade dos evangelistas.

Um painel de debates parece ser fácil. É composto de outras quatro ou cinco pessoas e dura apenas sessenta minutos. Como poderia ser difícil? Aqui reside o problema: por todos pensarem ser algo breve e fácil, ninguém se prepara. Na verdade, um painel de debates é muito mais complicado do que uma palestra ou apresentação individual porque você não pode controlar a discussão assim como faz com a sua palestra ou apresentação, e ainda tem muito menos tempo total de uso.

308 | GUY KAWASAKI

"Faça amor com o microfone."

Eis o que fazer se quiser ser a pessoa com quem todos vêm conversar após um painel de debates:

- **CONHEÇA O ASSUNTO.** Se for convidado a participar de um painel de debates sobre um tema que desconheça, recuse o convite. Não interessa o quão maravilhosa a oportunidade pareça ser. Se puder evitar, nunca deixe que as pessoas percebam que você não entende nada do assunto.

- **CONTROLE SUA APRESENTAÇÃO.** O primeiro erro que a maioria dos debatedores comete é presumir que o moderador tenha sua biografia atualizada e precisa. Ou o moderador não sabe nada a seu respeito ou fez uma rápida pesquisa no Google e encontrou uma biografia incorreta. Portanto, antes do início do painel de debates, entregue ao moderador uma síntese da biografia em três linhas e lhe peça para que a leia literalmente.

- **FALE ALTO.** A distância ideal entre seus lábios e o microfone é de uns dois centímetros e meio. Essa distância se deve ao fato de estar sentado, curvado sobre a mesa, e não estar projetando a voz. Então, aproxime-se do microfone e fale alto. Faça amor com o microfone.

- **ENTRETENHA, NÃO APENAS INFORME.** Como nas apresentações, o objetivo principal é entreter, não informar. Quanto mais engraçado for, mais as pessoas pensarão que é genial, pois humor de qualidade requer inteligência. Eu iria além, procurando uma discussão amigável com o moderador ou outro debatedor. Divirta-se.

- **CONTE A VERDADE, SOBRETUDO QUANDO EVIDENTE.** Se tiver sorte, o moderador tentará provocá-lo com perguntas difíceis. Trata-se de algo positivo por lhe propiciar uma oportunidade de ser (a) engraçado e (b) franco, sem ter papas na língua. "A verdade lhe trará alegria." Se todos conhecerem a verdade, não tente mentir. Seria bem melhor dizer: "Recorro ao meu direito de ficar calado." Ao menos, isso lhe garantirá uma risada da plateia.

- **RESPONDA À PERGUNTA FEITA, PORÉM NÃO SE LIMITE A ISSO.** Quando lhe fizerem uma pergunta, responda-a o mais rápido possível, e, então, sinta-se livre para conduzir a conversa na direção desejada. Por exemplo, digamos que o moderador indague: "Você acha que logo os smartphones estarão sujeitos a vírus?" Tudo bem em responder: "Sim, acho que se trata de um problema, mas o problema real é a falta de uma boa cobertura telefônica", se for sobre o que queira falar.

- **SEJA DIRETO, SIMPLES E BREVE.** Vamos pressupor que esteja em um painel de debates e o moderador seja um especialista no assunto. Ele lhe faz uma pergunta. Você direciona a resposta ao moderador e aos outros debatedores — todos especialistas também — lançando uma resposta que mais parece uma sopa de letrinhas, um acrônimo do dia. Grande erro. O público é a plateia, não o moderador ou os debatedores. Reduza as questões de maior complexidade e técnica a algo direto, simples e breve, e se destacará como um debatedor excepcional.

- **SIMULE INTERESSE.** Talvez seja um dos aspectos mais difíceis do painel de debates. Digamos que os outros integrantes da mesa se encontrem no meio de uma resposta longa, chata e repleta de jargões. Você fica tentado a ver os e-mails ou não resiste e acaba aparentando tédio. Não faça isso. Finja bastante interesse porque no momento em que se demonstrar entediado, um fotógrafo vai tirar uma foto sua ou um cinegrafista vai colocar seu rosto na tela de cinquenta polegadas.

- **NUNCA OLHE PARA O MODERADOR.** O moderador atua como um indicador da plateia. Ao responder, olhe diretamente para a plateia, que não quer vê-lo de perfil. (Para sua informação, um bom moderador não fará contato visual com você — forçando-o a não olhar na direção dele, e sim rumo à plateia.)

- **NUNCA DIGA: "CONCORDO COM OS OUTROS DEBA-TEDORES."** Em geral, um moderador fará a mesma pergunta a todos os integrantes da mesa. Caso não seja o primeiro a responder, a tentação será falar: "Concordo com o que meus colegas disseram." É uma resposta imbecil. Apresente algo diferente ou sugira o seguinte: "Acredito que a pergunta já tenha sido respondida. Em respeito à plateia, vamos seguir adiante com o debate."

A ARTE DO COMEÇO 2.0 | 311

PERGUNTAS EVITADAS COM FREQUÊNCIA

P: As conotações religiosas de "evangelista" são um problema?

R: Em algumas partes do mundo, a palavra possui conotações em excesso e não pode ser usada à vontade. No entanto, no setor tecnológico, tudo bem. Afinal, o cristianismo detém 30% da participação do mercado, o que representa mais do que a maioria das empresas.

P: O que fazer se as pessoas gostam do produto, mas não querem ajudar a divulgar?

R: Você não pode forçar as pessoas a se tornarem evangelistas. Ou elas acreditam ou não. Querem colaborar ou não. Se gostarem de um produto, porém não o suficiente para que desejem evangelizar, é provável que não gostem tanto quanto você pensa.

P: Os evangelistas já nascem prontos ou são preparados?

R: Os evangelistas são preparados — por criarem, encontrarem ou serem encontrados por um ótimo produto. Quase qualquer um, a não ser um psicopata, pode ser evangelista de um produto que o cative.

LEITURA RECOMENDADA

Kawasaki, Guy. *Selling the Dream: How to Promote Your Product, Company, or Ideas and Make a Difference — Using Everyday Evangelism*. Nova York: HarperCollins, 1991. [Vendendo o sonho: como promover seu produto, sua empresa e suas ideias e fazer a diferença, em tradução livre.]

9. A arte de socializar

Invenção finalmente concluída. Desapontado ao descobrir que ninguém pode ler.

— @JGutenberg, 3 de outubro, 1439.
Historical Tweets

Grandes ideias para se começar algo

As mídias sociais compreendem um trio de características do marketing: rapidez, gratuidade e onipresença. Por outro lado, quando eu era evangelista da Apple, divulgando o Macintosh, telefones, faxes e aviões eram as poderosas ferramentas de marketing. A influência consistia em reunir algumas centenas de pessoas em um salão de festas de um hotel.

As mídias sociais são a melhor coisa que já aconteceu para empreendedores. Hoje, as startups conseguem alcançar milhões de pessoas em qualquer lugar no mundo em segundos, a custo zero, porém não é tão fácil usar as mídias sociais. Este capítulo explica como adotar esse recurso impressionante.

ELABORE UM PLANO

Não sou adepto do planejamento de mídias sociais caso defina "planejamento" como despender seis meses cogitando ou contratando uma agência a fim de mapear e atingir metas estratégicas. Minha versão de planejamento estratégico consiste em:

- Decifrar seu modelo de negócios.

- Compreender que tipos de pessoas você precisa atrair para fazer esse modelo de negócios funcionar.

- Descobrir que tipos de coisas essas pessoas querem ler.

- Compartilhar esses tipos de coisas.

Pouca gente lhe dará um conselho tão informal, porém não confunda compostura com sabedoria. Consultores e agências lhe dirão para criar um plano estratégico ou contratá-los por três meses. Isso é bobagem. Você não tem tempo de cogitar nem deve desperdiçar dinheiro com consultores e agências. Deve mergulhar nas mídias sociais, ver o que dá certo e mudar as coisas à medida que for usando.

Mais importante do que planejar é queimar as pestanas — ou seja, trabalhar duro, por bastante tempo, e experimentar. Em outras palavras, as mídias sociais são como todo o resto que está fazendo!

COMPREENDA BEM AS PLATAFORMAS

A partir de 2015, as principais plataformas de mídias sociais a considerar são: Google+, Facebook, Instagram, LinkedIn, Pinterest, Twitter e YouTube. Eis uma sinopse de cada:

A ARTE DO COMEÇO 2.0 | 315

- **FACEBOOK.** Trata-se do McDonald's das mídias sociais, "servindo mais de um bilhão de pessoas". É a plataforma que a maioria das empresas utiliza a fim de atingir os clientes. Infelizmente, alguma "magia negra" chamada EdgeRank determina quais seguidores visualizam seus posts com base em misteriosos algoritmos do Facebook. Supostamente, apenas 10% dos seguidores visualizam o que você compartilhou — acho que é menos do que isso. No entanto, é possível pagar de modo a promover os posts para um público maior.

- **GOOGLE+.** Muitos "especialistas" adoram odiar o Google+. Acreditam ser uma plataforma de alcance bem pequeno, pois, em números brutos, corresponde à metade do tamanho do Facebook. Porém, como o Google+ não conta com nada análogo ao EdgeRank do Facebook, todos que adicionam sua empresa a um "círculo" podem ver seus posts; isso compensa a questão de pequeno alcance. Além do mais, trata-se da Google, e seria idiotice ignorar qualquer coisa que a Google faça.

- **INSTAGRAM.** Atua como uma narrativa visual. As empresas compartilham imagens de seus produtos ou as fotos dos fãs. Não é possível colocar um link para o respectivo site a partir de um post no Instagram. Porém, diversas marcas ganham destaque ao utilizarem esse serviço, conectando-se aos fãs e construindo comunidades sólidas.

- **LINKEDIN.** É o herói não aclamado das mídias sociais. Os recursos de mídias sociais foram acrescentados já tarde, porém a seriedade de seu conteúdo e comentários faz dele uma ferramenta de marketing de grande utilidade. Pare de pensar no LinkedIn como apenas um local para quem está em busca de uma (re)colocação profissional, pois também é uma plataforma de mídia social.

- **PINTEREST.** Trata-se de uma plataforma visual na qual as pessoas descobrem e salvam as coisas de que tanto gostam. As marcas se conectam aos clientes por meio da criação de campanhas e de quadros do Pinterest que exibem seus produtos. De longe, é a mais bonita plataforma de mídia social.

- **TWITTER.** Pense no Twitter como um rio: pode levá-lo a vários lugares com certa rapidez, mas também consegue afundá-lo. É uma ótima plataforma para promover e apoiar seu produto via mensagens com 140 caracteres. Ainda é um recurso potente no intuito de monitorar a concorrência e o grau (nível) em que sua empresa ou produto está nas conversas nas mídias sociais.

- **YOUTUBE.** O site do YouTube, que pertence à Google, é uma ferramenta potente caso seja capaz de produzir vídeos interessantes e educativos. Não é algo muito difícil nos dias de hoje, afinal os vídeos postados no YouTube de amadores entusiasmados costumam ser mais eficazes do que aqueles de profissionais hábeis, persuasivos. Você consegue criar seu próprio canal no YouTube e, assim, seus clientes podem assiná-lo.

Quais dessas plataformas sua startup deve manter? Todas. Eu estaria lhe dando uma péssima sugestão se o orientasse a focar em uma ou duas. Mas também estaria sendo um mau conselheiro caso lhe dissesse que isso demandaria uma equipe de quatro a seis pessoas. Uma a duas pessoas trabalhando com afinco são capazes de dar conta do recado.

APERFEIÇOE SEUS PERFIS

Plataformas de mídias sociais fornecem uma página de perfil para que você descreva sua empresa.

Essas páginas são vitais: é por meio delas que as pessoas fazem um rápido julgamento sobre a qualidade do negócio. Veja como otimizar o currículo de uma página do próprio empreendimento:

- **OTIMIZE POR CINCO SEGUNDOS.** As pessoas não *estudam* perfis. Gastam poucos segundos dando uma olhadela neles e, então, logo tomam uma decisão. Se fosse um namoro on-line, pense no Tinder (deslize o dedo à direita para sim, deslize o dedo à esquerda para não), não no e-Harmony (complete um Questionário de Relacionamento).

- **CONTE SUA HISTÓRIA COM IMAGENS.** Um perfil contém dois elementos gráficos para narrar sua história. O primeiro é um avatar, uma pequena imagem em forma de círculo ou quadrado. Com relação a contas pessoais, é o seu rosto. No tocante a contas corporativas, é o seu logotipo.

O segundo elemento gráfico, uma foto muito maior, é chamado de "capa" (Facebook, Google+ e LinkedIn) ou de "cabeçalho" (Twitter). Deve ser uma imagem que comunique a identidade de sua startup. Estas empresas possuem excelentes avatares e capas/cabeçalhos.

- Cadbury

- Audi

- Nike

As plataformas mudam as dimensões ideais para fotos de capa/cabeçalho o tempo inteiro, então assegure-se de monitorar os padrões. Você pode consultar um post de um blog intitulado "Quick Tips for Great Social Media Graphics" ["Dicas rápidas para ótimos gráficos de mídias sociais", em tradução livre] sempre que quiser verificar os tamanhos ideais.

Além desse, a Canva, empresa da qual sou o evangelista-chefe, criou centenas de designs de capas e cabeçalhos para Google+, Facebook, Twitter e Pinterest. Você também pode dar uma olhada neles em Canva.com.

- **ELABORE UM MANTRA.** A maioria das plataformas o habilita a adicionar uma tagline ou slogan ao perfil. Faça disso o próprio mantra: de duas a quatro palavras que expliquem por que sua startup existe. (Caso requeira mais informações sobre mantras, recorra ao capítulo 1, "A arte de começar".) Confira três mantras teóricos para empresas que funcionariam bem como taglines:

  - Nike: "Autêntico desempenho atlético"
  - FedEx: "Paz de espírito"
  - Google: "Democratizando informação"

A ARTE DO COMEÇO 2.0 | 319

- **FORNEÇA TODAS AS INFORMAÇÕES.** O avatar, a tagline e a foto de capa/álbum/cabeçalho determinam as impressões iniciais das pessoas a respeito de sua empresa. Depois, se tiver atraído o interesse delas, lerão o resto das informações no perfil da empresa; então, forneça o máximo de informação possível. Mais uma vez, pense no perfil como um currículo.

- **CONSIGA UM URL PERSONALIZADO.** Você pode obter um URL personalizado para suas contas de Google+, Facebook e LinkedIn. Isso significa que as pessoas verão este tipo de link: https://plus.google.com/+canva/posts.

  Se não conseguir um URL personalizado, o tipo de link a ser visualizado será este outro, muito mais difícil de lembrar, copiar e compartilhar: https://plus.google.com/+112374836634096795698/posts.

  Google+, Facebook e LinkedIn, todos explicam o modo de fazer isso. Como é o caso com nomes de domínio, vários URLs personalizados já não estão disponíveis, porém quase qualquer coisa é melhor do que 21 números aleatórios. Ademais, criar um URL personalizado é um bom teste de perspicácia.

- **FIQUE ANÔNIMO.** Quando estiver satisfeito com o perfil da empresa, observe-o por uma "janela anônima". É uma janela do navegador que o habilita a visualizar o perfil da forma como os outros veem.

  Visando abrir uma janela anônima no Google Chrome, clique em "Nova janela anônima" do menu. Há uma maneira de fazer isso para cada navegador. Pesquise no Google por "incógnito" mais o nome de seu navegador a fim de descobrir como.

PASSE PELO TESTE DE COMPARTILHAMENTO

O Teste de Compartilhamento é o conceito de maior relevância no que diz respeito a marketing de mídias sociais. É ótimo quando as pessoas gostam de seus posts e dão um "like", uma curtida e "+1". Melhor ainda quando acrescentam comentários. Essas ações são semelhantes a dar gorjetas a um garçom.

No entanto, ter seus posts compartilhados é uma grande honra, pois significa que as pessoas estão arriscando a própria reputação com o que você postou. É como indicar um bom restaurante aos amigos. Compartilhar é demonstrar afeição, ser solidário! Assim, o teste mais importante de qualquer coisa que faça em mídias sociais consiste em questionar:

As pessoas irão compartilhar seus posts?

Todos os posts devem passar pelo teste em questão. Mas necessitam agregar valor às vidas das pessoas. Há quatro tipos de conteúdo que fazem isso:

- **INFORMAÇÃO.** "O que aconteceu?" Exemplificando: Chuck Hagel afirmou, na época em que era secretário de Defesa dos Estados Unidos, estar aberto a rever o papel das pessoas transgêneras nas forças armadas norte-americanas.

- **ANÁLISE.** "O que isso significa?" A revista *Mother Jones*, por exemplo, esclarece por que o incidente da mordida dada pelo astro do futebol uruguaio Luis Suárez vira um grande negócio na área de higiene bucal.

A ARTE DO COMEÇO 2.0 | 321

- **ASSISTÊNCIA.** "Como posso fazer isso?" Por exemplo, o portal de tecnologia CNET explicou como funciona mandar uma mensagem de texto para o 911, em caso de emergência.

- **ENTRETENIMENTO.** "Que droga é essa?!!!" Exemplificando: todo ano, duas igrejas em Vrontados, Grécia, encenam uma guerra de foguetes para celebrar a Páscoa.

Tente simular o que chamo de modelo NPR. A NPR (National Public Radio), rádio pública norte-americana, fornece excelente conteúdo 365 dias ao ano. A cada poucos meses, a NPR organiza uma campanha de doações a fim de levantar verba. A NPR consegue organizar campanhas de doações porque proporciona conteúdo de grande valor.

Ao passar no Teste de Compartilhamento, você ganha o privilégio de organizar a própria campanha de doações, a qual, no respectivo contexto, é uma promoção para seu produto.

ALIMENTE O MONSTRO DO CONTEÚDO

O maior desafio diário das mídias sociais é encontrar conteúdo para compartilhar. É o que se chama de alimentar o monstro do conteúdo. Há duas maneiras de fazer isso: criação e curadoria, ambas de conteúdo.

A criação de conteúdo consiste em escrever longos posts, tirar fotos ou produzir vídeos. É difícil criar mais de duas peças de conteúdo, bem embasado, por semana, e duas peças não são suficientes quando se trata de mídias sociais por causa da intensa competição por atenção. Infelizmente, ajudá-lo a ser um mestre da criação de conteúdo está fora do escopo deste livro.

> **"Quase todas as empresas definem, de forma bem limitada, o que acreditam que será relevante e interessante para seus seguidores."**

A curadoria de conteúdo compreende encontrar material de qualidade de outras pessoas, resumi-lo e compartilhá-lo. A curadoria é um ganho triplo: você precisa de conteúdo para compartilhar, blogs e sites querem mais tráfego, e as pessoas desejam filtros de modo a reduzir o fluxo de informação. Estas técnicas podem auxiliá-lo na ação de curadoria para alimentar o monstro do conteúdo:

- **APROVEITE-SE DA CURADORIA E DOS SERVIÇOS AGREGADOS.** Sou um dos cofundadores de um site chamado Alltop para me ajudar a selecionar conteúdo. É uma compilação de feeds de RSS (Really Simple Syndication), ou seja, canais de informação, variando de A (adoção) a Z (zoologia), organizados em mais de mil assuntos. Por exemplo, há comida, fotografia, Macintosh, viagem e adoção.

- **COMPARTILHE O QUE JÁ ESTÁ EM ALTA.** Você poderia dizer que isso é trapaça, e estaria certo, mas não há nada errado com conteúdo já em alta. Não interessa quantas pessoas viram algo, nem *todos* viram ainda. Compartilhei vídeos do YouTube, bem antigos, com grande sucesso. Verifique a aba "Explore" do Google+ para encontrar boas histórias.

A ARTE DO COMEÇO 2.0 | 323

- **USE LISTAS, CÍRCULOS, COMUNIDADES E GRUPOS.** Pessoas e marcas que compartilham um interesse comum integram "listas" (Twitter e Facebook), "círculos" (Google+), "comunidades" (Google+) e "grupos" (Facebook e LinkedIn). Tais agrupamentos são uma ótima maneira de encontrar bom conteúdo.

- **COMPARTILHE CONTEÚDO GERADO PELO USUÁRIO.** As fotos que as pessoas fazem de seu produto devem ser compartilhadas. Essa prática é boa para todos: você obtém uma prova social quando tiram uma foto de seu produto, e os fotógrafos recebem reconhecimento caloroso e atenção.

Inúmeras empresas definem, de forma bastante limitada, o que acreditam que será relevante e interessante para seus seguidores, dificultando a capacidade de alimentar o monstro do conteúdo. Confira exemplos de como os posts podem permanecer em sintonia com a marca e, ao mesmo tempo, ser bem cativantes — gerando mais compartilhamentos:

Tipo de negócio	Seguidores desejados	Exemplos
Restaurante	Amantes de comida	Partículas atômicas ajudam a solucionar fraudes no vinho e a maneira científica de cortar um bolo.
Motorola	Fãs do Android	Os cem melhores apps para Android de 2014 e seis dicas maravilhosas para Android.

Tipo de negócio	Seguidores desejados	Exemplos
Companhia aérea	Amantes de viagens	Os últimos cinemas *drive-in* nos Estados Unidos e fotografia detalhada de viagens. Ou você pode fazer as pessoas felizes mesmo que não integre a Serve Japan Trip.
Agência de design	Marqueteiros	Por que não há problema em ter um anúncio embaixo da dobra de uma página na internet e os principais resultados sobre a lealdade do consumidor varejista.
Monster products (fabricante de fones de ouvido)	Entusiastas de música e esportes	"Weird Al" Yankovic com a paródia de "Happy" e saltos divertidos/assustadores.

USE UM CALENDÁRIO EDITORIAL

Não sou muito adepto de calendários porque aprovo a abordagem de "jogar a isca e rezar" no que diz respeito às mídias sociais (ou seja, lançar um monte de material e esperar que algo dê certo). No entanto, se desejar uma abordagem mais organizada, diversas ferramentas podem ajudá-lo a gerenciar seu calendário editorial:

- **EXCEL.** É possível utilizar esse velho produto a fim de armazenar rascunhos de posts conforme a data de publicação.

A ARTE DO COMEÇO 2.0 | 325

- **GOOGLE DOCS.** A força do Google Docs para agendamento de publicações em mídias sociais reside no fato de que você pode colaborar com os integrantes da equipe em tempo real, e todos conseguem acessar o calendário de vários dispositivos. Isso elimina o vai e vem de e-mails e reduz a probabilidade de as mudanças se perderem.

- **CALENDÁRIO EDITORIAL DA PLATAFORMA HUBSPOT.** O calendário editorial da Hubspot pode atuar como um guia de modo a gerar ideias para seu blog, monitorar o conteúdo e acompanhar o progresso dos que nele escrevem. É um template do Excel projetado no intuito de a equipe agendar as atividades das mídias sociais. É possível adicionar palavras-chave, temas e chamadas à ação para cada post.

- **BUFFER, SPROUT SOCIAL E HOOTSUITE.** Todos os três oferecem a funcionalidade de agendamento, orientada rumo ao compartilhamento de posts. O Buffer é uma plataforma somente de agendamento; portanto, não é possível responder a comentários. O Sprout e a Hootsuite habilitam você a agendar e a monitorar suas mídias sociais assim como comentar e responder. (Revelação: sou conselheiro do Buffer.)

- **PLUGIN STRESSLIMIT DESIGN PARA WORDPRESS.** É um calendário editorial que você pode adicionar a um blog na plataforma WordPress. O plugin Stresslimit Design lhe permite planejar o conteúdo do blog e revisar o que está agendado para o futuro.

COMPARTILHE COMO UM PROFISSIONAL

> *Um escritor cuidadoso, em cada frase que escrever, fará quatro perguntas a si mesmo, no mínimo, assim: 1. O que estou tentando dizer? 2. Que palavras expressarão isso? 3. Que imagem ou linguagem tornará isso mais claro? 4. Essa imagem é original o bastante para produzir efeito?*
>
> — George Orwell

Após criar ou selecionar material, é hora de compartilhá-lo por meio das contas de mídias sociais de sua empresa. Confira as dicas básicas de compartilhamento, em geral, aceitas como as melhores práticas. (Na próxima seção, dou ideias que não costumam ser aceitas.)

- **SEJA BREVE.** Nas mídias sociais, a concisão ganha da verborragia. Você compete com milhões de posts todos os dias. As pessoas fazem julgamentos rápidos e seguem adiante caso não capture o interesse delas em um relance. Minha experiência é que o ponto certo para posts de conteúdo selecionado consiste em duas a três frases no Google+ e no Facebook, e cem caracteres no Twitter. O ponto certo para conteúdo que você cria, como posts para blogs, compreende de quinhentas a mil palavras.

- **SEJA VISUAL.** Todo post, literalmente *todo* post, deve conter um colírio para os olhos na forma de imagem, gráfico ou vídeo. De acordo com um estudo da Skyword, plataforma de marketing de conteúdo, "Em média, as visualizações totais aumentavam 94%

A ARTE DO COMEÇO 2.0 | 327

se um artigo publicado contivesse uma fotografia ou infográfico relevante em comparação a artigos sem uma imagem na mesma categoria."

- **SEJA MADRUGADOR.** O melhor momento para compartilhar posts é pelas manhãs, horário do Pacífico, pois é quando a maioria de meu público está acordada e ao computador. Tente alguns experimentos a fim de conferir se as manhãs são boas para seus posts também. Na próxima seção, aprenderá a respeito de automatização, facilitando o agendamento.

- **SEJA GRATO.** Todo post com conteúdo selecionado deve apresentar o link correspondente à sua fonte. Eis o papel desse link:

  - Permite que os leitores aprendam mais sobre a fonte
  - Envia tráfego à fonte como um ato de agradecimento
  - Aumenta sua visibilidade e popularidade com blogueiros e sites

Ao encontrar conteúdo interessante em um post de alguém, adote este protocolo: redija um novo, compartilhando-o com um link para a fonte e, então, acrescente um "hat tip" ou "h/t" à pessoa que o postou originalmente, captando sua atenção. Seria algo do tipo "tiro o chapéu para você".

- **SEJA ADEPTO DOS MARCADORES.** Caso seu post no Google+, Facebook e LinkedIn tenha mais de quatro parágrafos, utilize uma lista com marcadores ou numerada. Essa lista facilita a leitura, com a informação organizada em blocos de texto menores, além de reduzir o efeito TLDR (*too long; didn't read* — longo demais, não li).

Talvez eu seja a única pessoa no mundo que faça isso, mas quando há um texto com um parágrafo atrás do outro, ignoro. Se eu quiser ler um romance, comprarei um e-book Kindle. Por outro lado, quando há uma lista com marcadores ou numerada, fico mais propenso à leitura.

- **SEJA ASTUTO.** Os posts com títulos "Como...", "Os/As dez principais..." e "O/A último(a)..." são difíceis de ignorar. Algo relacionado a essas palavras diz (ao menos para mim): "Isso vai ser prático e útil." O pessoal do Twelve-skip, site de web design com dicas de maximização de visibilidade on-line por meio de estratégias de marketing digital, compilou uma lista de mais de cem ótimos títulos. Então, seja astuto e use-a.

  Os meus favoritos da tal lista são:

  - "Como 'agitar'..."
  - "Guia rápido..."
  - "Um guia completo para..."
  - "Perguntas que devem ser feitas antes..."
  - "Regras para..."
  - "Passos essenciais para..."
  - "As formas mais comuns de..."
  - "Dicas para quem não tem tempo de..."
  - "Táticas para..."
  - "O que ninguém lhe diz sobre..."

- **SEJA ENCONTRADO.** Hashtags são uma coisa linda. Conectam posts de pessoas do mundo inteiro e adicionam estrutura a um ecossistema desestruturado. Ao incluir uma hashtag em um post, você está dizendo às pessoas que o post é relevante ao tema compartilhado.

Por exemplo, a hashtag #socialmediatips (#dicasde-midiassociais) no Google+ conecta posts sobre mídias sociais. Twitter, Instagram, Facebook, Tumblr e Google+ aprovam as hashtags; portanto, trata-se de uma prática comum e bem aceita.

Considere adicionar duas a três hashtags a seus posts. No entanto, se usar mais do que isso, parecerá um #idiota que está tentando #burlarosistema. Também não utilize hashtags no Pinterest, pois são odiadas lá — talvez por interferirem nos posts de imagem, que visam ao mínimo de texto.

- **SEJA ADEPTO DO MARKETING PROMOCIONAL.** Dificilmente faço isso por questão de orgulho e princípio, mas pode dar certo pagar no intuito de promover posts no Pinterest, no Facebook e no Twitter. É uma forma de garantir que mais gente veja as mensagens. O Facebook, em particular, está se tornando uma plataforma do tipo "pague para usar".

  A decisão se reduz ao cálculo a fim de saber se a receita justifica a despesa de pagar por essas visualizações. Você poderia, por exemplo, promover um post com uma chamada para ação de comprar seu produto. Depois, as vendas adicionais (e talvez a consciência de marca) valeriam a pena ou não.

  Caso se recuse a promover os próprios posts (eu o respeitaria se fosse sua decisão), você pode colocar um "pin" neles e movê-los para o topo da página no Facebook e no Twitter, como se os fixasse com tachinhas em um mural. Isso significa que o mais recente permanece como a primeira história visível no topo de sua linha do tempo. Não é tão eficaz quanto pagar por promoção, porém o custo é zero.

330 | GUY KAWASAKI

- **SEJA ANALÍTICO.** É possível aumentar a relevância de seu conteúdo analisando as características de quem o segue. Ilustrando: o Facebook Analytics é um recurso valioso visando descobrir seus fãs, além de ser um ótimo lugar para planejar conteúdo futuro direcionado ao Facebook.

- LikeAlyzer é útil no intuito de verificar suas páginas no Facebook e aprimorar o conteúdo, tipos de posts e quando está compartilhando.
- No tocante ao Twitter, é possível utilizar um serviço como o SocialBro a fim de obter relatórios de quem o segue, encontrar novas pessoas para seguir e determinar como anda seu conteúdo. Também pode conseguir relatórios similares no Sprout Social e na Hootsuite.

AUTOMATIZE SEUS POSTS

Usar ferramentas de modo a automatizar e agendar posts não é trapacear. É o que empresas inteligentes fazem para otimizar o compartilhamento. Qualquer um que insista que você tem de compartilhar manualmente é imbecil. A maioria dos seguidores não sabe como um post foi compartilhado, e caso tenha outras funções além das relativas às mídias sociais, você não é capaz de realizar compartilhamentos manuais ao longo do dia.

Esta é uma lista de serviços para automatizar seus posts. Em trinta minutos, você consegue planejar aqueles válidos por um dia, basta usar qualquer um destes:

A ARTE DO COMEÇO 2.0 | 331

- **BUFFER.** Agenda posts para as páginas do Google+, páginas e perfis do Facebook, LinkedIn e Twitter. Habilita você a adicionar posts em um horário específico ou colocá-los em uma fila. Equipes de gerenciamento e análise estão disponíveis no plano "Buffer para Negócios". O Buffer sugere histórias a serem compartilhadas e é o mais atraente dos serviços.

- **DO SHARE.** Se você não tiver uma página no Google+, esse é o único produto que lhe permite agendar posts em um perfil pessoal. É uma extensão do Chrome e funciona somente quando executado neste navegador. O Do Share é ótimo, porém limitado por tal exigência. Por exemplo, caso esteja viajando e o computador não esteja ligado e conectado à internet, o Do Share não irá compartilhar os posts. É bem provável que a conta da empresa seja uma página, não um perfil; portanto, o Do Share talvez não se aplique às suas necessidades.

- **FRIENDS+ME.** Esse produto promove o compartilhamento dos posts do Google+ com outras plataformas. Em geral, há compatibilidade com o Facebook (grupos, perfis e páginas), o Twitter e o LinkedIn (perfis, grupos e páginas corporativas), além do Tumblr. Também é possível tuitar, com a imagem de seu post no Google+, o que é de grande utilidade. Por meio do uso de hashtags, você consegue controlar como e onde cada post é compartilhado ou se deseja postá-lo apenas no Google+.

- **HOOTSUITE.** Você pode agendar o conteúdo, monitorar e responder a comentários com a Hootsuite. Também

332 | GUY KAWASAKI

consegue compartilhar com os perfis e páginas do Facebook, as páginas do Google+, os perfis do LinkedIn e o Twitter. Ao utilizar o aplicativo ViralTag app, você é capaz de agendar pins no Pinterest. Entre os recursos úteis, destacam-se: com base em uma planilha, é possível agendar vários posts ao mesmo tempo (agendamento em massa); a partir do calendário, é possível arrastar e soltar para agendar; além de colaborar com múltiplos usuários.

- **POST PLANNER.** Embora o Post Planner seja compatível somente com o Facebook, também fornece histórias para compartilhar e ainda sugere quando fazer isso. De fácil acesso, a partir de um aplicativo dentro do Facebook, você consegue encontrar fotos virais e conteúdo de tendências de modo a ter ideias para histórias. Também é capaz de adicionar feeds a blogs de que goste e compartilhar a partir do Post Planner. É um serviço excelente para gestores de páginas no Facebook.

- **SPROUT SOCIAL.** É um produto potente compatível com as páginas e perfis do Facebook, Twitter, páginas do Google+ e perfis do LinkedIn. Apresenta a funcionalidade de gestão em equipe e integração com Zendesk, ferramenta de atendimento ao cliente na nuvem. A capacidade de repetir o mesmo tuíte com uma imagem e criar um calendário em equipe é poderosa. Tudo isso a um custo mínimo de US$59 mensais.

- **TAILWIND.** É possível agendar e monitorar posts apenas para Pinterest com o Tailwind. Um recurso potente é a exibição de dados substanciais de pins populares, boards (painéis) de tendências e os assuntos gerais, que consistem em conteúdo de outras pessoas. Devido ao acesso à API do Pinterest, isto é, à interface da programação do aplicativo, é certo o surgimento de mais recursos em um futuro próximo.

- **TWEETDECK.** Trata-se de um aplicativo independente para monitorar a atividade e agendar tuítes. A disposição em colunas exibe os resultados das pesquisas. Por exemplo, você pode criar uma coluna para "@*mentions*" (uma @*mention* — @menção — consiste em um tuíte com o símbolo "@" e seu nome) e outra coluna para @*mentions* da concorrência. Da próxima vez que for a uma conferência de tecnologia, observe como as pessoas monitoram o Twitter e verá que a maioria adota o TweetDeck.

REPITA SEUS POSTS

Agora chegamos à sugestão que geralmente não é aceita. Compartilho um total de cinquenta posts por dia via minhas contas no Google+, Facebook, Twitter, LinkedIn e Ello. Muitos desses são repetições exatas dos anteriores.

"Trata-se de um teste de QI: Você preferiria ter 1.300 cliques ou 7.600?"

Pouquíssimas pessoas ou empresas se aproximam desse nível de atividade, porém minha experiência é que, contanto

334 | GUY KAWASAKI

que os posts sejam bons, pode compartilhar quantos quiser. Verifiquei minha afirmação de que mais é mais, compartilhando quatro tuítes idênticos ao longo de dois dias. Cada tuíte continha um link diferente para a mesma história de origem. Confira os resultados:

Data e hora	Cliques	Respostas	Retuítes	Favoritos
6/7, 19h41	1.300	22	18	41
7/7, 2h11	1.300	20	17	43
7/7, 0h50	2.300	24	23	26
8/7, 8h	2.700	16	10	15
Total	7.600	82	68	125

Trata-se de um teste de QI: Você preferiria ter 1.300 cliques ou 7.600? Arriscaria reclamações sobre tuítes repetidos e ameaças de não seguirem mais suas contas ou alcançaria 5,8 vezes mais cliques? Escolho a segunda opção sempre, todos os dias do ano.

Algumas pessoas reclamarão do alto volume de mensagens, mas não se preocupe. Ou se acostumarão ao aumento ou deixarão de segui-lo. O que importa é o resultado prático: ou você está construindo uma marca, adicionando seguidores e acumulando novos compartilhamentos, ou não. Se não irritar ninguém nas mídias sociais, é sinal de que não as utiliza com agressividade suficiente.

RESPONDA A COMENTÁRIOS

Não leve nada para o lado pessoal. Nada do que os outros façam é por sua causa. O que os outros dizem e fazem é uma projeção da realidade deles, do próprio sonho. Quando estiver imune às opiniões e ações alheias, não será vítima de sofrimentos desnecessários.

— D. Miguel Ruiz

Você encontrará comentários perspicazes, engraçados e lisonjeiros em resposta a seus posts, assim como irá se deparar com comentários idiotas, indelicados e até agressivos.

A mistura estará inclinada aos primeiros desde que publique material de qualidade, mas todos recebem comentários negativos.

Responder a comentários requer diligência e esforço. Comentários negativos, em particular, demandam esforço, paciência e compreensão. Veja como responder a comentários pode deixar de ser algo penoso e passar a promover o engajamento, construir sua reputação e até diverti-lo um pouco:

- **UTILIZE AS FERRAMENTAS CERTAS.** O passo número um é encontrar comentários aos quais necessite se dirigir. Existem dois cenários. Primeiro, monitorar comentários aos seus posts no Google+, Facebook, LinkedIn, Pinterest e Instagram. Isso é fácil porque essas plataformas organizam ou *thread* a discussão, isto é, promovem o encadeamento do debate; assim, você consegue compartilhar um post e voltar para ver se há comentários.

336 | GUY KAWASAKI

O segundo cenário é monitorar comentários no Twitter. Por não apresentar o mesmo nível de encadeamento, você precisará configurar uma pesquisa voltada para o nome de sua startup para monitorar comentários a seu respeito e respostas direcionadas a você. É possível salvar essa pesquisa para não ter de voltar a configurá-la.

O Twitter também oferece a funcionalidade da busca avançada no intuito de tornar mais eficiente a pesquisa por comentários. Exemplificando: uso uma busca do Twitter, já salva, que encontra menções de @GuyKawasaki ou @Canva, mas não os retuítes de nossos tuítes. (Não é necessário responder a retuítes e, de preferência, haverá tantos que não poderia responder a todos mesmo que quisesse.)

"Você nunca pode se dar mal ao tomar o caminho certo, pois vencer a guerra por classe e credibilidade é mais importante do que vencer a batalha travada com alguém que fez um comentário."

As pessoas ainda farão comentários sobre sua startup que não têm correlação com os posts. É preciso monitorar esses também. Em um mundo perfeito, toda vez que mencionassem algo a respeito da startup, o registro ocorreria por meio da digitação de um "@" (Twitter e Facebook) ou "+" (Google+) antes do nome. Se fizessem isso, as plataformas iriam notificá-lo via e-mail ou quando acessasse sua página. Porém, a maioria das pessoas desconhece tal funcionalidade.

Muitos serviços podem, no entanto, monitorar menções e texto em comentários, incluindo Commun.it,

A ARTE DO COMEÇO 2.0 | 337

Google Alerts, Hootsuite, Social Mention, SocialBro, Sprout Social e Viralheat. E, como mencionado antes, TweetDeck é um ótimo aplicativo para monitorar *@mentions* e termos de busca.

- **LEVE EM CONTA TODO O PÚBLICO.** O público consiste em qualquer um que lerá sua resposta — não apenas quem fez o comentário. É diferente do e-mail, no qual só interessam o destinatário e quem também receba a mensagem por ele encaminhada.

  Nas mídias sociais, muitas pessoas estão observando e irão julgá-lo pelo tom de suas respostas. É possível que esses observadores sejam mais importantes do que quem comentou, pois talvez tenham um número maior de seguidores do que trolls — adeptos do bullying cibernético à procura de brigas a fim de compensar alguma disfunção física ou vidas patéticas — tentando arrastá-lo para um confronto virtual. O modo como responde deve ser como o de um político esclarecendo uma pergunta em uma assembleia geral: tudo consta em ata.

- **PERMANEÇA POSITIVO.** Visto que os outros estão olhando com atenção, você deve se manter positivo e agradável, não importa o quão banal, blasfemo ou atormentador seja o comentário. Você nunca pode se dar mal ao tomar o caminho certo, pois vencer a guerra por classe e credibilidade é mais relevante do que vencer a batalha travada com alguém que fez um comentário. Verdade seja dita, às vezes, esqueço de seguir essa recomendação; então, faça o que escrevo, não o que faço.

- **PRESUMA QUE AS PESSOAS SÃO BOAS ATÉ QUE SE PROVE O CONTRÁRIO.** Assim como acontece com um e-mail, é fácil interpretar errado os comentários postados nas mídias sociais. É possível que, de fato, o que interpreta como crítica ou ataque seja uma mensagem inócua ou apenas sarcástica. Ou talvez você seja ou esteja hipersensível. Vale a pena dar às pessoas o benefício da dúvida.

- **CONCORDE EM DISCORDAR.** Caso não seja capaz de se manter positivo, então pode, pelo menos, concordar em discordar. A vida é curta demais para brigar o tempo inteiro e, quase sempre, as batalhas não valem a pena. Além disso, concordar em discordar irrita os trolls.

- **SEJA PERSPICAZ AO PERGUNTAR.** Quando alguém expressar uma opinião negativa forte, pergunte se a pessoa tem alguma experiência com a questão em si. Por exemplo, se compartilhou uma história sobre Android e for atacado por um fã de iOS, questione o sujeito se ele já usou ou teve um celular Android. As chances são boas de que ele não tenha usado ou tido um, e está somente repetindo o que ouviu. Nas mídias sociais, a combinação de certeza e ignorância é comum, logo, acostume-se! Na verdade, em geral, quanto mais uma pessoa se mostrar certa de algo, maior sua ignorância.

- **FAÇA TRÊS ROUNDS.** As melhores (e as piores) interações costumam ocorrer entre comentaristas. É encantador observar estranhos desenvolverem relacionamentos e conduzirem posts a rumos inesperados, transformando o acaso em oportunidade, de forma cada vez mais intensa. Essa é a boa notícia. A ruim é que, de vez em quando, os comentaristas travam lutas implacáveis e fazem comentários mesquinhos, que nunca teriam coragem de proferir pessoalmente.

Minha sugestão é adotar as regras do boxe amador e lutar por apenas três rounds. O sino de abertura soa quando você compartilha um post. Blim-blém! Round número um: alguém escreve seu ponto de vista sobre o post. Round número dois: você responde ao comentário. Round número três: a pessoa faz sua réplica à resposta. Fim da luta.

- **EXCLUA, BLOQUEIE E RELATE.** Se todo o resto falhar, ignore, exclua, bloqueie ou relate trolls e spammers — aqueles que enviam spams, mensagens indesejadas. Você não tem obrigação moral de interagir com eles, e não é nada vantajoso se rebaixar ao nível dessa gente. Caso necessite de ajuda para identificar e diferenciar um troll de um aficionado, leia "Top 12 Signs You're Dealing With Trolls" ["Os 12 principais sinais de que você está lidando com trolls", em tradução livre] em meu LinkedIn.

Tenho uma regra: sem segunda chance. Assim, excluo comentários impróprios (de cunho profano, racista e fora do assunto) e não hesito em sinalizar trolls e spammers. A vida é bastante curta para lidar com gente desmiolada, que não vale a pena.

CONSIGA MAIS SEGUIDORES

Não almeje ser popular; seja refinado. Não deseje ser famoso; seja amado. Não sinta orgulho de ser esperado; seja palpável, inconfundível.

— C. JoyBell C.

Há somente dois tipos de pessoas e empresas nas mídias sociais: aquelas que querem mais seguidores e as que estão mentindo. Em 2014, uma busca no Google por "como conseguir mais seguidores" gerou 284 milhões de resultados, o que lhe diz algo. Existem apenas duas coisas a fazer para conquistar um número maior de seguidores:

1. Em primeiro lugar, compartilhe material bom, de qualidade. É como se capta novos seguidores. Ponto final.

2. Em segundo lugar, migre para novas plataformas. É muito mais fácil acumular seguidores quando a plataforma é jovem porque há um número menor de pessoas a seguir e menos burburinho.

Tenho 6,4 milhões de seguidores no Google+ — migrei para lá em julho de 2014, poucas semanas após seu lançamento. Se fosse recomeçar no Google+ ou em qualquer outra plataforma já existente, não conseguiria alcançar quem iniciou mais cedo.

Toda nova plataforma cria uma série de astros e estrelas. Não sou capaz de alcançar a Joy Cho no Pinterest agora que essa blogueira ultrapassou os 13 milhões de seguidores.

A ARTE DO COMEÇO 2.0 | 341

Mas ela também teria dificuldade de me alcançar no Google+, onde conta com algumas centenas de seguidores.

A lição é que uma nova plataforma é um território a ser conquistado. Caso queira inúmeros seguidores nela, você tem de entrar logo antes de ficar claro que a plataforma será um sucesso.

EVITE PARECER "SEM-NOÇÃO"

O problema do mundo é que os idiotas e os fanáticos estão sempre tão seguros de si, enquanto as pessoas mais sábias estão repletas de dúvidas.

— Bertrand Russell

As mídias sociais possuem seu próprio jogo de expectativas e gafes, e as pessoas esperam que uma empresa observe as boas maneiras. Esta seção irá ajudá-lo a não dar a impressão de ser alguém "sem-noção" até ter conhecimento suficiente:

- **NÃO COMPRE SEGUIDORES, CURTIDAS OU "+1S".** Apenas perdedores e charlatães pagam por seguidores, "likes" (curtidas) e "+1s". (Posso lhe dizer como me sinto realmente?) Não nego que as pessoas pensem que um grande número de seguidores representa uma prova social de virtude, porém comprar seguidores é tolice. Veja como empresas de grande porte vão ladeira abaixo:

  - O CEO participa de uma conferência e decide que sua empresa tem de utilizar mais as mídias sociais.

> **"É possível que nunca seja pego comprando a própria entrada, porém fazer isso é menosprezar seu carma, e carma é uma droga."**

- Ele diz ao diretor de marketing que quer ver alguns resultados, os quais representem um aumento no número de seguidores, curtidas e "+1s".
- O diretor de marketing se dá conta de que não há ninguém que entenda de mídias sociais na empresa (o que não é verdade, mas é uma divagação minha). Então, a escolha fácil, segura e lógica é contratar alguém das agências da empresa, visto que tais agências estão repletas de especialistas no assunto.
- A primeira coisa que o executivo de mídias sociais, recém-contratado, faz é manter sua antiga agência a fim de atingir os objetivos do diretor de marketing.
- A agência solicita e recebe um grande orçamento que inclui verba suficiente para comprar seguidores, curtidas e "+1s" de modo a alcançar os objetivos especificados.
- A agência gasta o orçamento e, para grande surpresa, atinge os números. A vitória é declarada, e todos estão felizes.

Seguidores, curtidas e "+1s" comprados proporcionam poucos benefícios duradouros, uma vez que não interagem com seu conteúdo e nem possuem nenhum interesse nele. É possível que nunca seja pego comprando a própria entrada, porém fazer isso é menosprezar seu carma, e carma é uma droga.

A ARTE DO COMEÇO 2.0 | 343

Há uma exceção no que diz respeito a comprar a própria entrada, à qual tenho aversão, e é pagando para promover posts ou páginas no Facebook. É o modo como o Facebook trabalha — é o mesmo que comprar propaganda em outras mídias.

- **NÃO PEÇA QUE SIGAM A EMPRESA.** Caso queira ter mais seguidores, conquiste-os com a qualidade de seus posts. Se Groucho Marx fosse vivo hoje, ele iria corrigir a própria citação famosa e dizer que as pessoas que lhe pedem para segui-las não valem a pena. Mantenha a dignidade, não se humilhe por seguidores e compartilhe material bom em grande quantidade.

- **NÃO PEÇA QUE COMPARTILHEM SEUS POSTS.** Se os posts tiverem qualidade, isso acontecerá de forma natural. Com todas as técnicas aqui explicadas, as pessoas lerão seus posts e, se forem bons, irão compartilhá-los. Simples assim. O único momento considerado aceitável para pedir que compartilhem é quando o post é de natureza filantrópica.

- **NÃO SEJA UM AGENCIADOR.** As mídias sociais são uma ótima forma de promover seu produto, serviço ou site — é por isso que estamos fazendo todo este esforço. No entanto, você dará a impressão de ser um "sem-noção" se mais de 5% dos posts forem promocionais. Caso esteja familiarizado com os canais de mídia dos Estados Unidos, você quer ser uma NPR (National Public Radio), não uma QVC (Quality, Value, Convenience), rede de TV norte-americana especializada em vendas. Imagine se a NPR organizasse campanhas de doações a cada dia do ano.

344 | GUY KAWASAKI

- **NÃO PASSE O CONTROLE PARA UMA AGÊNCIA.** Se contratar uma agência digital que coloca dez pessoas em uma sala, mais parecida com um "centro de operação de guerra", a fim de "mensurar sentimento" junto com seu *ethos* da marca", levando 45 dias para redigir um tuíte, isso significa que falhei com você.

  Não passe o controle das mídias sociais para "especialistas" que têm cem seguidores, tuítam uma vez por mês e lhe cobram por seus serviços mais do que o PIB (produto interno bruto) de uma nação pequena. Uma boa regra é nunca aceitar o conselho de alguém com menos seguidores que você.

  Se adotar as recomendações deste capítulo, não precisará de uma agência. Caso siga as recomendações deste capítulo e seja uma agência, talvez agora possa justificar seus preços.

- **NÃO DEIXE SUAS MÍDIAS SOCIAIS NAS MÃOS DE UM ESTAGIÁRIO.** O fato de ter encontrado um jovem que utiliza o Facebook e trabalhará por menos do que um colaborador de um restaurante fast-food não significa que ele deva gerenciar suas mídias sociais.

  Não me interprete mal: adoro estagiários. Eles trazem novas visões e ânimo às mídias sociais. Apenas quero assegurar que você leve as mídias sociais a sério e coloque gente boa nelas, pois, para muitos, sua empresa é o que compartilha. Ao menos, faça com que os estagiários leiam este capítulo e, então, durante algumas semanas, monitore cada post e comentário que eles façam.

Adendo

Minicapítulo: Como promover eventos de socialização

Eu gosto de grandes festas. São tão íntimas. Nas festas pequenas não há nenhuma privacidade.

F. Scott Fitzgerald, *O Grande Gatsby*

Eventos são uma ferramenta-chave no marketing, e as mídias sociais podem ampliar seu impacto. Participo como palestrante de mais de cinquenta eventos por ano e tenho observado que inúmeras empresas não recorrem às mídias sociais para aumentar sua visibilidade e valor. Em vez disso, focam em promoções de pré-eventos a fim de impulsionar o comparecimento e fazem muito pouco, ou nada, com as mídias sociais no evento em si.

Em 2013, Peg Fitzpatrick e eu trabalhamos nos eventos da Motorola direcionados ao lançamento do celular Moto X no México, na Argentina, no Brasil, no Peru, na Colômbia e no Chile. Eu era o palestrante principal, e ela, a "ninja" das mídias sociais. Nessa apresentação itinerante, aprendemos como agitar um evento com as mídias sociais:

- **ESCOLHA UMA HASHTAG PERMANENTE.** Poderíamos ter optado por hashtags como "#MotoXBrasil2013", "#MotoXMexico2013" e "#MotoXPeru2013", porém teriam durado três dias, na melhor das hipóteses. Em vez dessas, adotamos uma hashtag curta, genérica e permanente: "#MotoX".

"Audácia conta e muito nas mídias sociais."

O objetivo é uma hashtag que irá virar tendência e marcar presença nos perfis das pessoas no Facebook, quer se refira a um evento no Brasil, no México ou no Peru, ou a novos produtos. No nosso caso, em particular, singularidade era uma preocupação ao usar "#MotoX", por ser também usada para eventos de motocicletas. Mas se eu tivesse de optar entre uma hashtag curta e única, escolheria (e escolhi) a curta e lidar com qualquer eventual confusão.

- **INTEGRE A HASHTAG A TUDO.** Comece utilizando a hashtag a partir do momento em que der início à promoção do evento. Isso quer dizer que o ideal é aparecer no site da empresa, na propaganda e também na assinatura de e-mail. O programa impresso tem de adotá-la na capa. Os slides de abertura devem divulgá-la com fonte tamanho sessenta; já os seguintes, apresentá-la no rodapé. Todos — colaboradores, palestrantes, vendedores e convidados — devem saber do que se trata.

- **PEÇA QUE TODOS A USEM.** Não basta disseminar a hashtag; é preciso também encorajar os outros a utilizá-la. Tanto a "voz de Deus" na conferência quanto o apresentador do evento devem pedir às pessoas que compartilhem posts com a hashtag. Perto do término do tour do Moto X, eu começava meus discursos de abertura pedindo às pessoas que tuitassem, avisando que estavam no evento, não deixando de incluir a hashtag, e esperava até fazerem isso.

Audácia conta e muito em mídias sociais.

- **VÁ ALÉM DO EVENTO.** O público de um evento consiste em qualquer indivíduo que se mostre interessado em seu produto, não apenas em quem está presente no evento. Um tuíte como "Não está no Brasil? Veja o que o Mashable pensa de #MotoX: http://mashable.com/2013/08/01/moto-x-hands-on/" é eficaz, e bastante gente irá compartilhá-lo novamente.

- **SELECIONE UMA PESSOA PARA SE DEDICAR A DISSEMINAR A HASHTAG.** Pelo menos, uma pessoa no evento deve ter a responsabilidade de focar nas mídias sociais:

  - Antes: compartilhe posts promocionais para as pessoas saberem do evento e participarem.
  - Durante: tuíte o que está acontecendo e tire fotos dos palestrantes e convidados. Faça o upload dessas fotos ao longo dos intervalos e compartilhe os posts de outras pessoas.
  - Depois: compartilhe artigos sobre o evento assim como mais fotos e vídeos. Incentive os participantes a compartilhar novamente as próprias fotos.

Katie Clark, uma pesquisadora de marketing, da cidade de Portland, Maine, sugere contratar uma per-

348 | GUY KAWASAKI

sonalidade da área de mídias sociais no intuito de desempenhar tal função caso a empresa não disponha de um especialista no assunto. Essa pessoa saberá o que fazer, amplificar a exposição com as próprias contas, além de cobrar favores de amigos que possuem seguidores. Essa foi a função que Peg assumiu junto à Motorola na América do Sul.

- **FAÇA UMA COBERTURA AO VIVO VIA STREAMING.** Pense no quanto está gastando para que um evento aconteça de fato. Por que não fazer a cobertura com transmissão ao vivo pela internet? Tem medo de que muita gente passe a saber demais sobre seu produto? Seja realista. Caso anuncie um produto em Bogotá, na Colômbia, você deseja que um blogueiro em Moscou, na Rússia, também escreva sobre o produto em questão. Além do mais, você ainda pode gravar a cobertura ao vivo e disponibilizá-la para ser assistida depois.

  Não se atormente com o fato de uma transmissão reduzir o comparecimento ao evento — se assisti-lo ao vivo via streaming for tão bom quanto pessoalmente, o evento talvez seja uma porcaria.

- **FORNEÇA ATUALIZAÇÕES EM TEMPO REAL.** Caso não faça o streaming de vídeo ao vivo, oriente o profissional de mídias sociais a providenciar atualizações detalhadas. É possível recorrer ao Twitter, Instagram ou a seu blog para isso. Grupos como o site *The Verge*, com blogs ao vivo, proporcionam coberturas excepcionais de eventos, tais como os pronunciamentos da Apple. Então, aprenda com o que eles fazem.

A ARTE DO COMEÇO 2.0 | 349

- **EXIBA O FLUXO DO TWITTER.** Use serviços que exibam os tuítes contendo sua hashtag e transmita esse fluxo, reproduzindo-o em uma tela na conferência. A exibição de tais tuítes estimula uma maior interação e uso da hashtag. Para algumas pessoas, ver o próprio tuíte rolando em uma tela é como ver sua imagem em exibição na Times Square, em Nova York. Eu usaria o Twubs ou o Tchat para isso.

- **DISPONIBILIZE WI-FI.** Deixe-me ser claro: você está gastando milhares de dólares para montar o evento. Está batalhando na divulgação da hashtag e pedindo a todos que a usem. Mas está restringindo o acesso à internet. Você está maluco?

  Ao escolher o local do evento, leve um computador ou celular e teste a velocidade de conexão em cada instalação via Speedtest. Diga ao responsável pelo local que você prevê diversas centenas de pessoas usando a rede ao mesmo tempo; portanto, levará seu negócio para qualquer outro lugar se não houver um bom acesso à internet. Caso tudo o mais falhe, tenha hotspots móveis. Ou, então, transforme alguns smartphones em hotspots a fim de fazer tethering, isto é, vincule smartphones a computadores para uso da rede de dados.

- **NÃO PROTEJA AS REDES WI-FI COM SENHAS.** Redes Wi-Fi protegidas com senhas são o inimigo do boca a boca das mídias sociais. Se tiver de proteger a rede wi-fi com senha, publique-a em algum lugar — o que, claro, significa que a segurança é uma ilusão; logo, poderia muito bem não usar senhas!

> **"Diga a seus executivos para se mostrarem corajosos."**

- **PROVIDENCIE UM LUGAR PARA TIRAR FOTOS.** Preparamos uma área destinada a fotos nos eventos do Moto X. Bastavam uma boa iluminação e um painel de fundo com "Moto X" impresso em toda a sua extensão. As pessoas viam o painel de fundo e pensavam que se tratava do momento dos quinze minutos de fama: "Vamos fingir que somos astros e estrelas de Hollywood."

  As pessoas compartilharão cerca de 100% dessas fotos — de preferência, com sua hashtag.

- **TIRE E COMPARTILHE FOTOS ESPONTÂNEAS.** Contrate um fotógrafo profissional para tirar fotos espontâneas no evento. Ele custará menos do que você está gastando com pen drives personalizados com seu logotipo, a serem distribuídos como lembrança, e dos quais as pessoas não fazem questão.

  Nos eventos do Moto X, posei para foto com quem me pediu (e pedi a quem não me procurou) em frente ao painel de fundo com "Moto X". Após o evento, enviamos e-mails aos convidados informando onde podiam encontrar a coleção de fotos, e os encorajamos a fazer o download e a compartilhá-las com a hashtag Moto X.

- **PREPARE SEUS EXECUTIVOS.** Em muitos eventos, os executivos falam e, então, se dirigem apressados a uma entrevista coletiva, de acesso limitado, ou concedem entrevistas. Depois, fazem uma rápida aparição pública, mas rodeados pela própria equipe para protegê-los não sei do quê. É um grande erro.

Diga aos executivos para se mostrarem corajosos. O ideal, inclusive, é que possam ir além e, em vez da mera boa vontade para fotos, devem pedir às pessoas que tirem fotos com eles. Ninguém se recusará a tal tipo de solicitação e, então, 100% dessas fotos, aproximadamente, também serão compartilhadas.

- **CUBRA O PLANETA TERRA.** Uma vez que tenha fotos e vídeo, compartilhe-os em todas as plataformas. No caso do evento da Motorola, compartilhamos fotos no Google+, Twitter, Facebook e Instagram. O objetivo era fazer com que cada um presente no evento visualizasse as respectivas fotos e vídeos, e também os compartilhasse. Com um pouco de esforço direcionado às mídias sociais e magia, você é capaz de fazer com que seu evento pareça ter sido o melhor lugar para se estar.

PERGUNTAS EVITADAS COM FREQUÊNCIA

P: Em caso de uma empresa pequena, o ideal é utilizar uma conta corporativa ou pessoal?

R: Você deve usar uma conta corporativa porque no Google+ e no Facebook, as contas corporativas apresentam mais recursos do que as pessoais. Além disso, com a rotatividade de colaboradores, você não irá querer lidar com o trauma de decidir quem possuirá a conta.

P: Deve-se selecionar posts de colaboradores?

R: Presumo que exista uma conta corporativa para o negócio, e você está se referindo a contas pessoais dos inte-

GUY KAWASAKI

grantes de sua equipe. Em geral, o que os colaboradores fazem no tempo livre e com as próprias contas não lhe compete.

No entanto, passa a ser de seu interesse quando as pessoas se posicionam como colaboradores/representantes do negócio e fazem coisas que prejudiquem a imagem da empresa. Mas, então, a solução é enfrentar a raiz do problema em vez de censurar sua existência.

P: O ideal é ter conteúdo diferente para plataformas distintas?

R: No Google+ e no Facebook, eu publico os mesmos conteúdos que considero interessantes, três a cinco frases com um link para a fonte de origem. No Pinterest, publico belas fotos de sites. No Instagram, belas fotos que tirei. No Twitter, links para o que acho interessante.

P: O que estou perdendo? Por que gosta tanto do Google+?

R: Gosto do Google+ pela estética do design, a falta de uma abordagem do EdgeRank (algoritmo social do Facebook), decidindo quem vê meus posts, e a qualidade dos comentários. Além disso, é da Google, e é loucura apostar contra a Google.

LEITURA RECOMENDADA:

Kawasaki, Guy e Peg Fitzpatrick. *O poder das mídias sociais*. Rio de Janeiro: Best Business, 2017.

10. A arte de "fazer chover"

Imagine que cada pessoa que encontrar tenha uma placa ao redor do pescoço dizendo: "Faça-me sentir importante." Você não apenas terá sucesso em vendas, mas na vida.

— Mary Kay Ash

Grandes ideias para se começar algo

Um índio norte-americano "fazedor de chuva" é um xamã que recorre à prática de rituais e feitiços no intuito de fazer chover. No mundo dos negócios, um "fazedor de chuva" é aquele que gera grandes quantidades de vendas. Como os xamãs, bons vendedores também criaram rituais e feitiços para "fazer chover". Este capítulo explica a arte de "fazer chover".

"Às vezes, ao derramar algo, você 'faz chover'."

---

354 | GUY KAWASAKI

As startups sentem dificuldade em "fazer chover" diante de dois fatores. Primeiro, os empreendedores não sabem quem comprará seu produto e com qual finalidade. Segundo, os produtos das startups são vendidos, não comprados, porque poucas pessoas querem assumir o risco de adquirir um produto novo de uma empresa pequena e jovem.

Antes de começarmos, relato uma história sobre como uma empreendedora superou a resistência de um varejista a estocar seu produto. Quando uma loja parisiense, chamada Galerias Lafayette, rejeitou a nova fragrância de Estée Lauder, ela derramou o perfume por todo o chão. Depois, então, foram tantos os clientes que perguntaram a respeito daquela fragrância que a loja teve de comercializá-la. Às vezes, ao derramar algo, você "faz chover".

DEIXE QUE "CEM FLORES DESABROCHEM"

Roubei esse conceito de Mao Zedong embora ele o tenha implementado durante a Revolução Cultural a fim de expulsar os dissidentes. Minha aplicação do conceito significa semear muitos produtos, ver onde enraízam e florescem, e nutrir tais mercados.

"Quando as flores estão desabrochando, sua tarefa é determinar onde e por que desabrocham e, em seguida, ajustar o negócio visando colher bons resultados."

Infelizmente, inúmeras empresas se desesperam quando, de forma involuntária, pessoas utilizam o produto, conferindo-lhe usos não planejados. Essas empresas, então, reagem

A ARTE DO COMEÇO 2.0 | 355

na tentativa de reposicionar o produto de maneira que os clientes pretendidos o adotem conforme previsto. Trata-se de uma besteira — em primeiro lugar, em nível tático, aceite o dinheiro!

Quando as flores estão desabrochando, sua tarefa é determinar onde e por que desabrocham e, em seguida, ajustar o negócio visando colher bons resultados. Como startup, você não pode ser exigente nem orgulhoso. Confira três exemplos surpreendentes do desabrochar de flores, citados por Peter F. Drucker, o guru do empreendedorismo:

- O inventor da Novocaína pretendia convertê-la em um substituto para a anestesia geral. No entanto, os médicos se negaram a utilizá-la e seguiram confiando nos métodos tradicionais. Os dentistas, pelo contrário, logo a adotaram e, assim, o inventor passou a focar nesse mercado não previsto.

- No princípio, a UNIVAC liderava o mercado de computadores. Porém, ao considerá-los uma ferramenta de trabalho dos cientistas, hesitava em vender seu produto para o mercado comercial. Já a IBM deixou seus produtos desabrocharem como computadores comerciais; afinal, não se direcionava aos cientistas. É por isso que a IBM se tornou um nome familiar, passando a ser uma marca popular, e você só consegue ler a respeito da UNIVAC em livros de história.

- Uma empresa indiana adquiriu a licença para fabricar uma bicicleta europeia com motor auxiliar. A bicicleta não fez sucesso, contudo a empresa observou que havia várias encomendas apenas do motor. Ao investigar essa tendência estranha, descobriu que o motor estava

356 | GUY KAWASAKI

sendo adotado em substituição às bombas manuais que irrigavam os campos. E, assim, a empresa passou a vender milhões de bombas de irrigação.*

"ENXERGUE O GORILA"

Os professores Daniel J. Simons, da Universidade de Illinois, e Christopher F. Chabris, de Harvard, realizaram um experimento bastante relacionado com a prática de "fazer chover". Ambos pediram aos alunos que assistissem a um vídeo de dois times arremessando bolas de basquete. A tarefa era contabilizar o número de passes que um time fazia para seus companheiros.

Aos 35 segundos do vídeo, um ator vestido de gorila entrava em cena, batia no peito e permanecia ali por mais nove segundos. Quando questionados, 50% dos alunos afirmaram não terem notado o gorila!** Ao que parece, encontravam-se focados na tarefa de contabilizar o número de passes e, assim, vivenciavam uma cegueira por desatenção, não percebendo qualquer evento diferente.

O mesmo fenômeno ocorre em startups: todos focam tanto em um produto para clientes almejados e usos previstos, que falham por não enxergarem as flores que desabrocham de maneiras impensáveis. A lição é deixar que cem flores desabrochem e reconhecer as inesperadas — os "mercados-gorila", em meio a outros onde você esteja, por assim dizer.

---

*Peter F. Drucker, *Inovação e espírito empreendedor: práticas e princípios* (São Paulo: Angage Learning, 2013). (*N. do A.*)
**Michael Shermer, "None So Blind", *Scientific American* (março de 2004). (*N. do A.*)

IGNORE OS TÍTULOS

"Administrador de base de dados III" parece um título improvável para um profissional encarregado de tomar decisões. Remete à ideia de alguém confinado em uma baia apertada, bagunçada, apinhada de manuais técnicos, almoçando sanduíches.

"Em muitas das grandes empresas, quanto mais se sobe, menor a quantidade de oxigênio; e quanto menor a quantidade de oxigênio, maior a dificuldade para a vida inteligente se sustentar."

Quando Lisa Nirell, autora de *The Mindful Marketer: How to Stay Present and Profitable in a Data-Driven World* [O marqueteiro consciente: como marcar presença e ser rentável em um mundo dirigido pela informação, em tradução livre], era uma "fazedora de chuva" na BMC Software, um administrador de base de dados III comprou mais de US$400 mil em software da empresa. Enfurnado em sua baia, com o telefone tocando sem parar, esse colaborador possuía grande influência sobre as principais aquisições feitas pela empresa. Quando o vice-presidente executivo tinha dúvidas relacionadas aos projetos ou fornecedores, era o Sr. Administrador de Base de Dados que ele visitava.

Em muitas das grandes empresas, quanto mais se sobe, menor a quantidade de oxigênio; e quanto menor a quantidade de oxigênio, maior a dificuldade para a vida inteligente se sustentar. Logo, boa parte da inteligência se concentra no meio (gestores) e na base (colaboradores operacionais) das empresas, e inteligência é fundamental a fim de se apreciarem produtos inovadores.

358 | GUY KAWASAKI

Já tomei dezenas de decisões sobre empresas e pessoas consultando três influenciadoras-chave espetaculares: Carol Ballard, Holly Lory e Gina Poss, todas foram minhas assistentes em algum momento. Eu perguntava: "O que acha daquele sujeito?" ou "O que acha dessa ideia?" Se as respostas fossem: "Ele é grosseiro" ou "É egocêntrico" ou "Essa ideia é uma droga", a pessoa nunca chegava até mim.

O conceito de que gente sem título elevado pode afetar as vendas indica que você deve ignorar títulos e trabalhar com qualquer um que seja um influenciador-chave, desde secretárias, auxiliares administrativos e assistentes pessoais a gerentes de produto, gerentes de suporte e administradores de base de dados.

APRENDA A BAJULAR

Logicamente, as próximas perguntas são "Como descobrir quem são os influenciadores-chave?" e "Como chegar até eles?". Seguem algumas ideias para colocar em prática:

- **PERGUNTE A AMIGOS E COLEGAS.** Alguns conhecidos devem vender para a mesma empresa. Todos irão ajudá-lo porque você já fez, e fará, o mesmo por eles. Grandes empreendedores contam com um forte aliado: a reciprocidade.

- **ENVIE UM TUÍTE PARA A EMPRESA.** Um tuíte público solicitando o nome da pessoa certa surte bastante efeito, pois as marcas têm medo de não responder a tuítes. Isso supera a alternativa de telefonar para a empresa e tentar obter os nomes certos.

A ARTE DO COMEÇO 2.0 | 359

- **PESQUISE A COBERTURA DA IMPRENSA SOBRE A EMPRESA.** Depois, tente enviar e-mail, tuitar e telefonar para as pessoas mencionadas nos artigos relativos à empresa. Leia com atenção as seções "Sobre" e de relações públicas do respectivo site na internet. Nunca se sabe... É possível que consiga se comunicar, mas só saberá se tentar.

- **CONVERSE COM OS ASSISTENTES.** Peça uma indicação para a pessoa certa em vez do executivo em si. Secretárias, auxiliares administrativos e assistentes têm prazer em lhe dar o nome certo de modo a proteger o chefe de um telefonema de venda.

- **EXPLORE O LINKEDIN.** Talvez tenha trabalhado com alguém que esteja lá agora. Quem sabe tenha frequentado a mesma escola ou faculdade que o pessoal da empresa. Talvez o contato de outro contato possa auxiliar. O LinkedIn é capaz de produzir resultados maravilhosos.

Várias das ideias mencionadas consistem em influenciar e persuadir pessoas das quais necessite, mais do que elas precisem de você. Isso significa que vai ter de aprender a bajular, pois essas pessoas estão entre você e aqueles que tomam a decisão. No contexto de "fazer chover", pense nelas como guarda-chuvas. Veja como trabalhar com os guarda-chuvas:

- **COMPREENDA-OS.** Talvez suspeite de que o trabalho de alguém seja evitar que você faça o seu. Não se gabe; não é tão relevante assim. É apenas mais um e-mail ou telefonema, logo não tome como algo pessoal quando os outros não se apressarem a ajudá-lo.

360 | GUY KAWASAKI

- **NEM TENTE COMPRÁ-LOS.** Ninguém gosta de ser comprado — ou, mais precisamente, de que pensem se tratar de alguém que possa ser comprado — portanto, não os suborne enviando presentes. Para conseguir o que quer, faça uma apresentação convincente, com uma proposta bastante sólida, e, então, trate a todos com respeito e civilidade.

- **ESTABELEÇA EMPATIA.** Diversas pessoas com as quais entrará em contato não ganham muito — é bem provável que o salário seja uma ninharia em comparação ao dos executivos. Não pense que por isso elas sejam obrigadas a aceitar sua falta de consideração. Ao contrário, você deve demonstrar empatia pela dificuldade do trabalho delas.

- **NÃO RECLAME.** Nunca reclame dos subordinados com os respectivos diretores. A primeira coisa que acontecerá é que a reclamação chegará até eles e, então, é possível que dificultem seu sucesso na empresa de maneira ativa.

Ao conseguir acesso aos guarda-chuvas, faça estas perguntas:

- Quem toma as decisões?

- Em quem a pessoa que toma as decisões confia?

- Quem não pode ser deixado de fora do processo de tomada de decisão?

Tais perguntas talvez pareçam redundantes, mas você está peneirando ouro aqui. Você quer obter o nome do influen-

A ARTE DO COMEÇO 2.0 | 361

ciador-chave, e esse influenciador-chave pode ser um filho, colega de faculdade ou investidor — nenhum deles consta do organograma!

INSTRUA AS PESSOAS

Uma das maneiras mais eficazes de "fazer chover" é instruir as pessoas sobre o uso de seu produto. Antigamente, isso significava conseguir promover reuniões presenciais. Hoje, você pode fazer o mesmo, com facilidade e baixo custo, por meio de webinars, usando serviços como o Go to Webinar, WebEx e Google Hangouts.

Permita que eu explique como a Canva adota esse método. Primeiro, um pouco de contexto: a Canva oferece um serviço de design on-line de modo a capacitar as pessoas a fazer belos trabalhos de design gráfico. As pessoas o utilizam para posts em mídias sociais, lojas do Ebay, lojas da Etsy, capas de e-books da Kindle, folhetos imobiliários e apresentações. No passado, a criação desses trabalhos de design gráfico demandava a compra de um produto como o Photoshop e era preciso aprender a manuseá-lo.

Produzimos webinars direcionados a empresas e associações em nichos de mercado. Por exemplo, criamos um webinar sobre a capa de um e-book da Kindle para uma publicação da indústria editorial chamada *Kirkus Reviews* e um webinar sobre um folheto imobiliário para a imobiliária Intero. A *Kirkus* promoveu o webinar entre seus assinantes; já a Intero, entre os respectivos agentes e corretores imobiliários.

Centenas de pessoas assistiram a esses webinars a fim de aprender a usar o Canva. Ministrei ambos de casa, na

Califórnia. De certo modo, o custo adicional total foi zero, pois sou um colaborador, não houve viagem envolvida, e a *Kirkus* e a Intero se encarregaram da maior parte da promoção (a um custo bem reduzido para as duas também).

Todo mundo saiu lucrando: a *Kirkus* e a Intero forneceram um recurso a seus assinantes e colaboradores; assinantes e colaboradores receberam treinamento gratuito; e a Canva atraiu novos usuários. Ganho triplo.

Visando desenvolver um webinar que funcione, 90% do conteúdo tem de ser educativo e 10% promocional. No nosso caso, as pessoas não estavam assistindo a um "webinar da Canva" tanto quanto aprendendo a fazer capas de livros ou folhetos imobiliários.

EXERCÍCIO

Como você pode instruir seus clientes e, ao mesmo tempo, contribuir para seu negócio?

DÊ ATENÇÃO A AGNÓSTICOS, NÃO A FANÁTICOS

O próprio Jesus não tentou converter ambos os ladrões na cruz; esperou até um dos dois se virar para Ele.

— Dietrich Bonhoeffer

Foi difícil converter os fanáticos pelo MS-DOS em usuários do Macintosh. Eles veneravam um deus alternativo (e falso, na minha opinião). Por outro lado, foi fácil converter em

A ARTE DO COMEÇO 2.0 | 363

usuários do Macintosh aqueles que nunca tinham utilizado um computador pessoal antes.

A falta de familiaridade com a aparência ideal de um computador, sua pretensa função e onde comprá-lo, tudo isso atuou como vantagem para a Apple. Nesse caso, a Apple não teve de desfazer modos de pensamento já estabelecidos, muito menos violar padrões corporativos de computação.

"Agnósticos — gente que não nega a validade de sua religião e que, pelo menos, está disposta a considerar a existência de seu deus — são um mercado bem melhor."

No entanto, primeiro, perseguimos o mercado de tecnologia da informação da Fortune 500 de modo a substituir os computadores pessoais (PC) da IBM nessas grandes empresas. Fracassamos, e aprendi a ignorar os fanáticos. Agnósticos — gente que não nega a validade de sua religião e que, pelo menos, está disposta a considerar a existência de seu deus — são um mercado bem melhor.

Os agnósticos são mais fáceis de agradar do que os fanáticos, por você estar mostrando a eles um admirável mundo novo — em vez de deslocar um entrincheirado. Foram poucos os casos em que a Apple conseguiu fazer com que as pessoas abandonassem o Windows, mas o Macintosh representou uma mudança de vida e um empoderamento para quem nunca havia usado um computador antes.

FAÇA COM QUE OS POTENCIAIS CONSUMIDORES FALEM

A natureza, que nos deu dois olhos para ver e dois ouvidos para ouvir, nos concedeu apenas uma língua para falar.

— Jonathan Swift

Minha experiência é que os potenciais clientes, dispostos a comprar seu produto, em geral, lhe dirão o que será necessário para o fechamento do negócio. Tudo o que tem de fazer é ficar calado e escutar. Parece fácil, mas não é porque as pessoas que não entendem nada de "fazer chover" não têm muita noção das coisas (mais sobre isso em breve).

O processo é simples: (a) crie um ambiente confortável, obtendo permissão para fazer perguntas, (b) questione, (c) escute as respostas, (d) faça anotações e (e) explique como seu produto pode atender às necessidades deles — apenas se, de fato, atender. No entanto, muitas equipes de vendas falham nessa hora, pelos seguintes motivos:

- Não estão preparadas para fazer boas perguntas. É indispensável pesquisar antes a fim de entender potenciais clientes e como seu produto possa beneficiá-los. Além disso, as equipes de vendas têm medo de passar a impressão de que, ao fazer perguntas, não sabem a resposta.

- Não conseguem ficar calados por pertencerem à escola de vendas da "martelada": continuam falando até o potencial cliente se render e concordar em comprar. Ou talvez sejam capazes de se calar, porém não se interessam em escutar o cliente. (Ouvir é involuntário; escutar não é.)

- Não anotam nada por terem preguiça ou não considerarem as informações relevantes. Fazer anotações é uma boa ideia, como mencionado no capítulo 5, "A arte de levantar capital". Em primeiro lugar, irá ajudá-las a se lembrar das coisas. Segundo, mostrará aos potenciais clientes que essas equipes se importam bastante com o que disseram a ponto de escrever tudo.

- Não sabem o suficiente sobre o próprio produto de modo a aplicá-lo às necessidades dos potenciais clientes. Isso é imperdoável.

Digamos que seu produto ofereça diversos benefícios (não características!), tais como baixar custos, abrir novos mercados e reduzir o impacto no ambiente. Comece mencionando todos os três benefícios e deixe os potenciais clientes reagirem. Eles sinalizarão qual ou quais dos benefícios consideram de maior relevância.

Se nada impressioná-los, pergunte aos potenciais clientes o que os impressionaria. Preste atenção à linguagem corporal, não apenas ao que dizem. Eles irão lhe oferecer uma dica valiosa: "É assim que tem de me vender." Lembre-se: você está vendendo, mas, não necessariamente, eles estão comprando. Logo, precisa atuar um pouco como detetive.

PERMITA TEST-DRIVES

As barreiras mais difíceis que as startups encontram são a inércia e a confiança no *status quo*. As pessoas acreditam que os produtos atuais são bons o suficiente: "Posso fazer tudo o que quiser com o que tenho." Ou até pior: "Meus colaboradores podem fazer tudo o que for preciso com o que o têm."

Isso não quer dizer que todo produto de uso difundido *é* bom o bastante ou ótimo — apenas que os clientes o aceitaram. Assim, o papel do empreendedor costuma ser o de mostrar às pessoas por que requerem algo novo. A maneira tradicional de fazer isso é "martelar" a tal necessidade em suas cabeças, recorrendo à propaganda e às promoções.

No entanto, muitas empresas inundam o mercado com alegações similares: melhor, mais rápido, mais barato! Além disso, como startup, você não dispõe de verba suficiente para atingir massa crítica com propaganda e promoção. Felizmente, um ótimo meio de atrair clientes é a startup permitir a realização de um test-drive do produto. Ao deixar que os clientes experimentem seu produto de graça, está afirmando:

- "Achamos você esperto." (Isso já o destaca de grande parte das empresas.)

- "Não iremos 'martelar' o produto em sua cabeça até se tornar nosso cliente." (Mais uma vez, destacando-o das outras empresas.)

- "Por favor, faça um test-drive de nosso produto."

- "Depois, tire as próprias conclusões. Ou nos pergunte em caso de dúvidas."

A ARTE DO COMEÇO 2.0 | 367

O test-drive difere conforme o negócio. Veja alguns ótimos exemplos:

- H. J. Heinz distribuiu amostras de seus picles na Feira Mundial de Chicago de 1893. Como o estande estava em um local de pouco movimento, ele contratou crianças para entregar vales que prometiam um suvenir grátis a quem visitasse o estande para provar picles.*

- A Apple permitiu que as pessoas ficassem com um Macintosh em casa, para experimentá-lo por um fim de semana, nos anos 1980. A atual política de aceitar devoluções ou trocas de produtos da Apple, sem nenhum questionamento, de fato, é um test-drive de 14 dias.

- A empresa Salesforce.com deixa que as pessoas utilizem seu software por um período de trinta dias, sem nenhum tipo de cobrança. O mais interessante desse test-drive é que, ao dispor de tal tipo de informação sobre o produto de uma empresa, a probabilidade de você mudar depois é menor devido aos dados já inseridos.

Livre-se da dependência de métodos de marketing tradicionais e de alto custo para promover seu produto e experimente oferecer um test-drive. É uma ótima maneira de superar a inércia de um potencial cliente.

---

*Maggie Overfelt, "A World (Fair) of Invention", *Fortune Small Business* (abril de 2003): 31. (*N. do A.*)

APRENDA COM A REJEIÇÃO

Se você não faz parte da solução, faz parte da imprudência.

— Henry J. Tillman

"Fazedores de chuva" são rejeitados. Na verdade, os melhores são rejeitados com maior frequência por fazer um número elevado de pitches. No entanto, bons "fazedores de chuva" assimilam duas lições oriundas da rejeição: primeira, como aprimorar a forma de "fazer chover"; segunda, que tipos de potenciais clientes evitar. Segue uma lista das rejeições mais comuns e o que aprender com cada uma:

- **"VOCÊ ESTÁ NOS PEDINDO PARA MUDAR E NÃO QUEREMOS OUVIR ISSO."** Trata-se de uma reação comum diante de uma apresentação de um produto a um grupo com alto padrão de vida, que não vê motivo para mudança. O que você está ouvindo é que está no mercado certo, porém dialogando com os clientes errados. Logo, procure quem esteja "sofrendo", ou seja, com um problema a ser solucionado.

- **"VOCÊ NÃO SE ORGANIZOU DIREITO."** Uma das duas coisas aconteceu: faltou organização ou desagradou alguém. Tente revisar o pitch e as habilidades interpessoais a fim de determinar se o problema reside na organização. Se desagradou alguém, descubra como se desculpar.

- **"VOCÊ É INCOMPREENSÍVEL."** De fato, você costuma ouvir isso quando é mesmo incompreensível. Reveja os fundamentos: corte os jargões, refaça o pitch do zero e ensaie bastante. O ônus é seu — caso tenha de encontrar um cliente "esperto o suficiente para compreender" por que ele precisa de seu produto, você vai falhar.

- **"VOCÊ É UMA SOLUÇÃO EM BUSCA DE UM PROBLEMA."** Isso denota que você ainda se encontra no interior da própria proposição de valor, olhando de dentro para fora. A reação adequada é seguir revisando a proposição de valor até chegar ao exterior (como os clientes), passando a olhar de fora para dentro.

- **"DECIDIMOS PADRONIZAR COM BASE EM OUTRO PRODUTO (OU SERVIÇO)."** Você está tentando vender para a pessoa errada caso possa demonstrar que seu produto é realmente melhor. Dê o máximo de si para conseguir ter acesso aos influenciadores-chave. Se não puder demonstrar que seu produto é realmente melhor, então faça com que seja.

GERENCIE O PROCESSO DE "FAZER CHOVER"

Não é possível abdicar do processo de "fazer chover", deixando-o à mercê de "vendedores" ou da pura sorte. Trata-se de um processo, não de um evento pontual ou um ato de Deus, e você deve gerenciá-lo assim como gerencia outros processos na startup. Confira umas dicas de como fazer isso:

- **INCENTIVE TODOS A "FAZER CHOVER".** Algum dia, talvez você atinja o ponto em que seus engenheiros e inventores consigam arremessar um novo produto por cima da divisória da baia de modo que os vendedores o peguem e o vendam. Mas esse dia ainda não chegou.

"É fácil saber onde você esteve — o difícil e mais valoroso é saber para onde está indo."

- **DEFINA METAS PARA CONTAS ESPECÍFICAS.** Essas metas incluem data — para quando espera o fechamento dos negócios — e valores — quanto cada venda renderá em bases semanal, mensal e trimestral. Bons "fazedores de chuva" pertencem a uma linhagem diferente: precisam de metas e mensurações. Você não tem de lhes dizer: "Vão e façam o melhor que puderem."

- **ACOMPANHE OS INDICADORES LÍDERES.** Todos têm indicadores de acompanhamento, como vendas do mês anterior e trimestrais. Indicadores líderes, como o número de ideias direcionadas a novos produtos, *cold calls* (ligações para potenciais clientes) ou relação de potenciais clientes (logo, perspectivas de vendas) também são essenciais. É fácil saber onde você esteve — o difícil e mais valoroso é saber para onde está indo.

- **RECONHEÇA E GRATIFIQUE AS REALIZAÇÕES.** Não permita que os "fazedores de chuva" apresentem previsões baixas de modo que consigam superá-las com facilidade. Por certo, não admita nem premie intenções — atingir intenções é fácil; "fazer chover" é difícil. Mas confirme e recompense as conquistas.

Caso não gerencie o processo de "fazer chover", você começará com "Nossas projeções são conservadoras" e, em seis meses, afirmará: "Nossas vendas estão mais lentas do que o esperado." Não há nada mais triste e constrangedor, e isso ainda é capaz de levar os investidores a substituí-lo.

Adendo

PERGUNTAS EVITADAS COM FREQUÊNCIA

P: Onde encontrar os adeptos iniciais e os *risk takers* (tomadores de risco) em grandes empresas?

R: É difícil dar uma resposta geral à pergunta em questão. É mais fácil lhe dizer onde você *não* encontrará esse tipo de gente: em níveis bem elevados. Então, deixe que "cem flores desabrochem" dentro de tais empresas — não entre com noções preconcebidas de quem sejam os adeptos iniciais. Você não está em condições de ser exigente.

P: Em uma analogia com frutas ao alcance das mãos, deve-se ir atrás das vendas fáceis ou concentrar esforços naquelas mais estratégicas?

R: Em primeiro lugar, de uma perspectiva biológica, as frutas no topo de uma árvore obtêm boa parte da luz e amadurecem primeiro. Assim, aquelas ao alcance das mãos talvez sejam mais fáceis, porém não tão boas.

Pela minha experiência, as vendas para uma startup são tão difíceis que essa pergunta é efetivamente retórica, e é improvável que encontre uma escolha entre vendas "ao alcance das mãos" (fáceis) e vendas "no topo de uma árvore" (estratégicas). É bem mais provável que tenha de tentar ambas de modo a atingir o sucesso nas primeiras vendas.

P: Existe a chance de admitir um "fazedor de chuva", mas ele quer uma quantidade significativa de *stock options*, mais US$150 mil ao ano, além de US$75 mil para despesas. Com boa reputação e sendo responsável por US$16 milhões anuais em vendas no emprego anterior, ele alega que este será um grande retrocesso em termos de renda. Por que contratá-lo em vez de recorrer aos representantes dos fabricantes?

R: "Fazedores de chuva" custam caro; porém, se cumprirem o prometido, valem a pena. Se ele superestimar o pedido — e parece que é o caso neste cenário — faça com que corra atrás disso oferecendo um plano de compensação atrelado aos resultados. Eu não lhe daria tudo o que ele quer logo no começo. Vamos ver se ele é um Sr. Causação ou um Sr. Correlação.

LEITURA RECOMENDADA

Cialdini, Robert. *As armas da persuasão*. Rio de Janeiro: Sextante, 2012.

11. A arte de estabelecer parcerias

Aliança, s. fem.: Em política internacional, a união de dois ladrões, com as mãos tão afundadas nos bolsos um do outro que não são capazes de saquear um terceiro individualmente.

— Ambrose Bierce

Grandes ideias para se começar algo

Quase todas as empresas integrantes do fenômeno pontocom, nos anos 1990, formaram parcerias, que contemplaram as áreas de pesquisa, marketing, distribuição e vendas. Em uma retrospectiva, o número de parcerias foi maior do que o de receitas.

As empresas aprenderam que é difícil fazer com que as parcerias funcionem. Ambas as partes queriam que dois mais dois fossem cinco; porém, na maioria das vezes, obtinham apenas três. O problema era que o glamour de entrar em parcerias seduzia as empresas, que acabavam participando de alianças sem sentido.

376 | GUY KAWASAKI

Boas parcerias devem acelerar o fluxo de caixa, elevar a receita e reduzir custos. Parcerias construídas com base em sólidos benefícios comerciais apresentam uma enorme probabilidade de sucesso. Este capítulo explica como criar parcerias relevantes e duradouras.

PARCEIRO POR MOTIVOS DE "PLANILHA"

Parcerias eficazes podem agilizar a entrada em uma nova área geográfica ou em outro segmento de mercado, abrir mais canais de distribuição, acelerar o desenvolvimento de um novo produto, além de minimizar custos.

Para mim, esses são os motivos "de planilha", que afetam sua previsão financeira. Infelizmente, diversas empresas estabelecem parcerias por motivos que não se refletem nas planilhas, como seguir o exemplo de outras que estão fazendo isso ou apenas vivenciar a emoção de uma negociação.

"A lição é clara: se a planilha não muda, a parceria não vale a pena."

A Apple e a Digital Equipment Corporation (DEC), por exemplo, firmaram uma parceria no fim dos anos 1980 em reação às críticas da imprensa a ambas as empresas: a Apple não possuía histórico na área de comunicação de dados e a DEC não detinha experiência em computadores pessoais (PCs), isto é, em microcomputadores.

A aliança resultou em quase nada — por certo, sem produtos que consagrassem a legitimidade da Apple como um grande negócio ou inserissem a DEC no sofisticado setor dos microcomputadores. Duvido que as planilhas de qualquer uma das empresas tenham sido afetadas por tal parceria, a não ser pelo aumento dos custos. No máximo, uma artimanha de relações-públicas de modo que as duas empresas deixassem de ser o foco da imprensa.

Aprendi uma lição valiosa dessa experiência: nunca estabeleça parcerias por causa de relações-públicas.

A Apple firmou uma parceria muito melhor com uma startup chamada Aldus Corporation, que lançou o Page-Maker, um programa de layout e de diagramação. Na época, a Apple estava em sérias dificuldades porque as grandes empresas viam o Macintosh como um "brin-quedo gráfico engraçadinho", não como um computador comercial.

A Apple precisava de um aplicativo excepcional que alavancasse a venda dos Macintoshes. Ao mesmo tempo, a Aldus precisava de ajuda para vender seu software, lançando o estoque no canal de distribuição; educar os vendedores das lojas, abrir contas importantes e treinar os usuários.

Visando elevar a receita, uma empresa precisava da outra. Com as respectivas forças de vendas, propaganda e influência de marketing, a Apple era capaz de auxiliar a Aldus a alcançar a massa crítica. Já a Aldus fazia sua parte proporcionando um motivo convincente para que as pessoas adquirissem computadores da marca Macintosh em vez de microcomputadores com sistema operacional Windows. A parceria Apple-Aldus criou um novo mercado: a editoração eletrônica, que "salvou" a Apple e construiu a marca da Aldus.

378 | GUY KAWASAKI

> **EXERCÍCIO**
>
> Volte à previsão de receita ascendente (de baixo para cima) realizada no capítulo 6, "A arte de fazer um bom pitch". Será que a parceria, na qual está pensando, levaria você a mudar esses números?

DEFINA RESULTADOS E OBJETIVOS

Concordar com a teoria de que a base de boas parcerias implica em uma planilha com ganhos positivos significa que você compreendeu por que o próximo passo consiste em definir resultados práticos e objetivos, tais como:

- Receitas adicionais

- Custos reduzidos

- Novos produtos

- Clientes adicionais

- Expansão geográfica

- Mais programas de suporte

- Programas de treinamento e marketing

Existem dois motivos pelos quais poucas empresas definem resultados práticos e objetivos. Primeiro: a parceria é construída sobre "bombardeio publicitário", dificultando o estabelecimento de resultados práticos e objetivos concretos. Isso não é um bom sinal.

O segundo motivo, menos deprimente, é que as pessoas não são disciplinadas a ponto de estabelecer resultados práticos e objetivos por serem muito ocupadas, desorganizadas ou preguiçosas — ou por terem medo de medir resultados.

Confira um checklist de áreas a serem definidas pelos integrantes de uma parceria:

- O que cada empresa deverá apresentar como resultado?

- Quando o resultado será apresentado?

- Quais os marcos intermediários que cada empresa tem de atingir?

Você descobrirá que, ao basear uma parceria em números de planilhas e definir resultados práticos e objetivos, sua probabilidade de sucesso será triplicada.

GARANTA QUE OS NÍVEIS TÁTICO E OPERACIONAL GOSTEM DA NEGOCIAÇÃO

Outra falha fundamental da parceria Apple-DEC foi a falta de credibilidade por parte dos colaboradores de ambas as empresas, tanto dos de nível tático (gestores) quanto dos de nível operacional (executores, ou seja, onde o trabalho era feito de fato).

> **"As melhores parcerias costumam ter início quando gestores e colaboradores operacionais começam a trabalhar juntos antes do envolvimento de quaisquer executivos."**

Como colaborador da Apple naquela época, lembro-me de cogitar: *O que esse bando de gente da costa leste, da área de microcomputadores, acrescentaria à nossa história?* Sem dúvida, os colaboradores da DEC pensavam: *Por que estamos firmando uma parceria com uma empresa excêntrica da Califórnia, que produz um "brinquedo gráfico engraçadinho"?*

Se quiser fazer uma parceria funcionar, não foque em redigir um comunicado à imprensa e conseguir que os CEOs compareçam à entrevista coletiva. Em vez disso, assegure-se de que os gestores e colaboradores operacionais compreendam os motivos da parceria, desejem fazer o negócio dar certo e valorizem as contribuições mútuas.

Um comunicado à imprensa, se houver, deve vir após a parceria estar dando certo. Aliás, as melhores parcerias costumam ter início quando gestores e colaboradores operacionais começam a trabalhar juntos antes do envolvimento de quaisquer executivos.

ENCONTRE REPRESENTANTES INTERNOS

Parcerias requerem representantes internos para fazer com que tenham êxito. Em geral, os CEOs não são eficientes ao desempenhar esse papel, pois a maioria é ocupada demais ou sofre de déficit de atenção — ou ambos. Em termos ideais, representantes internos devem ser uma pessoa ou um pe-

A ARTE DO COMEÇO 2.0 | 381

queno grupo que acredite na parceria, transformando-a em uma questão de vida ou morte.

Muitos já ouviram falar de John Sculley, ex-CEO da Apple. No entanto, pouca gente tomou conhecimento de que John Scull, o representante da editoração eletrônica dentro da Apple, em 1985, era o encarregado de tratar desse mercado emergente.

Foi John Sculley quem persuadiu os colaboradores da Apple, das áreas de engenharia, vendas, treinamento, marketing e relações públicas a cooperar com a Aldus. Ao mesmo tempo, trabalhou com a Aldus, atendendo às demandas da Apple em termos de informações sobre o produto, cópias do software e análise das necessidades de hardware dos clientes corporativos. Além disso, "catequizava" jornalistas e "gurus" quanto à editoração eletrônica. Tanto para os colaboradores quanto para gente de fora. John era o Sr. Editoração Eletrônica.

Se a editoração eletrônica tivesse fracassado, a culpa teria sido de John. Como fez sucesso, a autoria foi coletiva. (Ser um representante é isso.) Confira as principais lições do caso bem-sucedido de John com a editoração eletrônica:

- **IDENTIFIQUE UM ÚNICO ENCARREGADO POR EMPRESA.** O sucesso da parceria não pode se basear em uma matriz na qual cada um contribui com uma fatia de seu tempo. No mínimo, um colaborador em cada empresa deve ser designado como representante da parceria. No máximo, dois.

- **FAÇA O SUCESSO DA PARCERIA SER A ÚNICA META DO REPRESENTANTE**. Para os encarregados da parceria, nada além dela deve ter relevância. Assim, os representantes raramente podem ser executivos; afinal, os executivos sempre têm algo mais a resolver.

- **DÊ AUTONOMIA AO REPRESENTANTE**. Fazer uma parceria dar certo consiste em transpor departamentos internos, prioridades e territórios. Pode exigir que se passe por cima de determinadas pessoas, obrigando-as a realizar coisas que não querem. Por conseguinte, a gerência tem de dar autonomia ao representante, concedendo-lhe autoridade para fazer as coisas acontecerem. Também ajuda ter um nome parecido com o do CEO.

DESTAQUE AS FORÇAS — JAMAIS ESCONDA AS FRAQUEZAS

Uma terceira falha na aliança Apple-DEC foi o fato de ter sido alicerçada em fraquezas: as duas empresas tentavam amenizar lacunas fundamentais nas ofertas dos respectivos produtos. A filosofia era: "Você esconde nossas fraquezas; e nós, as suas. Juntos, ludibriaremos todos."

Uma filosofia bem melhor é destacar as forças, isto é, os pontos fortes de ambos os parceiros, base da parceria Apple-Aldus. A Aldus criou um software excepcional, enquanto a Apple produziu um hardware sensacional e ainda detinha recursos de marketing, força de vendas em campo, treinadores e contatos para abertura de contas no país.

FECHE ACORDOS EM QUE TODOS SAIAM GANHANDO

Como muitas parcerias se formam entre empresas de portes bastante distintos, em geral, a empresa maior tende a fechar negócios do tipo ganha-perde, ou seja, com ganho unilateral. Entretanto, no intuito de viabilizar o fluxo de produtos, clientes e verbas em uma parceria, ambas as partes têm de ganhar.

Em 1990, a United Parcel Service (UPS) e a Mail Boxes Etc. fecharam um acordo do tipo ganha-ganha, isto é, em que todos ganham.* A Mail Boxes Etc. forneceu serviços de empacotamento, entrega e recebimento de encomendas, secretariado, fax e fotocópias via lojas de prestação de serviços. Já a UPS investiu cerca de US$11 milhões na empresa. Veja como os dois lados lucraram:

- A UPS conquistou, em tempo recorde, uma rede nacional de pontos de conveniência para entrega e retirada de encomendas postais pelos clientes. Não teve de investir tempo nem verba na construção e gestão dos próprios escritórios.

- A Mail Boxes Etc. estabeleceu barreiras, bloqueando o negócio da UPS. Assim, evitou a concorrência que surgiria se a UPS houvesse decidido construir os respectivos escritórios, além de ganhar um novo negócio com a ida dos clientes da UPS às suas lojas.

O desequilíbrio de muitas parcerias não nasce da necessidade, porém ocorre porque a empresa maior pode forçar a menor a aceitar um acordo desfavorável. Trata-se de uma péssima ideia para ambas por três motivos:

- Um acordo com ganho unilateral não irá durar. A opressão raramente dá provas de ser um sistema sustentável.

---

*George Gendron, "A Sweet Deal," *Inc.* (março de 1991). (*N. do A.*)

- O apoio à parceria, por parte de gestores e colaboradores operacionais, somente ocorre se ambas as empresas a encaram como uma vitória.

- O clima fica ruim, e o clima é essencial a qualquer parceria.

Se estiver em uma startup, cuidado com uma parceria do tipo ganha-perde, não interessa quanto os termos possam parecer atraentes no início. É raro darem certo. Caso trabalhe em uma empresa de grande porte, contenha-se e firme parcerias com ganhos bilaterais. São as únicas sustentáveis.

ESPERE PARA LEGISLAR

Para certas pessoas, após os cinquenta, o litígio substitui o sexo.

— Gore Vidal

Aqui está um questionamento de ordem prática. O que vem primeiro: uma reunião de mentes ou um documento legal detalhando a parceria?

Diversas empresas preparam uma minuta de contrato para motivar o início do debate. A justificativa é que quem prepara a minuta possui uma vantagem inerente. Na prática, trata-se de uma abordagem de alto risco por dois motivos.

Primeiro, se solicitar orientação legal ou permissão logo no início do processo, aprenderá que o número de motivos para não fazer uma negociação excede o número de motivos para fazê-la. Muitos advogados consideram seu papel

A ARTE DO COMEÇO 2.0 | 385

como o de adultos que se encontram ali com o objetivo de supervisionar e impedir o fechamento de negociações absurdas. Na concepção deles, toda negociação é ruim até que se prove boa.

O melhor método é concordar em nível comercial antes de incluir os advogados no assunto. Então, encontre um advogado que queira fazer acordos, não os impedir, de modo a criar um regime jurídico. Após encontrar o advogado certo, é preciso determinar a atitude certa: "Isso é o que eu quero fazer. E sua função é impedir minha prisão." Nada a ver com a pergunta: "Posso fazer isso?"

O segundo motivo para não solicitar um documento logo no início do processo é que tal documento talvez adquira vida própria. É possível, por exemplo, que ele seja encaminhado a um executivo desinformado sobre o fato de que era "apenas um ponto de partida para nossa reflexão". E, assim, resultar em algo inesperado: levantar bandeiras vermelhas prematuras, ou seja, sinais de alerta que acabam fazendo o processo desandar.

Segue uma abordagem melhor:

1. Agende uma reunião presencial com os parceiros. Discuta os pontos do acordo. É provável que tenha de marcar vários encontros.

2. Quando começarem a concordar, escreva os pontos em um quadro branco.

3. Dê prosseguimento à reunião enviando um e-mail, de uma a duas páginas, delineando a estrutura para uma parceria.

386 | GUY KAWASAKI

4. Feche todos os detalhes via e-mails, telefonemas e reuniões de acompanhamento.

5. Redija um documento legal.

Muita gente procura ir da etapa 1 direto para a etapa 5, o que não é uma boa ideia. Um documento deve resultar de um debate, não o inverso.

INSIRA UMA CLÁUSULA DE "SAÍDA" NO ACORDO

Como dizem os japoneses (*sic*): *"Mazel tov"** — você está prestes a fechar o acordo. Visto que todos devem ganhar, a última coisa no mundo que deseja é seu parceiro sendo capaz de acabar com o acordo, certo?

"[Uma] 'válvula de segurança' permite que todos fiquem tranquilos e trabalhem com mais afinco no intuito de fazer a parceria funcionar."

Por mais contraintuitivo que possa parecer, você deve incluir uma cláusula de "saída" no acordo — algo semelhante a: "Qualquer uma das partes pode rescindir o presente acordo sob a condição de notificar a outra com trinta dias de antecedência." A facilidade de rescisão promove a longevidade do acordo, pois garante que nenhuma das partes se prenda a uma situação insustentável.

---

*"Parabéns" em hebraico. (*N. da T.*)

A ARTE DO COMEÇO 2.0 | 387

Essa "válvula de segurança" permite que todos fiquem tranquilos e trabalhem com mais afinco no intuito de fazer a parceria funcionar. Além disso, devido ao fato de a parceria ser passível de ruptura, aumenta a probabilidade de as pessoas aceitarem correr riscos e ser inovadoras.

Não me compreenda mal: não estou defendendo parcerias de fácil dissolução. Estou defendendo que deva ser difícil sair de parcerias por causa de seu valor para os envolvidos, não por imposições legais.

SAIA DA "BARRIGA DA COBRA"

Nas palavras de Heidi Mason, coautora de *The Venture Imperative* [O imperativo do empreendimento, em tradução livre], tentar firmar uma parceria com uma empresa maior e já estabelecida é como "ficar preso na barriga de uma cobra". É possível que saia de lá, porém, no fim, acabará sendo somente uma pilha de ossos. Assim, é primordial reconhecer e interpretar as doze principais mentiras contadas no momento de se firmar uma parceria (tentei reduzi-las a dez, mas foi bem difícil).

Não gosto de terminar um capítulo de forma desmotivadora, mas antes que aquelas mandíbulas se fechem ao seu redor e você seja devorado vivo, leia com atenção estas mentiras, invenções e exageros.

Uma empresa de grande porte afirma	Uma empresa de grande porte quer dizer
"Queremos fazer isso por razões estratégicas."	Eles não conseguem compreender por que a parceria é importante.
"A gerência quer muito fazer isso."	Um vice-presidente ouviu falar na proposta por trinta segundos e ainda não a recusou.
"Podemos agilizar o que for preciso."	Ninguém ainda notificou ao departamento jurídico.
"O departamento jurídico não será um problema."	O departamento jurídico será um grande problema.
"Queremos divulgar a parceria no lançamento de uma nova versão de nosso produto."	Estamos bem atrasados com o cronograma.
"A equipe de engenharia gostou muito da parceria."	A equipe de marketing vai "acabar" com a parceria.
"A equipe de marketing gostou muito da parceria."	A equipe de engenharia vai "acabar" com a parceria.
"As equipes de engenharia e de marketing gostaram muito da parceria."	A equipe do jurídico vai "acabar" com a parceria.
"As equipes de engenharia, marketing e do jurídico gostaram muito da parceria."	É bom demais para ser verdade.
"Nossa preocupação número um é se vocês conseguem escalar."	Vocês são mais espertos do que imaginamos.
"Estamos formando uma equipe transfuncional a fim de garantir o sucesso do projeto."	Não há um único responsável pelo sucesso do projeto.
"Vou embora em breve, mas encontrei uma ótima pessoa para assumir meu papel no projeto."	Estamos em apuros.

Adendo

PERGUNTAS EVITADAS COM FREQUÊNCIA

P: Como se espera que tudo nas parcerias seja dividido meio a meio, com ganhos bilaterais, a outra parte não deveria se envolver nas tarefas, agendando reuniões, levando avante o processo, solicitando a colaboração das equipes, e assim por diante?

R: "Dever" e "estar disposto" são duas coisas distintas. Você está certo ao mencionar que a outra parte deve se envolver nas tarefas, porém não significa que fará isso. Se quiser que uma parceria, venda ou qualquer suposta transação ocorra, de fato, você tem de fazer o que for necessário. Talvez a outra parte lhe deva um telefonema ou uma resposta, mas não fique à espera. Volte a ligar. Você deve ser responsável por 80% do esforço para alcançar bons resultados. Então, engula o orgulho.

P: Como evitar bullying se meus parceiros forem uma empresa maior, bem-estabelecida no mercado e com mais recursos financeiros?

R: Nunca acredite, ou jamais aja como se acreditasse, que o poder faz o direito. Por tudo o que sabe, o "elefante" aqui,

GUY KAWASAKI

isto é, a empresa de grande porte precisa de seu produto tanto quanto você necessita dela. Entre esperando vencer, porém não tenha medo de sair se a negociação não for boa para você.

P: Estou em algumas parcerias que não "levam a lugar nenhum". Devo investir tempo e dinheiro a fim de fazer com que funcionem ou devo abandoná-las?

R: Há um velho provérbio da medicina que diz: "Nada requer mais esforços heroicos do que impedir um cadáver de cheirar mal e, mesmo assim, não há nada mais inútil."* Foque suas energias em parcerias que estejam dando certo e em outras mais promissoras. Entretanto, antes de se comprometer com novas parcerias, descubra por que as anteriores falharam.

LEITURAS RECOMENDADAS

Rezac, Darcy. *The Frog and Prince: Secrets of Positive Networking to Change Your Life*. Vancouver: Frog and Prince Networking Corporation, 2003. [O sapo e príncipe: segredos do networking positivo para mudar sua vida, em tradução livre.]

RoAne, Susan. *The Secrets of Savvy Networking: How to Make the Best Connections for Business and Personal Success*. Nova York: Warner Books, 1993. [Os segredos do networking experiente: como fazer as melhores conexões para os negócios e o sucesso pessoal, em tradução livre.]

---

*Peter F. Drucker, *Inovação e espírito empreendedor: prática e princípios*. (São Paulo: Cengage Learning, 2013). (*N. do A.*)

12. A arte de perdurar

Vencer não é tudo, mas a vontade de se preparar para vencer é.

— Vince Lombardi

Grandes ideias para se começar algo

O empreendedorismo não é como uma corrida de curta distância, pois leva-se anos para vencer. Não é uma maratona, pois existem inúmeros acontecimentos. Aproxima-se mais de um decatlo, embora esse não seja um esporte de equipe. Nenhuma analogia com esportes faz jus ao empreendedorismo.

O empreendedorismo requer uma equipe a fim de realizar dez coisas ao mesmo tempo. Um aspecto do decatlo que funciona como metáfora é que se trata de uma competição de resistência. Em ambos os casos, o vencedor é aquele que dominou a arte de perdurar. Este capítulo explica como fazer sua startup perdurar.

LUTE PARA INTERNALIZAR

Internalizar significa conseguir que as pessoas acreditem em seu produto e na forma como você faz as coisas. Por exemplo, quem internalizou o Macintosh acreditava em uma abordagem transparente, do tipo o que você vê é o que leva, e na eficácia dos indivíduos. Internalizar a forma como seu produto faz as coisas é um modo poderoso de conseguir que perdure.

A melhor maneira de ilustrar esse conceito é com exemplos de empresas cujos clientes internalizaram os produtos. Aqui estão seis.

Empresa	Causa
Chez Panisse	Usar ingredientes que saem da fazenda direto para a mesa.
Etsy	Celebrar artesanato e empreendedorismo.
Harley-Davidson	Revoltar-se e protestar.
Maker Faire	Aprender fazendo.
Philz Coffee	Melhorar seu dia.
Zappos	Confiar nas pessoas por princípio.

É difícil alcançar a internalização, mas, quando ela ocorre, é duradoura. Atuei na internalização do Macintosh em 1983 e, vários anos após trabalhar na Apple, ainda sou seu evangelista. (Em 32 anos de uso de computadores, comprei apenas uma máquina Microsoft, a qual dei para a rede de lojas Goodwill há um bom tempo.)

DERRUBE A IMPLEMENTAÇÃO

Assegurar que as pessoas na base da pirâmide implementem mudanças é outra maneira de fomentar resistência. A visão tradicional de resolver conflitos armados, por exemplo, consiste em unir os líderes das forças contrárias. Pressupõe-se que esses líderes possam oferecer o apoio e o consentimento de seus povos.

"O verdadeiro trabalho é feito pelas áreas centrais e de base, ou seja, gestores e colaboradores operacionais."

Celia McKeon da Conciliation Resources, uma organização de caridade que trabalha para promover a paz, discorda:

"A diplomacia tradicional e as abordagens de resolução de conflitos têm focado bastante em uma definição estrita de um processo de paz — nomeadamente a tarefa crucial de levar os líderes políticos e militares de grupos opostos a um processo de diálogo e negociação. O objetivo é discutir possibilidades, chegar a um acordo e implementar medidas de modo a dar fim a conflitos violentos e criar condições para a coexistência pacífica. Essa abordagem é guiada pela convicção de que os líderes têm o poder de tomar decisões e fazer seus eleitorados apoiarem qualquer decisão.

No entanto, as guerras civis modernas apresentam fortes argumentos para uma compreensão mais holística do processo de paz. As negociações entre os líderes dos grupos de oposição não ocorrem em um vácuo social ou político. Às vezes, talvez sejam incapazes de abordar de forma adequada as complexas e dinâmicas inter-relações entre esses atores e outros grupos afetados por um conflito armado e envolvidos nele, incluindo os eleitorados dos partidos políticos, o público mais vasto e até mesmo as forças regionais ou internacionais de maior amplitude. Iniciativas independentes do povo em suas cidades e vilas, assim como em nível regional, nacional e internacional, portanto, detêm o potencial para se tornarem elementos-chave em um processo de paz de maior amplitude, capaz de abordar tais complexidades."*

Em outras palavras, o processo de paz começa no meio e na base, não no topo, de uma população. Os civis ajudaram a chegar a uma resolução duradoura para a disputa de fronteira entre o Peru e o Equador em 1998, por exemplo. Esse desenvolvimento resultou de um workshop na Universidade de Maryland intitulado "Equador-Peru: Rumo a uma iniciativa democrática e cooperativa de resolução de conflito".

O primeiro workshop aconteceu em 1997. Vinte membros de populações civis do Equador e do Peru integraram o Grupo Maryland e trabalharam juntos a fim de encontrar

---

*http://www.academia.edu/7855213/Hostilities_must_stop_democracy_and_respect_to_its_principles_must_be_anhenced_in_Mozambique_Annual_Report_2013 (N. do A.)

A ARTE DO COMEÇO 2.0 | 395

uma base comum para a resolução do conflito armado. Seus integrantes eram acadêmicos, empresários, educadores, jornalistas e ambientalistas, que compartilhavam características semelhantes — não eram líderes, nem políticos nem militares.

No intuito de fazer sua startup durar, não dependa das pessoas que se encontram no topo. Elas têm objetivos próprios — tais como poder, dinheiro e autoimagem — que não necessariamente refletem os da população inteira, muito menos os da humanidade. As áreas centrais e as bases, ou seja, gestores e colaboradores operacionais, são os principais atores a promover a longevidade do negócio.

UTILIZE MÉTODOS INTRÍNSECOS

Kathleen Vohs, uma professora na Universidade de Minnesota, conduziu uma série de experimentos que examinavam o efeito do dinheiro no comportamento humano. Segue uma breve sinopse de três que oferecem um insight a respeito do tema em questão:

- Os pesquisadores diziam aos participantes que iam jogar Monopoly. E lhes entregavam US$4 mil, US$200 ou zero dólares em dinheiro do jogo. Ao saírem do laboratório, um aliado deixava cair no chão uma sacola de lápis e, então, os pesquisadores contabilizavam quantos lápis os participantes pegavam e devolviam ao aliado. Aqueles que haviam recebido US$4 mil eram os menos prestativos, os que não tinham ganhado nada eram os mais prestativos, e os dos US$200 estavam em cima do muro; alguns ajudavam, outros, não.

> **"Se começou uma empresa notável, não será preciso usar dinheiro, e injetá-lo nesse panorama talvez mine seus esforços."**

- Os pesquisadores davam duas horas aos participantes para que ordenassem locuções de modo a formar frases. Algumas locuções lidavam com dinheiro, outras não. Ao término do experimento, os participantes eram requisitados a fazer uma doação direcionada a um fundo estudantil. Aqueles que ordenavam as locuções referentes a dinheiro doavam menos do que os demais que colocavam em ordem as locuções que nada tinham a ver com dinheiro.

- Os pesquisadores colocavam os participantes em uma sala com um computador em três estados: sem protetor de tela, um protetor de tela com a imagem de dinheiro ou um protetor de tela com a imagem de peixes. Depois, os pesquisadores pediam aos participantes que arrumassem duas cadeiras para um encontro com novos participantes. Aqueles que haviam visto o protetor de tela com a imagem de dinheiro dispunham as cadeiras mais afastadas do que os outros que não tinham visualizado nada ou que possuíam o protetor de tela com a imagem de peixes.

Você poderia dispensar tais estudos por caírem na categoria de "eram universitários em projetos de pesquisa, logo isso não significa que o mundo inteiro seja assim". É verdade, porém talvez indiquem que expor pessoas a dinheiro afeta as atitudes delas e que as recompensas extrínsecas não são eficazes para fazer com que sua startup perdure.

A ARTE DO COMEÇO 2.0 | 397

O exemplo mais óbvio disso é a Wikipédia. Voluntários e "especialistas amadores" criaram a maior fonte de informação do mundo; ninguém contribuiu por dinheiro. Por outro lado, a Microsoft jogou milhões de dólares na Encarta, sua enciclopédia eletrônica, e o projeto fracassou.

Várias empresas tentam encorajar os respectivos evangelistas e clientes a colaborarem, oferecendo comissões e taxas de afiliação, mas tais tentações costumam levantar suspeitas entre os potenciais clientes (*Está divulgando porque está sendo pago para isso?*) e alterar a natureza das relações empresa-cliente (*Estou divulgando porque estou sendo pago para isso?*).

Se começou uma empresa ruim, o dinheiro não ajudará. Se começou uma empresa notável, não será preciso usar dinheiro, e injetá-lo nesse panorama talvez mine seus esforços.

INVOQUE RECIPROCIDADE

Invocar reciprocidade é uma ferramenta poderosa para auxiliá-lo a perdurar. Por exemplo, em 1935, a Itália invadiu a Etiópia, e o México não apenas condenou tal agressão como também enviou dinheiro à Etiópia a fim de colaborar no financiamento de sua defesa. Nenhum outro país apoiou a Etiópia como o México.

Em 1985, um terremoto de grandes proporções atingiu o México, e a Etiópia remeteu US$5 mil como retribuição à ajuda concedida pelo México cinquenta anos antes. Cinco mil dólares não soam uma quantia considerável, contudo a Etiópia estava sofrendo o pior período de fome de sua história. Então, um país faminto deu dinheiro a um povo que o amparou cinco décadas antes.

398 | GUY KAWASAKI

Outra história de reciprocidade: Crianças da White Knoll Middle School — escola do segundo segmento do ensino fundamental de West Columbia, Carolina do Sul — presentearam o prefeito de Nova York, Rudy Giuliani, com um cheque no valor de US$447.265, durante o desfile de Ação de Graças realizado pela loja Macy's em 2001. Os alunos coletaram esse dinheiro para ajudar a cidade de Nova York a substituir um dos caminhões do corpo de bombeiros perdido durante o ataque de 11 de setembro. (Vale mencionar que tal montante incluía uma grande doação feita por um indivíduo rico.)

As crianças da Carolina do Sul retribuíram porque, 134 anos antes, os nova-iorquinos coletaram dinheiro e compraram uma carroça para o corpo de bombeiros de Columbia, após saberem que a cidade estava usando brigadas de baldes para combater incêndios. Quando a primeira carroça afundou no caminho até Columbia, os cidadãos de Nova York levantaram mais dinheiro e enviaram uma segunda carroça.

Um ex-coronel da Confederação, Samuel Melton, ficou impressionado com tamanha generosidade — vários dos doadores eram soldados da União.* Em nome da cidade de Columbia, ele jurou retribuir o favor "caso um infortúnio se abatesse sobre a cidade do Império".

"Se oferecer muito, obterá muito."

Aqui estão os elementos-chave de modo a invocar reciprocidade para seu produto:

---

*O autor está se referindo à Guerra Civil nos Estados Unidos, ainda conhecida como Guerra de Secessão. Entre 1861 e 1865, os estados do sul (Confederação), escravagistas, lutaram e perderam para os estados do norte (União), abolicionistas. (*N. da T.*)

A ARTE DO COMEÇO 2.0 | 399

- **OFEREÇA CEDO.** Preste favores antes de precisar que os retribuam. Essa ação é óbvia e menos impactante quando há uma ligação clara entre o que está fazendo e o que quer de volta — é o que se chama de transação. Você quer prestar um favor.

- **OFERTE COM ALEGRIA.** A forma mais pura de conceder algo é quando colabora com aqueles que, aparentemente, não podem ajudá-lo (por exemplo, a cidade de Columbia logo após a Guerra Civil) e faz isso sem esperar retorno. Ironicamente, prestar favores assim costuma resultar em grande reciprocidade, a maior possível.

- **PROPORCIONE COM FREQUÊNCIA E DE MANEIRA GENEROSA.** "Você colhe o que planta." Se oferecer muito, obterá muito. Se prestar favores de alta qualidade, conquistará favores de alta qualidade. Coloque de lado o mantra de vendas relacionado a "sempre fechando um negócio" e pense "sempre dando algo".

- **CONCEDA SEM ESPERAR NADA EM TROCA.** Richard Branson, presidente do Virgin Group, e eu uma vez nos apresentamos na mesma conferência em Moscou, Rússia. Ele me perguntou se eu já havia viajado com a Virgin America. Eu respondi que não e, naquele instante, ele se ajoelhou e lustrou meus sapatos com seu casaco. A partir dali, passei a voar com a Virgin America. Anos mais tarde, retribuí o favor.

- **DIGA ÀS PESSOAS COMO PODEM RETRIBUIR.** Não hesite em pedir um favor em troca quando precisar. É uma boa prática, pois alivia a pressão sobre o destinatário — você está lhe fornecendo um meio de pagar a dívida.

Isso permite que o outro peça e receba mais favores e, assim, a relação de vocês consegue se aprofundar.

Aprendi tais lições com Robert Cialdini, autor de *As armas da persuasão* (Rio de Janeiro: Sextante, 2012), e seria hipócrita e irônico se não lhe dissesse para ler esse livro impressionante caso queira ser um empreendedor de sucesso.

INVOQUE CONSISTÊNCIA

Quarenta jovens amantes da cultura e do estilo de vida do Havaí, de caráter único, começaram uma organização chamada Kanu Hawaii. Resolveram iniciá-la porque as mudanças no meio ambiente, o declínio da civilidade, o alto custo de vida e a diminuição das oportunidades de emprego ameaçavam tudo de que tanto gostavam.

A Kanu Hawaii solicita que seus integrantes assumam compromissos pessoais, tais como comprar produtos de fabricação local e limpar as praias. Depois, ajuda seus integrantes no que diz respeito a comunicar publicamente tais compromissos a amigos e familiares via Facebook, Twitter e e-mail. Isso melhora o acompanhamento das ações, pois os indivíduos querem consistência entre o que os integrantes fazem e o que dizem que vão fazer.

Invocar consistência pode ajudar a startup a perdurar, pois oferece uma pausa mental de escolher entre opções e reconsiderar decisões passadas. Também capacita os indivíduos de modo a evitarem o conflito entre suas crenças e ações: *Sou uma pessoa honrada. Se não fizer o que disse que faria, isso significa que não tenho palavra.*

A ARTE DO COMEÇO 2.0 | 401

Além do mais, invocar consistência é um meio potente de fazer a startup perdurar caso consiga encorajar os outros a realizar estas ações:

- **ASSUMIR UM COMPROMISSO DE FORMA CONCRETA.** Quando organizações sem fins lucrativos levantam capital, tentam conseguir que as pessoas se comprometam com uma quantidade específica a ser doada. É muito mais eficaz do que deixá-las dizer: "Claro, darei algo." Um comprometimento por escrito possui uma força bem maior, logo, não subestime o poder de uma promessa!

- **COMUNICAR O COMPROMISSO AOS OUTROS.** Quando as pessoas deixam que as demais saibam sobre o compromisso assumido, tendem a cumpri-lo. O não cumprimento faz com que se sintam inconsistentes no que diz respeito a qualidades como honestidade e perseverança.

- **IDENTIFICAR QUEM COMPARTILHA DOS SEUS VALORES E METAS.** Ao ajudar as pessoas a identificar os valores da startup, o comportamento delas costuma ser o de apoio. Por exemplo, caso se identifiquem com a questão da conservação de energia, estarão mais propensas a aprovar produtos ecológicos.

No entanto, há um aspecto assustador com relação a invocar consistência. É uma forma de brincar com a mente humana, e a consistência já fez com que as pessoas agissem de maneira contrária aos próprios interesses e, em situação extrema, praticassem o mal. Então, consulte sua "bússola moral" ao utilizar essa técnica porque alguns fins não justificam os meios.

INVOQUE UMA PROVA SOCIAL

Um dos motivos pelos quais o iPod se tornou popular foi o fato de usar fones de ouvido na cor branca. Na época, os fones de ouvido da maioria dos aparelhos eram pretos, isso quando existiam, e, assim, as pessoas aprenderam que fones de ouvido brancos eram sinônimo de iPod.

"A prova social não funciona com porcaria — de fato, pode (e deve) acabar com qualquer porcaria."

A presença de fones de ouvido brancos serviu como a prova social da excelência do iPod e fez com que as pessoas se sentissem confortáveis adquirindo um. Depois, quanto mais adquiriam, mais adicionavam prova social à aceitação do iPod. Isso até encorajou a compra do aparelho por um número maior de gente — uma poderosa espiral ascendente que deve "aquecer o coração" de qualquer empresário.

A prova social é um meio potente de conseguir que seu produto perdure. Estes são os principais componentes para fazê-la funcionar:

- **PRODUTO INCRÍVEL.** É um tema recorrente neste livro. A prova social não funciona com porcaria — de fato, pode (e deve) acabar com qualquer porcaria.

- **MEDO DA PERDA.** O medo da perda é um elemento útil. *Se não comprar um iPod, estarei perdendo uma ótima experiência musical.* As pessoas não querem estar do lado de fora, observando, quando se trata de fenômenos incríveis.

A ARTE DO COMEÇO 2.0 | 403

- **COMPORTAMENTO INVOLUNTÁRIO.** A escolha de cores para fones de ouvido percorreu o espectro de branco a branco. Foi involuntária. Você deve tentar fazer com que a oferta de prova social seja padrão — por exemplo, um e-mail disparado por telefones celulares da Apple contém o texto "enviado de meu iPhone". É possível remover esse texto, mas pouca gente faz isso.

- **MASSA CRÍTICA.** Há diversos índices de prova social: especialistas (Marques Brownlee, vlogger proprietário do MKBHD no YouTube, canal voltado para testes de produtos tecnológicos), influenciadores (William Shatner, ator que interpretou o Capitão Kirk, na série de TV Jornada nas estrelas), usuários (Yelp, site com dicas de entretenimento e serviços) e multidões ("mais de um bilhão de usuários"). Então, leve em conta que tipo de prova social registra maior poder em seu nicho e utilize todas as ferramentas disponíveis. (Leia "Social Proof Is the New Marketing" ["Prova social é o novo marketing", em tradução livre], de Aileen Lee.)

EXERCÍCIO

Como você pode invocar uma prova social de seu produto?

CONSTRUA UM ECOSSISTEMA

Uma empresa do Vale do Sol, Califórnia, chamada Pley, oferece um serviço de assinatura para conjuntos de LEGO. Você cria uma lista de desejos e, depois de retornar uma escolha, a Pley lhe envia a próxima. O modelo do negócio é similar ao da Netflix no passado, quando você recebia um novo DVD após devolver o que tinha em mãos.

A Pley integra o ecossistema da LEGO e proporciona um serviço incrível a pessoas que gostam de construir, mas não mantêm novos conjuntos. A presença de um ecossistema com empresas como a Pley aumenta a satisfação de uso do produto. Milhares de desenvolvedores de aplicativos para a plataforma Android, por exemplo, fazem com que o fato de possuir um celular Android seja algo que proporcione maior satisfação.

Além disso, um ecossistema sinaliza que seu produto é bem-sucedido o bastante para *dispor* de um ecossistema. O produto tem de ser bom para haver outras empresas montando negócios com base nele. Um exemplo contrário: a falta de aplicativos para o smartphone Microsoft Windows indica que o produto não tive êxito — e não fará sucesso até contar com mais aplicativos!

Eis os principais componentes de um ecossistema:

- **CONSULTORES.** Essa gente tem expertise em ajudar os outros a instalar e a usar produtos. Os consultores ampliam a utilidade do produto e possuem um grande interesse em seu sucesso, pois só conseguem oferecer seus serviços enquanto durarem as vendas do produto.

- **DESENVOLVEDORES.** Quer seja uma caixa de jogos como Xbox, um sistema operacional computacional como o Macintosh ou um serviço on-line como o Twitter, os desenvolvedores são grandes responsáveis pelo sucesso e sobrevivência de uma plataforma. Esse pessoal cria jogos, aplicativos e serviços que expandem a utilidade da plataforma.

A ARTE DO COMEÇO 2.0 | 405

- **REVENDEDORES.** Lojas e concessionárias proporcionam uma forma conveniente de modo que as pessoas experimentem e comprem seu produto. Divulgam por você e oferecem credibilidade — "A BestBuy não vai estocar algo que não presta."

- **GRUPOS DE USUÁRIOS.** Durante os momentos mais sombrios da luta da Apple para fazer do Macintosh um sucesso ao longo dos anos 1980 e 1990, existiam centenas de fanáticos pelo Macintosh que dirigiam, voluntariamente, grupos de usuários. Tais grupos ofereciam informação, suporte e entusiasmo quando a Apple não podia ou não faria isso.

- **SITES E BLOGS.** Entusiastas — em geral, consultores e desenvolvedores nas horas de lazer — costumam operar sites e blogs dedicados a um determinado produto. Tente pesquisar no Google por "blog em WordPress" para ver como o ecossistema do WordPress o torna uma ferramenta melhor. A existência de tais sites auxilia e tranquiliza tanto os clientes atuais quanto os potenciais.

- **GRUPOS DE INTERESSES ESPECIAIS E COMUNIDADES ON-LINE.** Fãs de empresas e produtos formam grupos de interesses especiais na internet — como o Bluetooth Special Interest Group. Nesses sites, as pessoas trocam ideias, buscam e oferecem suporte, e desabafam. Se seu produto estiver afetando muita gente, há boas chances de que se forme um grupo voltado ao que está fazendo.

- **CONFERÊNCIAS.** Você sabe que seu produto chegou e conquistou o mercado, de fato, quando realiza uma conferência sobre ele. E, ao realizar uma conferência sobre o produto, ele cresce ainda mais; afinal, as pessoas acreditam que somente os produtos que alcançaram massa crítica são capazes de promover uma conferência.

Agora que compreende as peças-chave, aqui estão os princípios básicos da construção de um ecossistema. São similares aos princípios da criação de uma comunidade, abordados no capítulo 8, "A arte de evangelizar".

- **CRIE ALGO DIGNO DE UM ECOSSISTEMA.** Mais uma vez, um produto notável é a chave para evangelização, vendas, apresentações e, agora, ecossistemas. Se realmente criar um produto incrível, talvez não seja capaz de deter a formação de um ecossistema. Do contrário, é difícil construir um ecossistema em torno de uma porcaria.

- **ESCOLHA UM REPRESENTANTE.** Muitos colaboradores adorariam ajudar a construir um ecossistema, mas quem acorda todos os dias com tal tarefa no topo da lista de prioridades? Outra forma de olhar para essa questão é indagar o seguinte: "Quem vai ser demitido se não houver um ecossistema?" Ecossistemas requerem um representante — um herói identificável — dentro da empresa a fim de "carregar a bandeira" para a comunidade.

- **NADA DE COMPETIR COM O ECOSSISTEMA.** Caso queira que pessoas ou empresas façam parte de seu ecossistema, você não deve competir com esses integrantes.

A ARTE DO COMEÇO 2.0 | 407

Se desejar que as pessoas criem aplicativos para seu produto, por exemplo, não venda (ou dê) aplicativos que façam a mesma coisa. Foi difícil convencer as empresas a criar um processador de texto direcionado ao Macintosh quando a Apple estava dando o MacWrite.

- **CRIE UM SISTEMA ABERTO.** Um "sistema aberto" significa que há requisitos mínimos para a participação e também controles mínimos sobre o que pode fazer. Um "sistema fechado" denota que você controla quem participa e o que conseguem fazer. Ambos podem funcionar, porém recomendo um sistema aberto por atrair minha confiança, personalidade anárquica.

  - Isso indica que os integrantes do ecossistema conseguirão escrever aplicativos, acessar dados e interagir com seu produto. Estou usando terminologia de software aqui, mas a questão é capacitar as pessoas de modo que personalizem e ajustem o produto.

- **DIVULGUE INFORMAÇÃO.** O complemento natural de um sistema aberto é publicar livros e artigos sobre o produto. Isso espalha a informação para as pessoas que se encontram à margem de um produto. O ato de publicar também comunica ao mundo que sua startup está aberta e disposta a auxiliar grupos externos.

- **FOMENTE O DISCURSO.** A definição de "discurso" é "troca verbal". A palavra-chave é "troca". Qualquer empresa que queira um ecossistema deve promover a troca de ideias e opiniões. Isso indica que o ideal é o site proporcionar um fórum onde as pessoas possam se envolver com outros integrantes assim como com seus colaboradores. Isso não significa que você deve deixar o ecossistema dirigir a empresa, mas deve ouvir o que os integrantes têm a dizer.

- **ACEITE AS CRÍTICAS.** A maioria das empresas se sente confortada e tranquilizada com relação ao respectivo ecossistema contanto que ele só diga coisas boas, compre seus produtos e nunca reclame. No entanto, a partir do momento em que algo negativo é dito, muitas empresas se desesperam e ficam na defensiva. Isso é estupidez. Um ecossistema saudável é um relacionamento a longo prazo; portanto, uma empresa não deve entrar com um pedido de divórcio ao primeiro sinal de discórdia. Na verdade, quanto melhor uma empresa aceita as críticas, mais forte se torna seu vínculo com o ecossistema.

- **CRIE UM SISTEMA DE RECOMPENSA NÃO MONETÁRIA.** Você já sabe como me sinto sobre pagar pessoas para que o ajudem, mas isso não indica que não deva gratificá-las de outras formas. Coisas tão simples quanto reconhecimento público, plaquinhas ou insígnias, pontos e créditos possuem mais impacto do que dinheiro. Várias pessoas não participam de um ecossistema por dinheiro, logo não as insulte premiando-as assim.

Na verdade, você deve fazer tudo o que puder para fomentar um ecossistema ao redor de seu produto. Trata-se de uma ferramenta poderosa para aumentar a satisfação dos que acreditam em você com maior facilidade — em resumo, fazer seu produto perdurar.

DIVERSIFIQUE A EQUIPE

Uma equipe diversificada ajuda a fazer com que uma startup perdure, pois pessoas com formações, perspectivas e habilidades diferentes mantêm uma startup atualizada e relevante. Do contrário, quando um "imperador governar um reinado de bajuladores e clones", o produto irá deteriorar.

"Povoar a startup com gente de capacidades diversas é uma poderosa maneira de fazê-la perdurar."

Você gostaria de que pessoas de idades, gêneros, raças, padrões econômicos, religiões e formações educacionais distintas fizessem parte de sua equipe. Além dessas diferenças óbvias, também quer que desempenhem múltiplos papéis.

Povoar a startup com gente e capacidades diversas é uma poderosa maneira de fazê-la perdurar. Heterogeneidade demais nunca é um problema para que uma startup perdure.

CUIDE DE SEUS AMIGOS

Todos podem ser maravilhosos... Porque qualquer um é capaz de servir. Não é preciso ter um diploma de faculdade para servir. Não é necessário fazer com que o sujeito e o verbo concordem para servir. Você só precisa de um coração cheio de graça. Uma alma gerada pelo amor.

— Martin Luther King Jr.

Cuidar de seus amigos com um formidável suporte ao cliente pode fazer com que sua startup perdure; afinal, as

410 | GUY KAWASAKI

pessoas irão aderir aos produtos que não são os mais novos nem os mais maravilhosos caso o suporte oferecido seja de qualidade. Derek Sivers, por exemplo, acredita que o motivo pelo qual sua empresa, CD Baby, obteve sucesso não foi por suas características, design, preços ou parcerias. Ele afirma que o principal motivo foi a qualidade do suporte ao cliente — sobretudo pelo fato de que os clientes podiam falar com uma pessoa real na CD Baby.

Eis os elementos-chave de um formidável suporte ao cliente:

- **SEJA GENEROSO E CONFIÁVEL.** De acordo com Sivers, um ótimo suporte ao cliente advém de uma mentalidade de generosidade e abundância, e um péssimo suporte ao cliente resulta de uma mentalidade de escassez. Quando há uma mentalidade de generosidade e abundância, você oferece suporte telefônico humano, permite que as pessoas usem o banheiro sem pagar e fornece acesso grátis à rede Wi-Fi.

  Sem dúvida um contador de centavos lhe dirá que, se todos os clientes ligassem solicitando suporte técnico, usassem o banheiro e conseguissem uma substituição gratuita para um produto quebrado ou danificado, você estaria fora do negócio. Isso poderia ser verdade se, literalmente, todos fizessem tais demandas, mas nem todos farão. Então, seja generoso com o suporte ao cliente e veja como o lado positivo de uma reputação incrível pode exceder a desvantagem de custos mais elevados de suporte ao cliente.

- **COLOQUE O CLIENTE NO CONTROLE.** Você já fez compras na loja de departamentos Nordstrom? Caso queira

A ARTE DO COMEÇO 2.0 | 411

aprender como oferecer um excelente suporte, deve ir à loja. Ao comprar na Nordstrom, você está no controle: é possível adquirir itens em qualquer departamento na loja e pagar por tais itens em qualquer outro. Quando quer que algo seja embrulhado para presente, não o mandam a uma fila atrás do banheiro masculino. Fazem o embrulho, sempre com alegria, no balcão de vendas.

A maioria das empresas tem regras contra reembolsos e trocas, amostras grátis ou chamadas a cobrar. A maneira correta de tratar os clientes é fazer o que é certo para eles, não se prender a regras. Portanto, coloque os clientes no controle e deixe os colaboradores fazerem a coisa correta.

"Prometa menos e entregue mais a fim de ter um ótimo suporte."

- **ASSUMA A RESPONSABILIDADE POR SUAS FALHAS.** Um suporte ruim se recusa a assumir a responsabilidade pelas falhas da empresa. Um bom suporte assume a responsabilidade pelas falhas de uma empresa. Um suporte fantástico assume a responsabilidade pelas falhas do cliente.

  Deixe eu lhe contar uma história. Enquanto comprava um smoking sob medida na Nordstrom, perdi dois pingentes que havia comprado em outra loja. Procuramos por uma hora e não conseguimos encontrá-los. O gerente me garantiu que o alfaiate era um colaborador antigo e de confiança.

412 | GUY KAWASAKI

Várias semanas depois, os pingentes ainda não tinham aparecido e a Nordstrom me reembolsou pela perda, embora eu não os tivesse comprado lá. A questão é que a loja assumira a responsabilidade pela perda mesmo não sendo culpa dela — alguns meses mais tarde, encontrei ambos os pingentes. Então, devolvi o dinheiro à Nordstrom.

- **PROMETA MENOS E ENTREGUE MAIS.** Caso chegue a um parque da Disney alguns minutos antes de ele abrir oficialmente, os colaboradores deixam que você entre em vez de fazê-lo esperar. A política de idade oficial da Disney é que crianças com mais de três anos têm de pagar entrada, mas nunca lhe perguntam a idade de seus filhos pequenos.

  Há avisos indicando o quanto será preciso esperar para entrar em um brinquedo, porém os tempos são superestimados de modo a fazer com que tenha a impressão de que a espera não foi tão demorada assim. A Disney afirma que, em caso de tempo ruim, não oferece vales que dão direito à entrada no parque em outra ocasião, mas, se você pedir, eles lhe dão os tais vales. A Disney dispõe de uma política e a implementa. A implementação suplanta a política e encanta o cliente. Prometa menos e entregue mais a fim de ter um ótimo suporte.

- **CONTRATE AS PESSOAS CERTAS.** Embora todos em uma empresa devam oferecer suporte aos clientes, a função de suporte não é o papel ideal para qualquer um. O pessoal na linha de fogo deve apresentar estas três qualidades:

A ARTE DO COMEÇO 2.0 | 413

EMPATIA. A equipe de suporte tem de sentir um certo desconforto mediante a não satisfação dos clientes. Questões de suporte não solucionadas devem incomodá-la. Trata-se da qualidade mais importante para o trabalho.

"Os melhores colaboradores da Apple eram pessoas que já tinham usado Macintoshes antes de começarem a trabalhar na empresa."

VESTIR A CAMISA. Alguns colaboradores querem projetar produtos. Há aqueles que visam vender. Há ainda os que desejam ajudar os clientes. A equipe de suporte deve ficar feliz ajudando os outros.

As pessoas que veem o trabalho no suporte como uma meta, e não como um meio de alcançar uma meta, são aquelas que você deseja.

CONHECIMENTO. A equipe de suporte deve conhecer e amar seu produto. Portanto, uma das melhores fontes para encontrar gente de suporte é sua base instalada de clientes. Os melhores colaboradores da Apple eram pessoas que já tinham usado Macintoshes antes de começarem a trabalhar na empresa.

- **EXPONHA CADA UM AO SUPORTE AO CLIENTE.** Muitas empresas colocam todos os colaboradores em linhas de suporte de modo que entendam as questões enfrentadas pelos clientes. Em vez de ter os colaboradores revisando números e gráficos que representam o estado de satisfação dos clientes, faça com que passem algumas horas no suporte — isso contribui para a compreensão dos problemas enfrentados pelos clientes. O treinamento de um novo colaborador para qualquer cargo da empresa Go Daddy, por exemplo, consiste em um curso sobre a função de suporte ao cliente e uma visita à área de suporte ao cliente para escutar os telefonemas.

- **INTEGRE O SUPORTE À TENDÊNCIA ATUAL.** O suporte não deve ser a extremidade ou o nível mais baixo de um negócio. Infelizmente, inúmeras empresas consideram o suporte um mal necessário e o montam dessa maneira. O suporte deve ser um grupo anunciado e celebrado — não uma parte das despesas gerais a ser evitada. Influencia as vendas tanto quanto o empacotamento, a propaganda e as relações-públicas, e é muito mais barato reter um cliente atual do que conquistar um novo.

Obrigação

13. A arte de ser *mensch*

A verdadeira medida de um homem é o modo como ele trata quem não pode beneficiá-lo em nada.

— Samuel Johnson

Grandes ideias para se começar algo

Este capítulo explica como alcançar o nível de *mensch*. Este termo iídiche é usado pelas pessoas — com cujas opiniões você se importa — ao reconhecê-lo como alguém ético, digno e admirável. É a forma mais elevada de elogio e o apogeu de uma carreira.

"CERTO É CERTO, E ERRADO É ERRADO."

Quero que sua meta seja mais nobre do que ganhar muito dinheiro e construir uma grande empresa. Este capítulo explica como ser um *mensch*.

AJUDE QUEM NÃO PODE
COLABORAR COM VOCÊ

Os *mensches* assistem àqueles que não possuem condições de retribuir. Não se importam se o destinatário é pobre ou nada influente. Isso não significa que não deva auxiliar ricos, famosos ou poderosos (de fato, esses talvez precisem do máximo de ajuda), porém você não tem de se limitar a tais pessoas.

AJUDE SEM ESPERAR RETORNO

Os *mensches* prestam assistência sem esperar retorno — ao menos, nesta vida. Qual é a recompensa? Não que tenha de haver uma, mas a recompensa é a pura alegria de amparar os outros — nem mais, nem menos.

AJUDE MUITA GENTE

Menschdom é um punhado de números; logo, os *mensches* ajudam muita gente. Trata-se de algo inerente ao sistema operacional deles. Para eles, é praticamente impossível não ajudar os outros. (Claro, nem mesmo os *mensches* são capazes de amparar todo mundo.)

FAÇA O QUE É CERTO

Os *mensches* fazem o que é correto. Isso denota tomar um caminho elevado e, às vezes, difícil. Para os *mensches*, a "ética situacional" é um paradoxismo. Certo é certo, errado é errado. Um *mensch* faz o que é correto — não o que é fácil, conveniente, econômico ou o que lhe possibilita dar-se bem.

RETRIBUA À SOCIEDADE O QUE RECEBER

Os *mensches* compreendem que são abençoados. Essas bênçãos vêm com a obrigação de retribuir à sociedade tudo o que recebem dela. A linha de base é que você *deve* à sociedade — não está fazendo um *favor* à sociedade ao retribuir o que ela lhe dá.

EXERCÍCIO

Este é o último exercício do livro. Imagine que sua vida chegou ao fim. Quais são as três coisas pelas quais deseja que as pessoas se lembrem de você?

1.

2.

3.

Adendo

PERGUNTAS EVITADAS COM FREQUÊNCIA

P: Como impedir que o sucesso "suba à cabeça"?

R: Riqueza, fama e poder, nada disso importa se você ficar doente ou mesmo falecer. Então, toda vez que se sentir invencível, basta lembrar-se de que é capaz de morrer em uma fração de segundos, e "o sujeito mais rico no hospital" e "o sujeito mais rico no cemitério" são péssimas declarações de posicionamento.

P: Como posso fazer contatos de vendas e fechar negociações sem a constante sensação de estar enganando o cliente?

R: Caso esteja vendendo algo de que o cliente necessite, você não deve se sentir assim nunca. Se, por acaso, achar que está enganando alguém, pare com as vendas — ou venda para quem, de fato, precise do produto.

P: Um potencial investidor não irá considerar o fato de ser caridoso um sinal de fragilidade, fraqueza ou também de inadequação do empreendedor?

R: Se um potencial investidor tiver tal impressão, isso revela muito mais a respeito dele do que sobre você. Fazer o bem

422 | GUY KAWASAKI

e dar-se bem não são excludentes, nem idênticos. Mas não pense que um investidor irá financiá-lo porque está fazendo o bem — investidores querem, principalmente, ganhar dinheiro.

P: E se eu, apesar de ser prestativo e adotar uma postura positiva, quiser "falar umas verdades" a alguém?

R: O hóquei serve para isso — embora saibam que, eu mesmo, "falei umas verdades" no gelo. (O que sempre piorou tudo.) Com a idade, aprendi a calar (ou a não mandar e-mail) e a me afastar.

P: As pessoas estão sempre me pedindo orientação, o que acaba interferindo em meu desempenho. O que devo fazer?

R: Enfrento esse desafio todos os dias e consegui duas soluções. Às vezes, explico que não tenho tempo de ajudar em função de meus compromissos (profissionais e familiares). Como costumo responder às solicitações, grande parte das pessoas se surpreende e acaba compreendendo.

Outras vezes, digo que revisarei o pitch ou plano de negócios (o que a maioria me pede para fazer) se doarem US$500 à equipe de hóquei da Universidade da Califórnia, em Berkeley, da qual meus filhos fazem parte. Isso dá certo: os empreendedores dispostos a pagar são realmente sérios e, assim, a equipe recebe doações.

LEITURA RECOMENDADA

Halberstam, Joshua. *Everyday Ethics: Inspired Solutions to Real-Life Dilemmas.* Nova York: Viking, 1993. [A ética do dia a dia: soluções inspiradoras para os dilemas da vida real, em tradução livre.]

Posfácio

*Os livros são bons o bastante a seu modo, mas são um substituto
extremamente sem graça da vida.*

— Robert Louis Stevenson

Obrigado por ler meu livro — talvez as duas edições! Isso
exigiu um investimento de tempo e dinheiro. Em troca,
espero que você agora tenha uma ideia sobre o que é fazer
a diferença e mudar o mundo.

Há várias maneiras de se descrever o fluxo e o refluxo, o
yin e o *yang*, as fases de crescimento e de explosão dos ciclos
de negócios. Aqui está outra: microscópios e telescópios.

- Na fase microscópica, há uma necessidade de pensamento equilibrado, retornando ao básico e focando em
resultados financeiros em curto prazo. Os especialistas
amplificam detalhes, itens das linhas e despesas; então,
pedem previsões, pesquisa de mercado e análise da
concorrência.

- Na fase telescópica, os empreendedores antecipam o
futuro. Sonham com a próxima grande coisa, mudam
o mundo e fazem com que os últimos adeptos comam
poeira. Dinheiro é desperdiçado, porém algumas
ideias malucas vingam e o mundo avança.

424 | GUY KAWASAKI

Quando os telescópios funcionam, todos passam a ser astrônomos e o mundo se enche de estrelas. Do contrário, pegam os microscópios e o mundo se torna repleto de defeitos. A realidade é que, visando alcançar o sucesso, os empreendedores precisam dos dois microscópios e telescópios. Espero que este livro o ajude com suas tarefas microscópicas e telescópicas.

Lewis Pugh foi a primeira pessoa a cruzar o Polo Norte a nado — um quilômetro, para ser exato. Ele fez isso para conscientizar as nações sobre as mudanças climáticas; qualquer um teria pensado que, mais que em qualquer lugar no mundo, o Polo Norte estaria congelado. Após alguns minutos na água a uma temperatura de -1,7°C, você estaria ferrado — não apenas queimado pelo frio, mas imóvel. Ele nadou por 18 minutos de sunga, não com um traje de neoprene.

Ele usou um truque mental para ajudá-lo a completar a tarefa: colocar uma bandeira nacional para cada integrante de sua equipe a cada cem metros para desmembrar um quilômetro em dez segmentos mais viáveis. A penúltima bandeira era australiana porque, como britânico, ele não ia desistir na última hora em frente à Austrália — as rivalidades de países da *Commonwealth* são bem conhecidas.

Em dias escuros, assustadores e depressivos (acredite em mim, haverá alguns), lembre-se da história de Lewis e fragmente o impossível em dez possibilidades. Um negócio de US$1 bilhão equivale a dez segmentos de US$100 milhões. Um negócio de um US$1 milhão equivale a dez segmentos de US$100 mil. A Apple vende Macintoshes, iPhones, iPads e iPods, mas começou com algumas centenas de Apple I.

Por fim, espero um dia conhecê-lo. Se estiver com o livro, pode me mostrar como anotou, fez orelhas ao dobrar as páginas e sublinhou o texto. Nada é mais gratificante do que ver meu livro surrado.

Já tomei muito de seu tempo. Agora, siga seu rumo, pois a essência do empreendedorismo é fazer, não aprender a fazer.

Guy Kawasaki
Vale do Silício, Califórnia
GuyKawasaki@gmail.com

O que os empreendedores fazem?

Tenho quatro filhos e acho difícil explicar o que faço. Os pais dos amigos dos meus filhos são médicos, advogados, professores e corretores imobiliários. Essas carreiras são fáceis de ilustrar. Mas como explicar a uma criança o trabalho dos empreendedores? Aqui está "um brinde extra na compra deste livro" para ajudá-lo a esclarecer o que os empreendedores fazem.

O que os empreendedores fazem?

Vendem essas coisas.

Por que os empreendedores fazem isso?

Para fazer do mundo um lugar melhor.

Pós-posfácio

Você é o Jackie Chan?

— Garota adolescente desconhecida

Há vinte e cinco anos, eu tinha um Porsche 911 Cabriolet. Um dia, parei em um sinal de trânsito na avenida El Camiño Real, em Menlo Park, Califórnia. Olhei ao redor e vi um carro com quatro garotas adolescentes dentro. Elas estavam me olhando, sorriam e riam.

Pensei que, de fato, eu chegara para ficar: até as adolescentes sabiam quem eu era. Uma garota fez um sinal, pedindo que eu abaixasse o vidro da janela — era evidente que ela não tinha um 911, pois não sabia que o carro tinha vidros elétricos. Fiz isso, esperando que me dissesse o quanto adorava meus livros ou palestras ou, se eu fosse um desconhecido, que elogiasse minha aparência.

Em vez disso, ela me perguntou:

— Você é o Jackie Chan?

O que esse episódio tem a ver com startups? Não muito, mas a marca de um bom autor é a habilidade de se manter no tema. No entanto, a marca de um autor *incrível* é que ele pode sair do tema e retornar. Vou lhe mostrar como funciona.

446 | GUY KAWASAKI

Chegar a este ponto em um livro é como ficar até o final dos créditos de um filme de Jackie Chan para ver os erros de gravação. Recompensarei sua perseverança com, como diria Steve: "Mais uma coisa."

Os dez principais erros dos empreendedores

Estes são os dez principais erros cometidos pelos empreendedores, compilados em uma lista no intuito de ajudar você a evitá-los. Além disso, por favor, tente cometer erros novos.

1. **ERRO: MULTIPLICAR GRANDES NÚMEROS POR 1%.** Empreendedores adoram se apoderar de um mercado com enorme potencial (como o mercado de segurança na internet), calcular que mesmo uma fatia de 1% do mercado será uma cota gigantesca e fácil de se conseguir e, então, imaginam as receitas que obterão.

   CORREÇÃO: CALCULAR DE BAIXO PARA CIMA. Em vez de multiplicar, faça uma previsão de baixo para cima. Verá o quanto é difícil atingir mesmo 1% do mercado quando se parte do zero. Uma vez que o produto seja lançado, você verá que os resultados do primeiro ano se aproximam mais de zero dólares do que de 1% de uma cifra gigantesca.

2. **ERRO: ESCALAR RÁPIDO DEMAIS.** Uma consequência de multiplicar uma grande cifra por 1% é chegar à conclusão de que precisa escalar sua infraestrutura e ter um enorme, inevitável e iminente sucesso. Assim,

você aumenta o índice de desempenho de custo, isto é, a taxa de desperdício, esgotando o capital e, por fim, levando à própria demissão.

CORREÇÃO: CONTRIBUIR MAIS E RECEBER MAIS. Assuma o risco de abrir mão das vendas e de comprometer a reputação de seu serviço por não escalar até ter as vendas sob controle. Nunca vi uma empresa falhar por não conseguir escalar rápido o bastante, e nunca vi uma empresa despachar no prazo. É possível que seja o primeiro, mas os números não estão a seu favor.

"Um dos meus objetivos de vida é que, um dia, uma adolescente pergunte a Jackie Chan se ele é Guy Kawasaki."

---

3. **ERRO: FORMAR PARCERIAS.** Empreendedores adoram usar a palavra "parceria", sobretudo quando não conseguem utilizar a palavra "vendas". A menos que uma parceria lhe permita alterar sua planilha, é besteira. A maioria das parcerias consiste em exercício de relações-públicas e perda de tempo.

CORREÇÃO: FOCAR NAS VENDAS. Em vez de gastar energia com parcerias, foque nas vendas. Tatue isto no seu antebraço: "Vendas consertam tudo." Se uma imagem vale mil palavras, uma venda vale mil parcerias. O máximo que consegue enrolar adotando a palavra "parceria" é de seis a 12 meses. Depois, ouvirá a palavra: "Demitido."

4. **ERRO: FOCAR NO LEVANTAMENTO DE CAPITAL.** Sucesso não significa captar verba. Sucesso compreende construir uma empresa incrível. Muitos empreendedores se esquecem de que levantar capital é um meio para um fim, não o fim. Então, passam semanas trabalhando no pitch e no plano de negócios, e chegam diante dos investidores com o coração acelerado.

   CORREÇÃO: FOCAR NO PROTÓTIPO. Construir um protótipo é a meta mais importante nos primórdios da startup. Um protótipo lhe permite obter um feedback do mundo real e, "Deus me livre!", vendas. Recorra a *bootstrapping*, empréstimo, financiamento, faça o que for necessário para sobreviver e deposite sua energia na concepção de um protótipo.

5. **ERRO: USAR MUITOS SLIDES.** Quando tiver de fazer um pitch, não utilize cinquenta, sessenta slides. Sei que tem consciência, a princípio, de que menos é mais, porém estará tentado a pensar que é uma exceção a essa regra. Você não é. Se precisar de cinquenta slides para vender sua ideia, sua ideia contém falhas.

   CORREÇÃO: OBEDECER À REGRA 10/20/30. O número ideal de slides é dez. Você deve ser capaz de fazer a apresentação em vinte minutos. E o ideal é um texto com fonte tamanho trinta. Ainda melhor, tente se livrar dos slides e prepare uma demo... Outro motivo pelo qual você precisa de um protótipo.

6. **ERRO: AGIR EM SÉRIE.** Empreendedores tentam fazer as coisas em série: levantam dinheiro, depois contratam pessoas, depois criam um produto, depois

A ARTE DO COMEÇO 2.0 | 449

fecham negócios e, então, levantam mais dinheiro. Querem fazer uma coisa de cada vez e bem feito. Não é assim que startups funcionam.

CORREÇÃO: AGIR EM PARALELO. A vida para os empreendedores é uma existência paralela. Acostume-se, compreenda e viva isso. Você deve fazer várias coisas ao mesmo tempo, e o que for bom o suficiente basta. Você não dispõe de tanto tempo assim para fazer uma coisa de cada vez.

7. **ERRO: RETER O CONTROLE MATEMÁTICO.** Os fundadores adoram deter o controle e tentam maximizar a valoração e vender o menor número possível de ações. Eles acham que, enquanto controlarem 51% dos votos, no mínimo, dirigem a empresa.

CORREÇÃO: PREPARAR "UM BOLO MAIOR". A maneira de ganhar dinheiro é "aumentar o tamanho do bolo, e não os manter o máximo que puder". É melhor possuir 0,1% da Google do que 51% da Tecnologia Medíocre, Inc. E o controle é uma ilusão — a partir do momento em que aceita dinheiro externo, você está trabalhando para os investidores.

8. **ERRO: USAR PATENTES PARA SE DEFENDER.** Empreendedores leem histórias sobre como quem infringe patentes perde ações multimilionárias e acham que isso significa que as patentes podem proteger sua propriedade intelectual. É como ler que um assaltante foi preso e, portanto, você não precisa trancar a porta de casa.

CORREÇÃO: USAR O SUCESSO PARA SE DEFENDER.
A proteção de patente é um jogo para grandes empresas com muitos advogados e dinheiro. Isso se parece com sua startup? A única coisa que torna uma startup defensável é o fato de estar crescendo, obtendo êxito, deixando o mercado sem oxigênio. Você não terá tempo ou dinheiro para questionar em juízo alguém que valha a pena processar.

9. **ERRO: CONTRATAR SEMELHANTES.** Vários empreendedores empregam colaboradores que se igualam ao restante da empresa. Engenheiros admitem engenheiros. Quem possui MBA emprega quem dispõe de um diploma similar. Homens contratam homens. Ser compatível é uma coisa, mas isso vai longe demais quando todos são jovens ou do sexo masculino ou da área tecnológica ou, de fato, não são nada.

CORREÇÃO: CONTRATAR COMPLEMENTARES. No intuito de ser bem-sucedida, uma startup precisa de variedade em termos de habilidades, perspectivas e conhecimentos. Em vez de recrutar gente à sua imagem e semelhança, você deve empregar complementares. Fazer e vender são as duas habilidades complementares mais relevantes, então cubra logo essas duas bases.

10. **ERRO: TRATAR OS INVESTIDORES COMO AMIGOS.** Durante a lua de mel, o período de noventa dias após perder a primeira data de envio, talvez tenha um desejo insano de tratar os investidores como amigos. Isso ocorre porque você e os investidores

são simpáticos, e eles nunca irão demiti-lo; afinal, investiram na startup por sua causa. Aí você caiu da cama e percebeu que estava sonhando.

CORREÇÃO: SUPERAR AS EXPECTATIVAS. Se quiser relações íntimas, use os aplicativos Tinder ou eHarmony nos fins de semana. Seu trabalho é levantar dinheiro junto aos investidores, usá-lo de forma inteligente e, então, devolver dez vezes mais do que investiram. Se você cumprir os prazos e superar as projeções de vendas, não haverá problema mesmo se você e os investidores se odiarem.

Se desejar me ver em ação, dei uma palestra sobre esse tema para a Escola de Negócios Haas, que está no YouTube. Sou um cara divertido — não tão divertido quanto Jackie Chan, mas divertido o suficiente. E um dos meus objetivos de vida é que, um dia, uma adolescente pergunte a Jackie Chan se ele é Guy Kawasaki.

Índice remissivo

O maior inimigo do conhecimento não é a ignorância; é a ilusão do conhecimento.

— Daniel J. Boorstin

+1s, 341-342

500 Startups, 89

A arte do lucro (Slywotzky), 22-23
A sociedade do anel (filme), 26
A startup enxuta (Ries), 65
    Absolute Value: What Really Influences Customers in the Age of (Nearly) Perfect Information (Rosen & Simonson), 74
    aceleradoras, uso de. *Ver* incubadoras ou aceleradoras, uso de acesso sem fio para eventos, 85-88

acordos de confidencialidade, 51, 206-207
AddThis, 81
adoção, 71, 74, 80, 322
advogado do diabo, 112
advogados/orientação legal
    acordos de parceria e, 384-385
    levantamento de capital e, 165-199
agenciar, 343-344
agir em série em vez de em paralelo, 448
    escalar rápido demais, 446
AirAsia, 287
Airbnb, 88
Aldus Corporation, 377, 381-382
alegações, 38-40, 175, 228, 366

454 | GUY KAWASAKI

Alltop, 322
almas gêmeas, encontrar, 27-29
Amazon, 60, 75, 184, 238, 240, 248
Amazon Web Services, 137
analytics, 330
Android, 76, 78, 38, 404
AngelList, 171
Apple, 15, 23, 34, 65-66, 76, 97-98, 102, 122-123, 177, 259, 290, 363, 367, 376-377, 405, 427
  agnósticos, converter, 363
  Aldus, parceria com, 377, 381-382
  Apple II "morto" pelo Macintosh, 97
  brindes dados pela, 300
  Digital Equipment Corporation, parceria com, 376
  evangelistas para a, 140, 266, 313, 392
As armas de persuasão (Cialdini), 74, 400
Ash, Mary Kay, 353
Asimov, Isaac, 21
atualizações em tempo real de eventos, 348
Audi, 318
automatizar posts, 330
  Buffer, 325, 331
  Do Share, 331

Friends+Me, 331
  Hootsuite, 325, 330-331
  Post Planner, 332
  Sprout Social, 325, 331
avatar, 319
Avon, 71

Ballard, Carol, 358
Band of Angels, 229
Bedbury, Scott, 57
Beech-Nut, 82
Beethoven, Ludwig van, 15
Bence, Brenda, 19
Benioff, Marc, 66
BestBuy, 405
Beyond Buzz: The Next Generation of Word-of-Mouth Marketing (Kelly), 78
Bierce, Ambrose, 375
Blockbuster, 24
Blocos adesivos Post-it®, 22
blog em WordPress, 325, 405
blogs, 322, 405
bloquear trolls e spammers, 339
Bluetooth Special Interest Group, 405
Boich, Mike, 266
Bom chefe, mau chefe: como ser o melhor – e aprender com o que há de pior (Sutton), 120
Bonhoeffer, Dietrich, 362

Bootstrapper's Bible: How to Start and Build a Business with a Great Idea and (Almost) No Money, The (Godin), 144, 155
Borges, Jorge Luis, 303
Brand, Stephen, 293-294
Branson, Richard, 26, 287, 399
Brin, Sergey, 23
Brownlee, Marques, 403
Buda, 52
Buffer, 325, 331

C. Joybell C., 340
cabeçalho, 318-319
Cadbury, 318
cadeira Aeron, 152
calendário editorial da plataforma Hubspot, 325
calendários editoriais, 324-325
Calgary Flames Ambassadors, 297
Canva, 15, 318, 361-362
Capa (Facebook), 317-319
capital de risco, 42, 45-46, 91, 133, 153-154, 157-160, 167-170, 181, 190, 198-200.
   fantasia em pitch ao estabelecer um mercado para um produto, 174
   incubadoras ou aceleradoras proporcionando exposição a, 85

mentiras sobre, 189
   perguntas capciosas feitas sobre, e respostas adequadas, 178
   persistência em convencer, 181
   pontos fortes e fracos, discutir, 83, 115-116
   projeções financeiras, oferecer, 205
   um investidor, conseguir, 101-103, 163
capital "semente", 48, 86
capital série A, 184
capital série B, 184
capital série C, 184
CAPTCHA, 80
cartas de oferta, 268
Case, Steve, 259
CD Baby, 27, 410
Chabris, Christopher F., 356
Chan, Jackie, 445-447, 451
Cheney, Dick, 115
Chez Panisse, 392
Cho, Joy, 340
Cialdini, Robert, 74, 400
ciclos de vendas, 39-40, 198
círculos, 323
Clark, Blake, 127
Clark, Katie, 347
cláusula de aquisição de controle acionário, 202
cláusula de "saída", em acordos de parceria, 386

clientes
anúncios destacando, 196
como evangelistas, 202-203
CNE T, 45, 220
cobertura ao vivo de eventos, 237- 238
Coca-cola, 15
cofundadores, 9-12
escolher, 11-12
comprometimento dos, 11
Cohan, Peter, 58
Colaboradores
colocar os clientes no controle, 28
construção de equipe (Ver construção de equipe)
dizer aos colaboradores que eles são desejados, 79-80
histórico dos, e preocupações ao começar, 22
mentira dos colaboradores-chave, 65-66
nunca pedir aos colaboradores para que façam o que você não faria, 75-76
responsabilidade por deficiências, assumir, 281-282
prometer menos e entregar mais, 282
suporte ao cliente, exposição ao, 283
suporte de, em parcerias, 259

começar, 5-28
comentários, responder a. Ver responder a comentários
Commodore, 132
Commun.it, 230-231
compartilhar novamente posts, comprar seguidores ou "likes" (curtidas), evitar, 233-234
estagiário, não delegue suas mídias sociais a um, 235
etiqueta para evitar parecer, 233-235
não solicite às pessoas para, 234-235
seguidores, evitar pedir para que sejam, 234
compartilhamento de conteúdo em mídias sociais, 223-229
analytics e, 226
automatizar posts, 226-228
concisão e, 223
hashtags, uso de, 225
listas com marcadores, uso de, 224
posts com títulos "Como...", uso de, 224-225
relacionar às fontes de conteúdo curado e, 224
compartilhe isto, 50
competições de planos de negócios/pitches de explicar

A ARTE DO COMEÇO 2.0 | 457

o que o produto faz e o problema ao qual se dirige no primeiro minuto, 163-164

fantasia, catalisar, 164

negócios, 162-164

comprometimento, dos cofundadores, 28

comunidades (Google+), 323

comunidades para seu produto, construir, 298-301

brindes, oferecer, 300

conceito de "deixar cem flores desabrocharem" e, 299, 356, 373

conferências para, hospedar, 261

contratar pessoa para, 261

criar orçamento para, 261

ferramentas para, fornecer, 299

hospedar atividades das, 261

integrar evangelistas às iniciativas de vendas, marketing e aos esforços on-line, 261

revisões do produto, responder às solicitações de, 260

tarefas, delegar, 259

conceito de "deixar cem flores desabrocharem"

evangelização e, 204

"fazer chover" e, 243-244

Conciliation Resources, 393

concordar em discordar, em resposta a comentários, 338

concorrência

mentiras de um empreendedor considerando a, 189, 247

pitches, debate sobre em, 206

condições de *vesting*, 47

conferências, 405

conselheiros, junta de pitches, debate de, 409

seleção de, 409-410

consistência, 400

construção de equipe, 257-279

processo de coleta de dados, 262-263

características irrelevantes de candidatos, ignorar, 264

cartas de oferta, momento das, 268

contratar gente melhor do que você e, 114-115

debates sobre faixa salarial, momento para, 265

entrevistar candidatos, 263

equipe de suporte, qualidades da, 413

expectativas, dramatizar, 261-262

experiência em uma startup bem-sucedida, relevância da, 258-259

458 | GUY KAWASAKI

experiência em uma startup fracassada, relevância da, 259

experiência na mesma função, relevância a, 259-260

experiência no mesmo setor industrial, relevância da, 260

fatores para focar na, 258-261

ferramentas de recrutamento para, 266-267

construir um protótipo, 64-65

consultores, 404

conteúdo, para mídias sociais compartilhamento de, 320-344

criação e curadoria de, 320-344

contratar gente melhor do que você, 113-114

contribuir para o aperfeiçoamento das pessoas, 114-115

gente "tipo A e A+", contratação de, 113-115

"pessoas viáveis mínimas" (MVPs), contratar, 115

pontos fortes, contratar devido aos, 115-116

controle da empresa, 92-93, 344

Cooper, Martin, 23

Coopersmith, Mark, 24

Creator Handbook da plataforma Kickstarter, 161

Crossing the Chasm (Moore), 71

Dantzig, George, 139-140

dar nomes a produtos e empresas, 61-64

colocar a primeira letra em caixa-alta, 64

exercício para, 62

evitar palavras iniciando com números ou com as letras X e Z, 63

lista alfabética e, 63

nomes com várias palavras, 64

significado do nome em outras línguas, verificar, 63

De Beers, 35

Dell, 24

desenvolvedores, 404

diagramas, em apresentações com slides, 222

diferenciação/valor de produto, 284

Digital Equipment Corporation (DEC), 376, 379-382

dimensão da empresa, e cofundadores, 29

diretoria (conselho de diretores), 127

determinar quando se precisa de, 127-132

funções dos membros da, 127-132

gestão da, 127-132

pitches, debate sobre em, 127-132

recrutamento da, 127-132

remuneração da, 127-132

reuniões com a, 127-132

seleção da, 127-132

transferir o sócio para a, 127-132

Dirty Jobs (programa de TV), 117

Disney, 412

doença de Ménière, 212-213

falar em público e, 227

Dolby, 34

Do Share, 331

Draper Fisher Jurvetson, 228

Dropbox, 88

Drucker, Peter F., 355

E daí?, responder com uma pergunta, 225-226

cláusulas de "saída" para, 225-226

leituras recomendadas, 255

motivos de "planilha" para, 226-227

eBay, 31, 37, 66, 79, 174

ecossistemas, 405-408

componentes-chave em, 405-408

princípios da construção de, 405-408

EdgeRank, 315

Edison, Thomas, 26

editoração eletrônica, 377, 381

Edwards, Lyle, 297

eHarmony, 451

elemento problema/oportunidade, de pitches, 212-213

ElevationDock, 160

Ellison, Larry, 249

e-mail, 293-301

empreendedores

erros dos, 446-451

mentiras contadas por, 247-254

empreendedorismo interno. *Ver* intraempreendedorismo

empresa de serviço, iniciar como, 140-143

empresa do tipo "C Corporation", 41-42

empresa do tipo "C Corporation" em Delaware, 41-42

empresa do tipo "S Corporation", 42

empresas profundas, 60

Encarta, 397

Enron, 146

Enthrill, 237-241

entrevistas, 263-269, 277

estruturar, 264

iniciais, por telefone, 264

perguntas espontâneas, minimizar, 264

situações específicas de trabalho, 264

perguntar sobre, 264

ver se a pessoa atende ao cargo, 264

"Equador-Peru: Rumo a uma iniciativa democrática e cooperativa de resolução de conflito" (workshop), 394

equipe de gestão Managing Humans: Biting and *Humorous Tales of a Software Engineering Manager* (Lopp), 123

mentiras dos empreendedores considerando, 124-125

pitches, debate sobre em, 124-125

erros dos empreendedores, 446-451

cálculo de 1% do potencial mercado, 446

contratar com base na própria imagem, 450

controle da empresa, tentar manter, 450

levantamento de capital como foco, 448

parcerias, formar, 447

patentes, uso para defensibilidade, 450-451

tratar os investidores como amigos, 450-451

uso excessivo de slides em pitches, 448

escalabilidade, 66-67

estabelecer parcerias, 375-390

"campeões" internos, papel dos, 380-382

colaboradores de nível tático (gestores), 379-380

concordar com os termos do negócio antes de preparar a documentação legal para, 384-387

perguntas evitadas com frequência, 389-390

empresas de grande porte, parcerias com, 375-390

resultados e objetivos, definir, 378-379

estrutura de capital, 42-43

estrutura societária, 41-42

Etiópia, 397

Etsy, 79, 174, 286, 361, 392

evangelização, 281-301

audiência para, atingir, 286-288

comunidades para seu produto, construir, 298-299

diferenciação/valor de produto e, 290-292

e-mail, uso de, 293-296

falar em público, 285-288

humanidade da empresa e, 288-290

leitura recomendada, 311

"levar na conversa", 290-292

melhores interesses dos outros como fator motivacional de, 285-286

painéis de debates, falar em, 307-311

perguntas evitadas com frequência, 311

por clientes, 286

posicionar produtos de forma pessoal e, 288-290

produtos DI CEE e, 282

recrutar evangelistas, 300-301

eventos de socialização, 345-352

para perfis de mídias sociais, 346-350

eventos do Moto X, 347-350

Everhart, Hawley R., 133

Evernote, 35

exames *pre mortem*, 83-89

Excel, 64, 228, 324-325

excluir trolls e spammers, 339

execução, cultura de, 107-109

acompanhar até um problema ser resolvido ou se tornar irrelevante, 108-109

definir e comunicar metas, 107

progresso, mensurar, 107-108

quem alcança as metas, recompensar, 108

responsabilização, 108

ser parte da solução e, 108

existência paralela, empreendedorismo como, 183, 449

expertise

descoberta do ponto certo no mercado e, 128

dos cofundadores, 25

modelo de negócios com base em audiência, 16

dimensão e, 25

e orientação dos cofundadores, 25

e perspectivas dos cofundadores, 25

e visão dos cofundadores, 25

Facebook, 36, 62, 249, 314-319, 327, 333

capa para, 317-319

grupos, 323

hashtags, uso de, 328-329, 346-350

listas, 323

listas com marcadores para texto, usar, 327

monitorar comentários no, 335

pagar para promover posts no, 343

URL personalizado para, 319

tamanho dos posts para, 326

falar em público, princípios eficazes para, 303-306

painéis de debates, participar de, 307-311

falhas, tratar das, 116-117

falta de pessoal, 148-150

fantasia em pitch ao estabelecer um mercado para um produto, 173-175

"fase microscópica", do ciclo de negócios, 423

"fase telescópica", ciclo de negócios, 423

fazer anotações, em pitches, 232-233

fazer *bootstrapping*, 133-155, 157

dar atenção ao que é relevante e, 146-148

empresa de serviço, começar como, 140-143

falta de pessoal e, 148-150

fluxo de caixa, gerenciar para, 134-136

função *versus* forma em contratação de prestadores de serviços, 150-152

infraestrutura de nuvem, usar, 136-138

leituras recomendadas, 155

perguntas evitadas com frequência, 153-154

pessoas sem experiência comprovada, contratação de, 138-140

posicionamento contrário ao dos líderes de mercado e, 144-146

terceirização e, 148-150

vendas diretas e, 143-144

"fazer chover", 353-371

agnósticos *versus* entusiastas, 36-363

conceito de "deixar cem flores desabrocharem" e, 354-356

gerenciar o processo de vendas, 356

influenciadores-chave em empresas, reconhecer e alcançar, 369-371

instruir as pessoas sobre o uso de seu produto, 361-362

leitura recomendada, 374

mercados inesperados, reconhecer, 369-371

perguntas evitadas com frequência, 373-374

A ARTE DO COMEÇO 2.0 | 463

potenciais clientes, escutar, 364-365

rejeição, aprender com a, 368-369

test-drives de produtos, permitir, 365-367

títulos, ignorar, 357-358

FedEx, 269, 318

Fernandes, Tony, 287

figura do "Morpheus" para a empresa ter como base a verdade, 110-112, 128

filantropia, 288

Fishburne, Laurence, 110

Fitzgerald, F. Scott, 345

Fitzpatrick, Peg, 11, 345, 352

fluxo de caixa, 135-136, 140, 153

fontes, em uma apresentação

comuns, uso de, 218-219

fontes para, 218-219

ensaiar, 210, 227

equipe, formação curricular da, 215-216

gráficos, uso de, 222

história, contar, 245

pesquisa para, 246

tamanho trinta, uso de, 218-219

Ford, 60

Ford, Henry, 26, 273

formação dos empreendedores, 110-112, 138-140, 246, 258-265

bons chefes, quadrante para, 122

contratar gente melhor do que você, 113-114

contribuição da empresa para o mundo, 30-31

explicar o que sua startup faz, 211-212

instruir clientes sobre o uso de seu produto, 361-362

mantra, criar, 30-33

modelos de negócios, 36-38

nome, selecionar, 61-64

nunca pedir às pessoas para que façam o que você não faria, 118

parcerias, projeções financeiras para, 375-388

pitches, filmar e revisar, 227, 234

pitches, mentiras em, 225-226

pitches, retirar palavras de, 225-226

produtos DICEE, criar, 59

qualificações de candidatos, 261

"saltar curvas", 58-61

subsídios de empresas e oportunidades de ser voluntário, 286-288

fotografia, 322, 324, 327

Francisco, Papa, 281

464 | GUY KAWASAKI

Franco, Kevin, 237-240

Friends+Me, 331

Frog and Prince: Secrets of Positive Networking to Change Your Life, The (Rezac), 291, 390

função de "cliente", na diretoria, 128

função de "geek", na diretoria, 128

função de "Jerry Maguire", na diretoria, 128

função de "paizão", na diretoria, 128

Garage Technology Ventures, 133, 225, 231

Gates, Bill, 260

gente com experiência comprovada *versus* sem experiência comprovada, contratação de, 138-140

gente de nível CXO, hora certa de recrutar, 276

gente "tipo A e A+", contratação de, 113-115, 266

Giuliani, Rudy, 398

Godin, Seth, 144

Google, 23, 41-42, 60, 177, 191-195, 217, 317-341, 352, 449

Google+, 315-352

  capa para, 317-319, 346

  círculos, 323

comunidades, 323

hashtags, uso de, 329

listas com marcadores para texto, usar, 327-328

monitorar comentários no, 335-336

tamanho dos posts para, 335

URL personalizado para, 319

Google Alerts, 337

Google Docs, 24, 325

Google Hangouts, 361

GoPro, 287-288

Go to Webinar, 361

gráficos, uso em apresentações com slides, 222

Great Demo!: How to Create and Execute Stunning Software Demonstrations (Cohan), 93

grupos, 323

grupos de interesses especiais e comunidades on-line, 405

grupos de usuários, 405

"guarda-chuvas" dos decisores, trabalhando com os, 359-360

Gutemberg, J., 313

Hadas, Moses, 167

Hagel, Chuck, 320

Harley-Davidson, 286, 392

Hashtags

  eventos de socialização e, 346-347

A ARTE DO COMEÇO 2.0 | 465

uso de, em sites de mídias sociais, 346-349

Heifetz, Jascha, 306

Heinz, H. J., 367

Herman Miller, 147, 152

história, desenvolver, 77-80

histórias, 77-80

histórias de Davi *versus* Golias, 79

histórias inspiradoras, 77-80

histórias pessoais, 78-79

Hock, Dee W., 257

Hoffman, Reid, 44

Hootsuite, 325-331, 337

How YOU Are Like Shampoo (Bence), 119

HP, 35

Huffington Post, 36, 162

humanidade da empresa, 287-288

    clientes com destaque em anúncios e, 287-288

    diversão e, 287

    filantropia e, 288

    mirar os jovens e, 287-288

Huxley, Aldous, 288

IBM, 24, 146, 225, 355, 363

incubadoras ou aceleradoras

    aprender o que é importante, 85-89

    apresentar a, conseguir, 87

    perguntas capciosas feitas por, e respostas adequadas, 178-179

    pontos fortes e fracos, discutir, 115-117

    preparar para uma reunião com, 87

    proporcionando exposição a, 87-88

    tração, mostrar, 171-173

    um investidor, conseguir, 45-50

    persistência em convencer, 179-181

incubadoras ou aceleradoras, uso de, 85-86

    tarefas administrativas oferecidas por, 87-88

influenciadores-chave, 357-361

    ignorar títulos ao determinar, 357-358

    métodos para determinar, 356

    trabalhar com pessoas que facilitam o acesso aos, 362-363

infraestrutura de nuvem, 133-134

investidores-anjo, 157-164. *Ver também* levantar capital

    comparação com *financiamento coletivo* e capital de risco

466 | GUY KAWASAKI

competição, identificar e mostrar superioridade a, 243-246

fantasia em pitch ao estabelecer um mercado para um produto, 174-176

investidores-anjo ou de risco, exposição a, 87

capital "semente" oferecido por, 86

companheirismo e "fertilização cruzada" oferecidos por, 86

desenvolvimento de negócios e, 87

espaço do escritório oferecido por, 88

mentoria e educação oferecidas por, 86-87

taxas de, 86

Indiegogo, 158, 161

Instagram, 22, 62, 314-315, 329, 335, 348, 351-352

instruir as pessoas sobre o uso de seu produto, 361

Intel, 34

internalização, 392

Intero, 361-362

intraempreendedorismo, 95-104

coleta de dados e compartilhamento, 99-100

deixar os vice-presidentes virem até você, 100

desmontar ao encerrar, 100-101

figura do padrinho, encontrar, 97

infraestrutura existente, construir com base na, 99

"matar as vacas leiteiras", e, 96-97

mudanças "tectônicas", prever e usar, 99

permanecer "sob o radar", 97

prédio à parte, trabalhar em um, 98

priorizar a empresa, 96

reinício e, 101

iPhone, 122-123

iPod, 59, 65, 402

janela anônima, 319

Jeepneys, 234

Jipes, 234

Jobs, Steve, 26, 28, 94, 106, 113, 122, 131, 218, 227, 259

formação educacional, 259

qualidades de liderança, 113-114

sobre contratar gente "tipo A", 113-114

treino de apresentações de produtos e, 227

A ARTE DO COMEÇO 2.0 | 467

Jobs muda a forma de pensar e permite desenvolvedores de aplicativos para iPhone, 122

grupos de usuários e, 301

modelo de negócios de líder de mercado e, 33-38

parcerias da, 257, 259-61

test-drive de produtos, 365-367

João Paulo II , Papa, 112

Johnson, Betsey, 115

Johnson, Samuel, 417

Jolly, Mohanjit, 11, 228

Joos, Bill, 11, 225

Jordan, Michael, 193

Kanu Hawaii, 400

Kawasaki, Guy,

assistentes de, como influenciadoras-chave, 358

contratado pela Apple, 380

parceria Apple-DEC, questionamento da, 376-377

Kelly, Lois, 78

Keurig, 35

Kickstarter, 158-161

Kindle Direct Publishing, 60

King, Martin Luther, Jr., 409

King, Stephen, 219

Kirkus, 361-362

Klein, Gary, 83

Kroc, Ray, 22

Lauder, Estée, 354

lançar, 57-104

adoção *versus* escalabilidade, 66-67

dar nome a produtos e empresas, 61-64

esforços de marketing, 71-74

exames *pre mortem*, conduzir, 83-84

incubadoras ou aceleradoras, determinar se vale a pena recorrer a, 85-89

intraempreendedorismo, 95-104

leituras recomendadas, 104

método de marketing com base na informação perfeita, 75-76

método de marketing com base na travessia do abismo, 71-73

modelo de "saltos de inovação", 58-61

perguntas evitadas com frequência, 101-104

posicionamento, 68-71

primeiro passo para adoção de um produto, provi-

468 | GUY KAWASAKI

denciar com rapidez e facilidade, 80-82

produtos de demonstração, 91-94

produtos fora da curva , 59-61

"produto viável mínimo" (MVP), liberar, 64-65

patente provisória, solicitar o registro da, 84-85

ver por conta própria como as pessoas usam seu produto, 95-97

lei de Metcalfe, 213

levantar capital, 157-208

advogado, contratar, 181-182

capital de risco (*Ver* capital de risco)

como processo paralelo, 182-183

financiamento coletivo (*Ver* financiamento coletivo)

gastar dinheiro levantado, 164-166

leitura recomendada, 208

perguntas evitadas com frequência, 193-207

quantia de dinheiro para levantar, 160

rodadas de, 166, 183, 184

valoração da startup, 194-196

"levar na conversa", 290-292

liderar, 105-132

advogado do diabo, contratação de, 112

bons chefes, crenças de, 120

contratar gente melhor do que você, 113-114

cultura de execução, estabelecer, 107-109

falhas pessoais, tratar de, 116-117

figura do "Morpheus" para a empresa ter como base a verdade, contratação de, 110-112

mudar a forma de pensar e, 122-123

nunca pedir aos colaboradores para que façam o que você não faria, 117-118

otimismo e, 123-124

perguntas evitadas com frequência, 131-132

Lee, Aileen, 403

Lee, Bruce, 107

LEGO, 403-404

Leone, Doug, 11, 229, 234

Levi Strauss, 286

Like Alyzer, 330

"likes" (curtidas), 341

LinkedIn, 170-171, 265-266, 315-316, 335, 359

capa para, 317

A ARTE DO COMEÇO 2.0 | 469

determinar quem são os influenciadores-chave, 358-359

grupos, 323

listas com marcadores para texto, usar, 327

monitorar comentários no, 324-325

URL personalizado para, 319

verificação de referências e, 263-265

liquidez, 179, 217-218

listas, 323

logotipo, 220

Lombardi, Vince, 391

Lopp, Michael, 123

Lory, Holly, 358

Lowry, Mary, 232

lucratividade *versus* fluxo de caixa, gerenciar para obter, 135-136

Macintosh, 44, 57, 76, 96-98, 102, 140, 259, 281, 296, 313, 322, 362-363, 367, 377, 392, 404, 413

MacWrite, 407

Mail Boxes Etc., 383

Maker Faire, 392

mantra, 30-33

concisão do, 31-32

definição, 33

exercícios para, 38

foco externo do, 32

para perfis de mídias sociais, 318

positividade e, 32

Mao Zedong, 354

marcadores

em posts nas mídias sociais, 327-328

em slides de apresentações, 221

marcos, 38-41

marketing, 73-78

Marx, Groucho, 143, 343

Mashable (site), 195, 347

Mason, Heidi, 387

Matrix (filme), 109-110

MATT (Marcos, Assunções, Testes, Tarefas), 38-41

McDonald, Dick e Mac, 22

McFerrin, Bobby, 64

McKeon, Celia, 393

Meade, Bill, 96

Melton, Samuel, 398

mensch, 417-422

ajudar os outros e, 418

exercício para, 419

fazer o que é certo e, 418-419

leitura recomendada, 422

perguntas evitadas com frequência, 421-422

sociedade, retribuir à, 419

470 | GUY KAWASAKI

mentira
da vantagem do pioneirismo, 251
do refrigerante chinês, 250-251
dos colaboradores-chave, 248-249
mentiras de candidatos a emprego, 268-269
de capitalistas de risco, 189-93
de empreendedores, 247-251
de potenciais parceiros, 387
mercado para produto, mentiras dos empreendedores considerando, 247
mercados inesperados, reconhecer, 356
"mercados-gorila", reconhecer, 356
método com base na travessia do abismo, 71-74
método com base na informação perfeita, 74-75
método de marketing com base na informação perfeita, 74-75
método de marketing com base na travessia do abismo, 71-73
métrica-chave, 216
México, 345-346, 397
Microsoft, 102, 142, 249, 286
Microsoft Office, 24

mídias sociais. *Ver* socialização
minicapítulos
competição de plano de negócios, 243-246
diretoria, gerenciar, 127-132
distinguir concorrentes e pretendentes, 45-53
empreendedores, mentiras contadas por, 189-208, 247-254
eventos, de socialização, 345-352
falar em público, 303-307
intraempreendedorismo, 95-104
investidores de risco, mentiras contadas por, 124-26
painéis de debates, falar em, 307-311
produtos de demonstração, 91-94
remodelar um pitch, 237-242
verificação de referências, 273-279
Mindful Marketer: How to Stay Present and Profitable in a Data- Driven World, The (Nirell), 357
MINI Cooper, 287
modelo de negócios, 33-38
almas gêmeas, encontrar, 26-30

criar, 36

conformidade regulatória, 35

estrutura de capital, 34

estrutura societária, 33-34

histórico dos colaboradores, 33

leituras recomendadas, 52-53

mantra, 30-31

Marcos, Assunções, Testes, Tarefas (MATT), 38-41

perguntas evitadas com frequência, 50-52

perguntas implícitas à gênese das grandes empresas, 23

ponto certo, descobrir, 25-26

primeira versão embaraçosa de produtos, propriedade intelectual, posse ou licenciamento de, 44

selecionar conselheiros, membros da diretoria e investidores, 45-50

modelo de negócios de bens virtuais, 36

modelo de negócios de central de controle, 35

modelo de negócios de componente valioso, 34-35

modelo de negócios de fabricação artesanal, 36

modelo de negócios de impressora e toner, 35

modelo de negócios de líder de mercado, 34

modelo de negócios de multicomponente, 34

modelo de negócios de solução individualizada, 34

modelo de negócios *freemium*, 35

modelo de negócios pós-venda, 35

modelo de "saltos de inovação", 58-61

modelo NPR, 321

modelos de negócios, 33-35

copiar outros, 37

Moore, Geoffrey, 71, 104

Mother Jones, 320

Motorola, 23, 102, 323, 345, 348, 351

Murphy, Robert C., 307

MyKey, 60

Narasin, Ben, 184

Netflix, 24, 404

Network Solutions WHOIS database, 62

networking, 291, 390

New Yorker, 134

New York Times, 75

Nike, 31, 286, 318

Nirell, Lisa, 357

Nordstrom, 410-412

Novocaína, 355

NPR, 321, 343

O jeito Macintosh: a arte da guerrilha no gerenciamento (Kawasaki), 44

ofertar, 207, 216, 268, 272

Omidyar, Pierre, 66, 79

oportunidade, e descobrir o ponto certo no mercado, 25

Oracle, 142, 249, 286

orientação, de cofundadores, 25, 29

Orwell, George, 326

otimismo, 106-108

outros usos, checar, 62

nomes que soem únicos, 64

potencial verbal e, 62

pagar para promover posts, 329, 343

momento dos posts, 343

repetir posts, 332

Other "F" Word: Failure – Wise Lessons for Breakthrough Innovation and Growth, The (Coopersmith), 24-25

Page, Larry, 23

PageMaker, 377

painéis de debates, falar em, 307-311

paixão, e descobrir o ponto certo no mercado, 25-26

PARC, 102

parcerias com ganhos bilaterais, 384

Parker, Dorothy, 134-135

Pascal, Blaise, 293

patentes, 42, 84-85

patentes definitivas, 85

patentes provisórias, 84-85

perdurar, 391-414

centrais, implementar mudança via, 393-395

consistência, invocar, 400-401

diversificar a equipe e, 409

ecossistemas, construir, 404-408

eleitorados em níveis de base e impacto do dinheiro no comportamento e, 393-394

internalização e, 392-393

prova social, invocar, 402-403

reciprocidade, invocar, 397-400

suporte ao cliente e, 409-414

perfis, para plataformas de mídias sociais, 317-319

"janela anônima", revisar perfil usando, 319

imagens, uso de, 317-318

informação para fornecer em, 319

mantra para, 318

otimizar, 317

URLs personalizados, uso de, 319

perfis em histórias de coragem, 79-80

perfis psicográficos do ciclo de adoção de uma inovação, 72-74

perguntas implícitas à gênese das grandes empresas exercício para, 21-24

Existe uma maneira melhor?, 22-23

Não é interessante?, 22

Se é possível, por que não produzir?, 23

E daí?, 22

Onde está o ponto fraco do líder do mercado?, 24

Por que nossa empresa não faz?, 23

período de revisão, 270-271

período de revisão inicial, 271-272

persistência, em levantar capital, 181

perspectivas, de cofundadores, 28-29

pesquisas sobre retenção de talentos, 276

pessoas sem experiência comprovada, contratação de, 138-140

"pessoas viáveis mínimas" (MVPs), contratação de, 115

Philz Coffee, 392

Pinterest, 62, 79, 314, 316, 318, 329, 332-335

pitches/fazer pitch, 209-254

competições, vencer, 243-246

competições de planos de negócios/pitches de negócios, 243-246

detalhe, nível de, 221

duração de, 212-219

E daí?, responder com uma pergunta, 225-226

ensaiar, 210-220

entregar a apresentação no início da reunião, conselho contra, 222

enviar a apresentação com antecedência, conselho contra, 216-217

exercícios para, 218, 219, 227, 252

explicar o que sua startup faz no sexto minuto, 211-212

fantasia em pitch ao estabelecer um mercado para um produto, 241, 245

fazer anotações em, 232-233

fontes para, 218-219

474 | GUY KAWASAKI

planos de negócios, sem necessidade de, 215
leituras recomendadas, 253-254
memoráveis, fazer, 252-253
objetivo de, 213
perguntas evitadas com frequência, 275-278
plano de entrada no mercado, 215
planos de negócios por uma pessoa, 225-231
pormenores de, dominar, 219-222
preparação para, 210-211
preparar o cenário, 210
projeções financeiras em, 216, 228-229
reescrever, 234
Regra 10/20/30 e, 212-217
remodelação de, 237-242
resumir, 232-233
revelações em, 223-224
slides, número e conteúdo de, 213-214
Pley, 403-404
plugin Stresslimit Design para Wordpress, 325
ponto certo, descobrir, 24-25
pontos fortes, contratar devido aos, 115-116
Porsche, Ferdinand, 22

posicionamento, 68-71
contrário ao dos líderes, e ao *bootstrapping*, 144-146
decisão do mercado quanto ao seu, 40
exercício para, 61
forma pessoal, posicionar produtos de, 288-290
jargões, evitar, 37
mensagens devolvidas, examinar, 70
mídias sociais, focar em, 70
propagar mensagem em cascata, 70-71
uma mensagem, criar, 69
posicionamento, revisão do, 71
"exames *pre mortem*", conduzir, 83-84
o que os outros diriam que sua startup faz, 21-24
pelo que deseja ser lembrado, 419
prova social, invocar, 402-403
Poss, Gina, 358
Post Planner, 332
posts curtos, 326
potenciais clientes, escutar, 364-365
PowerPoint, 221, 235, 295
preparar o cenário, para pitches, 210
prestadores de serviços de nuvem, uso de, 136-138

A ARTE DO COMEÇO 2.0 | 475

função *versus* forma, na contratação de, 136-138

primeiro passo para adoção de um produto, providenciar com rapidez e facilidade, 80-82

princípio de Pareto, 213

processo de paz, 393-394

"produto viável mínimo" (MVP), 65

"produto viável valioso válido mínimo" (MVVVP), 65

produtos completos, 60

produtos de demonstração, 77-78

produtos DICEE
evangelizar e, 283

produtos elegantes, 61

produtos inteligentes, 60

produtos potencializadores, 61

projeções financeiras
em pitches, 216, 228-229
mentira da projeção conservadora, 203
parceria e, 228-229

proposta de valor, 214

propriedade intelectual, posse ou licenciamento da, 42

prova social, 402-403

Pugh, Lewis, 424

Rackspace, 137-138

realidade, 40, 109-110

realidade, manter contato com a, 109
dizer aos colaboradores que eles são desejados, 123-125
leituras recomendadas, 132
sucesso, celebrar o, 119-120

realizações, 216-217

reciprocidade, 397-398

recrutamento. *Ver* construção de equipe

reescrever pitches, 237-246

Regra de apresentações: 10/20/30, 212-217
fonte tamanho trinta, uso de, 219-220
slides, número e conteúdo de, 213-214
vinte minutos para apresentação, 217-218

Reichert, Bill, 11, 133

rejeição, aprender com a, 368-369

relatar trolls e spammers, 339

relógio Breitling emergency, 285

relógio Pebble, 160

remuneração de diretores, 278
efeitos do dinheiro no comportamento humano, 395-397
processo de recrutamento, debate da no, 268

476 | GUY KAWASAKI

responder a comentários, 335-339

audiência para, 337

concordar em discordar em, 338

excluir, bloquear e relatar trolls e fazer perguntas ao, 339

ferramentas para, 335-337

limitar o número de respostas, 338-339

positivo, permanecer, 337

spammers, 339

responder ao homenzinho, 225-226

respostas positivas a comentários, 337

resultados, para parcerias, 378-379

resultados de "planilha", como base de parcerias, 379

resumir, em pitches, 212-219

revelações, em pitches, 226

revendedores, 405

Rezac, Darcy, 291, 390

Ries, Eric, 65, 104, 115

RoAne, Susan, 290, 390

Rock, Arthur, 157

Roddick, Anita, 26, 140

Rosen, Emanuel, 74, 104

Rosenberg, Nathan, 95

Ross, Harold, 134

Rowe, Mike, 117-118

Ruiz, D. Miguel, 335

Russell, Bertrand, 341

Russell, Rosalind, 91

Salesforce.com, 66, 239, 367

"saltar curvas" e, 58-61

Schindler, Oskar e Emilie, 79

SCOTTeVEST, 299-300

Scull, John, 381

Sculley, John, 381

seguidores, conseguir mais, 340-341

pagar por, 341-342

pedir por, evitar, 341-342

responder a comentários de (*Ver* responder a comentários)

Sequoia Capital, 190, 229

Shaheen, George, 149

Shakespeare, William, 209

Shatner, William, 403

Shires, Glen, 215

Silver, Spencer, 22

Simons, Daniel J., 356

Simonson, Itamar, 74

sistema de distribuição, e *bootstrapping*, 143-144

sistema operacional Windows, 102, 217, 363, 377, 404

sistemas abertos, 407

sistemas fechados, 407

sites de internet, 405

Sivers, Derek, 11, 27, 410

A ARTE DO COMEÇO 2.0 | 477

Skin So Soft, 71
Sklarin, Rick, 147
Skyword, 326
slides, em pitches
  diagramas, uso de, 222
  gráficos, uso de, 222
  impressão de, 222
  marcadores, uso de, 221
  número e conteúdo de, 213
Slywotzky, Adrian, 22, 33-35
Smart (carro), 285
Sobieski, Ian, 11, 229
Social Mention, 337
Social Proof Is the New Marketing (Lee), 403
SocialBro, 330, 337
socializar, 313-352
  automatizar posts, 324-325
  calendários editoriais, uso de, 324-325
  comentários, responder a, 335-339
  compartilhamento de conteúdo criado ou curado, 323-324
  criação e curadoria de conteúdo para, 321-323
  leitura recomendada, 353
  perfis para, 317-319
  perguntas evitadas com frequência, 351-352
  planejamento para, 314
  plataformas para, 314-316

repetir posts, 330-333
seguidores, obtendo, 340-341
"sem noção", etiqueta para evitar parecer alguém, 341-343
teste de novo compartilhamento, passar pelo, 320-321
SodaStream, 35
Sources of Power: How People Make Decisions (Klein), 83
Southwest Airlines, 79, 145, 250, 290
spammers, 339
Speedtest, 349
Spielberg, Steven, 115
Sprout Social, 325, 330, 332, 337
Starbucks, 31-32
status atual de projeto, 216-217
Steinbeck, John, 228
Stevenson, Robert Louis, 423
sucesso, celebrar, 119
Sungevity, 82
suporte ao cliente, 409-414
  exposição de colaboradores ao, 413-414
  integrar à tendência atual, 414
  mentalidade de generosidade e confiança para, 410
Sutton, Bob, 120-122, 132
Swift, Jonathan, 364

tagline, 318-319
Tailwind, 332-333

478 | GUY KAWASAKI

TweetDeck, 333
Tchat, 349
TechCrunch (site), 195
técnica MERDA (Mostre Elevada Relevância; Depois, Arrependimento), 179
terceirização, 149
term sheets, 192
Tesla Model S, 285
teste de novo compartilhamento, 321-326
teste do oposto, 69-70
teste do shopping center, 270
test-drives de produtos, 365-367
testes, 38-40
Thankamushy, Sunil, 105
Thomas Moser, 36
Tillman, Henry J., 368
Tinder, 317, 451
Toyota Scion, 287
tração, 171-173
   mentiras dos empreendedores considerando, 178-179
trolls, 337-339
Tumblr, 329-331
Tutor Universe, 66
TweetDeck, 333
Twelve-skip, 328
Twitter, 314-320, 329-333, 336, 348-352
   cabeçalho para, 317-319
   eventos, exibir tuítes sobre, 347

hashtags, uso de, 328, 346-350
listas, 323
monitorar comentários no, 335-336
tamanho dos posts para, 326
Twubs, 349

United Airlines, 194, 195
United Parcel Service (UPS), 261
UNI VAC, 355
Universidade Estadual da Carolina do Norte, Manufacturing Makes It Real tour, 120
URLs personalizados, 319
U.S. Patent and Trademark Office, 62, 85
usar o calendário editorial, 324-325

valor/diferenciação de produtos, 283-285
valoração de startups, 193-197
vendas. *Ver* "fazer chover"
vendas diretas, 143
Venture Imperative, The (Mason), 387
Verge (site), 195, 348
verificação de referências, 263-265, 273
Vernetti, Amy, 268, 273

Veronica Mars (filme), 160
Vidal, Gore, 384
Viralheat, 337
ViralTag app, 332
Virgin America, 399
visão, dos cofundadores, 27
Vohs, Kathleen, 395

WebEx, 361
webinars, 361-362
Webvan, 149, 152, 208
Wedemeyer, Charlie, 79
White Knoll Middle School, 398
Wikipédia, 397
Wilde, Oscar, 138

Wilson, Fred, 164
Wilson Sonsini Goodrich & Rosati, relatório, 182, 195
Winfrey, Oprah, 115
Wozniak, Steve, 22, 28, 66, 79
WSGR Term Sheet Generator, 182

Xbox, 404

Y Combinator, 89
Yelp, 403
YouTube, 314-316, 403

Zappos, 392
Zendesk, 332

best.
business

Este livro foi composto na tipografia Palatino LT Std,
em corpo 10,5/15, e impresso em papel off-white no Sistema
Digital Instant Duplex da Divisão Gráfica da Distribuidora Record.